LE DERNIER DES MOHICANS

PAR FENIMORE COOPER

TRADUCTION DE LABÉDOLLIÈRE.

CHAPITRE PREMIER.

L'un des caractères particuliers des guerres qu'eurent à soutenir les colonies de l'Amérique du nord, ce fut l'obligation de traverser péniblement d'immenses déserts avant de se trouver face à face avec l'ennemi. Une vaste étendue de forêts, en apparence impénétrables, séparait les possessions françaises et anglaises. Le rude colon, et le soldat européen qui combattait à ses côtés, passaient souvent des mois entiers à lutter contre les cataractes, ou à franchir les défilés escarpés des montagnes, en cherchant l'occasion de montrer leur courage dans une lutte plus martiale. Mais rivalisant de patience et d'abnégation avec les guerriers indigènes, ils apprirent à surmonter tous les obstacles; et l'on put prévoir le temps où nulle retraite mystérieuse des bois ne serait à l'abri des invasions de ceux qui exposaient leur vie pour satisfaire leur vengeance, ou pour soutenir la froide et égoïste politique des souverains d'un autre hémisphère.

Le théâtre des plus sanglants épisodes des guerres de cette époque fut le pays qui s'étend entre les sources de l'Hudson et les lacs adjacents. Les facilités que la nature y offrait à la marche des combattants étaient trop évidentes pour être négligées.

UNCAS, le *Cerf agile*, le dernier des Mohicans.

La grande nappe d'eau du Champlain, s'allongeant depuis les frontières du Canada jusqu'à la province de New-York, offrait aux Français un passage naturel pour se rapprocher de leurs ennemis. Il recevait au sud le tribut d'un autre lac, dont les eaux étaient si limpides qu'il avait été exclusivement choisi par les missionnaires jésuites pour accomplir la purification symbolique du baptême, et qu'on lui avait donné en conséquence la qualification de lac du Saint-Sacrement. Les Anglais, moins zélés, croyaient lui faire assez d'honneur en lui conférant le nom de Georges II, le roi régnant de la Grande-Bretagne. Les deux nations se réunissaient pour dépouiller les malheureux propriétaires de ces contrées du droit de perpétuer l'appellation primitive de lac Horican.

Ce lac, parsemé d'îles innombrables, et dominé par de hautes montagnes, aboutissait, du côté du sud, à une vaste plaine. Là commençait une route d'environ cinq lieues qui conduisait l'aventurier sur les rives de l'Hudson, dans un endroit où ce fleuve devenait navigable jusqu'à la mer, sauf les obstacles que présentaient çà et là les cataractes. Deux forts défendaient cette route. Le fort William-Henri, situé sur les bords du lac du Saint-Sacrement, était gardé par un régiment de troupes provinciales, que commandait le vétéran écossais Munro. Le fort Édouard, placé à l'extrémité méridionale du chemin, non loin des rives de l'Hudson, renfermait une garnison de cinq mille hommes, sous les ordres du général Webb.

Ce fut vers ces parages que les Français dirigèrent principalement leurs audacieuses entreprises. On y livra la plupart des combats dans lesquels les deux peuples se disputèrent les colonies. On y éleva des forts qui furent pris, repris, rasés, reconstruits, selon que la victoire favorisait l'un ou l'autre parti. L'agriculteur s'éloigna de ces régions dangereuses; de nombreuses armées les parcoururent. Les clairières retentirent des sons de la musique militaire, et les échos des montagnes répétèrent les éclats de rire ou les cris d'alarme d'une brave et insouciante jeunesse, qui les escaladait avec ardeur pour aller s'endormir dans une longue nuit d'oubli.

L'incapacité de ses généraux avait fait descendre la Grande-Bretagne du faîte où l'avait élevée le talent de ses anciens hommes de guerre ou d'état. En 1755 on avait vu une brillante armée, récemment débarquée d'Angleterre, battue ignominieusement par une poignée de Français et d'Indiens, et les fuyards n'avaient échappé à une destruction totale que par le sang-froid et l'intrépidité du jeune Washington. Ce désastre imprévu laissait à découvert une grande partie des frontières, et les colons alarmés croyaient entendre les hurlements des sauvages dans chaque bouffée de vent qui venait des interminables forêts de l'ouest. Le caractère terrible de ces impitoyables ennemis augmentait démesurément les horreurs de la guerre. Des massacres sans nombre avaient été récemment commis; on s'en entretenait avec avidité, en en exagérant les affreux détails; et quand le voyageur crédule racontait les périls du désert, le sang des hommes timides se figeait de terreur, et les mères jetaient des regards inquiets même sur les enfants qui sommeillaient dans l'enceinte tutélaire des grandes villes.

Aussi, quand la garnison du fort Édouard apprit qu'on avait vu le général français Montcalm remonter le Champlain, avec une armée aussi nombreuse que les feuilles des arbres, le sentiment qu'elle éprouva fut plus semblable à l'appréhension qu'à l'austère joie du guerrier qui se voit en présence de l'ennemi. Le coureur indien qui apporta cette nouvelle au déclin d'un jour d'été, remit en même temps un pressant message par lequel le commandant Munro demandait à la hâte un renfort important. Le général Webb s'empressa de faire droit à cette requête, et des ordres furent donnés immédiatement pour qu'un détachement de quinze cents hommes d'élite fût prêt à partir à la pointe du jour.

En effet, sitôt qu'une aurore sans nuages commença à dessiner les cimes frangées des grands pins du voisinage, le sommeil de l'armée fut interrompu par le roulement des tambours. En un instant tout le camp fut en mouvement; les plus paresseux quittèrent le lit pour être témoins du départ de leurs camarades, et pour prendre part aux émotions du moment. L'équipement du détachement d'élite fut bientôt complet. Pendant que les soldats réguliers marchaient fièrement à la droite de la ligne, les colons, moins prétentieux, prirent humblement position à la gauche avec une docilité qu'une longue pratique leur avait rendue facile. Les éclaireurs partirent; de fortes gardes précédèrent et suivirent les lourds chariots qui portaient les bagages. Avant que la lueur grisâtre du crépuscule eût été modifiée par les rayons du soleil, le détachement se forma en colonne et quitta le campement, avec une tenue militaire dont la fierté était propre à étouffer les alarmes de plus d'un novice qui allait faire ses premières armes. Tant qu'ils furent en vue de leurs camarades émerveillés, les soldats du renfort observèrent la même régularité dans leurs mouvements. Les sons de leurs fifres devinrent de plus en plus faibles, et enfin la forêt parut engloutir la masse vivante qui s'était lentement enfoncée dans son sein.

Les bruits lointains de la colonne qui s'éloignait avaient cessé d'être apportés par les vents; les derniers traînards avaient déjà disparu; mais les signes d'un autre départ se faisaient remarquer devant l'habitation du général en chef. A la porte de cette grande cabane étaient réunis six chevaux, dont deux au moins paraissaient, par leurs harnachements, être destinés à des femmes plus délicates que celles qui d'ordinaire s'aventurent dans les déserts. Un troisième coursier portait l'équipement et les armes d'un officier d'état-major. Les trois autres, à en juger par la simplicité de leur attirail et par les malles dont ils étaient chargés, devaient être montés par des domestiques qui attendaient près de là les ordres de leurs maîtres. Des groupes de curieux étaient à distance respectueuse, attirés par le spectacle inusité; les uns admiraient les formes pures et l'ardeur du cheval de l'officier, les autres regardaient ces préparatifs avec l'hébétement d'une stupéfaction vulgaire. On remarquait toutefois au milieu des groupes un homme qui n'en partageait pas les impressions, et qui semblait moins inoccupé que les autres et plus au fait du but de l'expédition projetée.

L'extérieur de cet individu, sans être particulièrement désagréable, n'avait rien de prévenant. Il avait la structure anatomique et les articulations communes à l'espèce humaine, mais sans les proportions ordinaires. Sa taille était au-dessus de la moyenne, et cependant il paraissait petit quand il s'asseyait. Il avait la tête grosse, les épaules étroites, les bras longs et ballants, les mains petites et presque délicates. Ses jambes et ses cuisses étaient d'une maigreur presque diaphane, mais d'une longueur extraordinaire; et ses genoux auraient passé pour être monstrueux, si leurs dimensions n'avaient été dépassées par celles des pieds qui servaient de base à cet édifice humain d'un ordre si bizarrement composite. Un costume disparate et sans goût rendait plus remarquable encore l'étrangeté du personnage. Un habit bleu de ciel, à collet bas, à basques courtes et larges, exposait un cou long et maigre, et des jambes plus longues et plus maigres encore, aux observations peu charitables des malveillants; il avait une culotte de nankin jaune, qui dessinait complètement ses formes, attachée sur les genoux avec de larges nœuds de rubans blancs passablement fanés; des bas de coton chinés et des souliers dont l'un était armé d'un éperon plaqué d'argent complétaient l'ajustement de la partie inférieure de cet homme. Loin d'en dissimuler les angles et les irrégularités, il avait pris soin de les faire ressortir, soit par simplicité, soit par amour-propre mal entendu.

Son buste était couvert d'un gilet de soie à ramages dont les goussets énormes avaient pour bordure un lourd galon d'argent tout passé. On en voyait sortir une espèce de flûte, qui, dans une aussi belliqueuse compagnie, l'on aurait pu prendre aisément pour quelque machine de guerre inconnue. Un chapeau à larges bords retroussés, comme ceux que portaient alors les ecclésiastiques, donnait un aspect imposant à une figure dont la seule expression était la bonhomie.

Pendant que le commun des assistants se tenait à l'écart, par respect pour le quartier général de Webb, le particulier ci-dessus décrit, placé au milieu des domestiques, exprimait librement ses opinions élogieuses ou critiques sur le mérite éclatant des chevaux.

« Cet animal, disait-il d'une voix douce et harmonieuse, n'est pas originaire de ce pays; je présume qu'il vient de Rhode-Island, où j'ai vu autrefois embarquer sur des brigantins, comme dans l'arche de Noé, une multitude de quadrupèdes qu'on allait vendre à la Jamaïque. En tout cas, je n'ai jamais vu d'animal réaliser si complètement le type du cheval de guerre de l'Écriture. Il frappe du pied la terre; il s'élance avec audace; il court au-devant des hommes armés. Lorsqu'on sonne la charge, il dit : Allons! Il sent de loin l'approche des troupes; il entend la voix des capitaines qui encourageent les soldats, et les cris confus d'une armée. On dirait que la race des chevaux d'Israël est parvenue jusqu'à nos jours; n'est-ce pas, l'ami? »

Ne recevant aucune réponse à ce discours extraordinaire, qui, prononcé d'une voix pleine et sonore, méritait cependant quelque attention, le citateur du livre saint examina la figure silencieuse à laquelle il s'était par hasard adressé. Ses regards s'arrêtèrent sur le coureur indien qui avait apporté au camp les mauvaises nouvelles de la veille. Quoique en apparence indifférent à l'agitation qui régnait autour de lui, ce sauvage avait une expression sombre et farouche qui perçait dans ses traits malgré leur immobilité stoïque. Il portait, comme tous ceux de sa tribu, un couteau et une hache appelée tomahawk, sans avoir pourtant l'extérieur d'un guerrier. Il y avait sur toute sa personne un air de négligence que l'on aurait pu attribuer à des fatigues dont il n'était pas encore remis. Les couleurs dont il avait peint son visage étaient confusément mêlées et rendaient plus repoussants encore ses traits basanés. Le hasard avait produit sur cette féroce physionomie des effets que l'art aurait inutilement cherchés. Ses yeux seuls, qui étincelaient comme des étoiles au milieu des nuées, avaient conservé toute leur sauvagerie première. Ses regards rencontrèrent un moment ceux de son interlocuteur; puis, soit par ruse, soit par dédain, ils changèrent de direction et restèrent fixes comme s'ils eussent voulu sonder l'horizon.

Il est impossible de deviner quelle observation imprévue cette communication courte et silencieuse aurait arrachée à l'homme blanc, si sa curiosité n'avait été attirée par d'autres objets. Un mouvement général des domestiques, un murmure de douces voix, annoncèrent l'approche des personnes que la cavalcade attendait pour se mettre en marche. L'admirateur du cheval de guerre s'avança immédiatement vers une petite jument maigre, qui broutait paisiblement l'herbe fanée du camp, et dont le poulain faisait à côté son repas du matin. Il appuya le coude sur la couverture qui lui servait de selle, et demeura spectateur du départ.

Un jeune officier conduisait vers leurs montures deux femmes habillées de manière à pouvoir affronter un voyage à travers les bois. La plus jeune ne prenait pas le soin de ramener le voile vert qui descendait de son chapeau de castor, et que soulevait la brise du matin. Elle laissait voir ingénument son teint éblouissant, ses beaux cheveux dorés, et ses yeux pleins d'éclat. Les lignes empourprées qui coloraient encore l'orient n'étaient ni plus brillantes ni plus délicates que l'incarnat de ses joues. Le jour à son début n'avait rien de plus charmant que le sourire animé qu'elle adressa au jeune officier au moment où il l'aidait à se mettre en selle.

L'autre jeune fille, qui semblait avoir une part égale aux attentions de l'officier, dérobait ses charmes aux regards de la soldatesque avec une précaution en rapport avec l'expérience de quatre ou cinq années de plus. On pouvait cependant que ses formes n'étaient pas moins irréprochables que celles de sa compagne, bien qu'elles fussent plus développées.

Aussitôt qu'elles furent placées, leur cavalier s'élança légèrement sur son coursier; et tous trois saluèrent le général Webb, qui par po-

hôtesse attendait leur départ sur le seuil de sa cabane ; et, tournant la tête de leurs chevaux, ils s'avancèrent lentement vers la porte septentrionale du camp. Ils franchirent cette courte distance sans prononcer un seul mot ; mais la jeune des dames poussa un léger cri de surprise lorsque le coureur indien se glissa devant elle pour montrer le chemin. Le mouvement brusque de l'Indien n'arracha pas d'exclamation à l'autre dame, mais elle laissa se déranger son voile, et ses yeux noirs lancèrent sur le sauvage un regard d'étonnement et d'horreur. La chevelure de la dame était noire et lustrée comme le plumage du corbeau. Elle n'avait pas le teint brun ; il semblait plutôt nuancé des couleurs d'un sang impétueux qui battait avec force dans ses veines. Elle sourit comme si elle avait eu pitié d'un moment d'oubli, et montra une rangée de dents qui auraient fait honte au plus pur ivoire ; puis, replaçant son voile, elle pencha la tête et s'avança en silence, sans paraître prendre garde aux objets qui l'environnaient.

CHAPITRE II.

L'autre jeune fille fut promptement remise de ses alarmes, et, riant de sa propre faiblesse, elle dit à l'officier :

« De semblables spectres se montrent-ils souvent dans les bois, Heyward ? celui-ci a-t-il été choisi exprès pour nous divertir ? S'il en est ainsi, la reconnaissance doit nous fermer la bouche ; mais, dans le cas contraire, Cora et moi nous aurons besoin du courage héréditaire dont nous nous flattons, même avant de rencontrer le redoutable Montcalm.

— Cet Indien est un coureur de l'armée, répondit le major Duncan Heyward ; et, d'après les idées de nos compatriotes, il peut passer pour un héros. Il s'est offert pour nous guider jusqu'au lac Georges par un sentier peu connu, plus vite et plus agréablement que si nous avions suivi les mouvements de la colonne.

— Il ne me plaît pas, dit la jeune fille avec un geste de terreur qui n'était pas complètement feinte. Vous le connaissez bien, Duncan ; autrement vous ne vous seriez pas confié à sa garde.

— Dites plutôt, Alice, que je vous y aurais pas confiée. Je le connais depuis longtemps. On dit qu'il est Canadien, et cependant il a servi avec nos alliés les Mohawks, qui, comme vous le savez, font partie de la confédération des six nations indigènes ; il fut amené parmi nous, si je suis bien informé, par un événement étrange, auquel votre père prit part, et qui valut au sauvage un châtiment exemplaire. Mais j'oublie cette vieille histoire ; il me suffit qu'il soit aujourd'hui notre ami.

— Il a été l'ennemi de mon père ! il me plaît encore moins ! s'écrie la jeune fille réellement alarmée. Voulez-vous lui parler, major Heyward, afin que j'entende le son de sa voix. Quelque folle que puisse être cette opinion, vous savez que j'accorde de l'importance aux accents de la voix humaine.

— Ce serait en vain que je l'appellerais. Il ne me répondrait pas, soit qu'il feigne d'ignorer l'anglais, soit qu'il ne daigne pas le parler ; mais le voici qui s'arrête. Le sentier par lequel nous devons passer est sans doute près d'ici. »

Cette conjecture était vraie. Quand ils eurent atteint la place où se tenait l'Indien, il indiqua du doigt un sentier étroit et obscur, pratiqué dans le hallier qui bordait la route militaire, et où ne pouvait passer, encore avec quelque difficulté, qu'une seule personne à la fois.

« Voilà notre route, dit le major à voix basse. Ne témoignez aucune défiance, car vous pourriez appeler le danger que vous semblez appréhender.

— Qu'en pensez-vous, Cora ? dit la blonde Alice. Si nous voyagions avec la troupe, nous pourrions être exposées à quelques désagréments ; mais nous serions peut-être plus en sûreté.

— N'étant pas faite aux habitudes des sauvages, repartit le major Heyward, vous ne voyez pas où est le véritable danger. Si l'ennemi est déjà sur le chemin du fort Édouard, ce qui n'est pas probable, les Indiens ne manqueront pas de rôder autour de la colonne pour chercher des occasions de scalper. La route qu'elle suit est connue ; tandis que la nôtre est ignorée, puisqu'il n'y a qu'une heure que nous nous sommes décidés à la prendre.

— Devons-nous nous défier de cet homme parce que ses manières ne sont pas les nôtres, et que sa peau est d'une teinte plus foncée ? » demanda froidement Cora.

Alice n'hésita plus ; et, donnant un coup de cravache à son roussin, elle fut la première à écarter les branches des taillis et à suivre le coureur dans le sentier sombre et encombré. Le jeune homme la laissa s'avancer seule, pour s'occuper de frayer le passage à Cora, qu'il contemplait avec une admiration marquée. Les domestiques, qui avaient reçu des instructions préalables, continuèrent de marcher sur les traces du détachement. C'était, dit Heyward, sur l'avis du guide, qui avait craint que de trop nombreuses traces de pas n'attirassent les sauvages canadiens.

Pendant quelques minutes, nos voyageurs ne furent occupés qu'à se faire jour au milieu d'un épais fourré ; mais, à mesure qu'ils s'éloignèrent du grand chemin, la hauteur croissante des arbres rendit la marche moins pénible, et ils s'avancèrent sous les sombres arceaux de la forêt, quand ils entendirent derrière eux un bruit de chevaux dont les sabots claquaient sur les branches sèches et sur les racines du sentier ; ils virent un poulain se glisser, avec la vitesse d'un jeune daim, entre les tiges droites des pins, et, un instant après, l'étrange personnage décrit dans le précédent chapitre parut perché sur sa maigre jument. Il n'avait pas été jusqu'alors remarqué par nos voyageurs ; s'il possédait le pouvoir de fixer les yeux quand il déployait à pied tous les avantages de sa taille, ses grâces équestres étaient plus propres encore à captiver l'attention. Malgré l'emploi constant de son unique éperon, la seule allure qu'il pût obtenir de sa bête était un petit galop des jambes de derrière ; celles de devant essayaient avec hésitation de s'y conformer, mais elles ne s'écartaient guère du petit trot qui leur était habituel. A chaque évolution nouvelle de l'animal, le cavalier se dressait sur ses étriers ; il se grandissait et se rapetissait tour à tour, de sorte qu'il était impossible d'avoir une idée exacte des proportions de son individu.

La mâle et belle figure d'Heyward s'était d'abord assombrie à l'aspect du nouveau venu ; mais il ne tarda pas à sourire en le contemplant. Alice ne chercha pas à dissimuler son hilarité, et les yeux noirs et pensifs de Cora brillèrent d'une gaieté tempérée moins par un mouvement naturel que par l'habitude.

« Cherchez-vous quelqu'un ici ? demanda Heyward lorsque l'inconnu fut à portée de la voix. Nous apporteriez-vous pas de mauvaises nouvelles ?

— Assurément, » répliqua l'étranger en s'éventant avec son tricorne, et sans qu'on pût deviner à quelle question il répondait. Toutefois, après s'être suffisamment rafraîchi et avoir repris haleine, il poursuivit en ces termes : « J'ai appris que vous vous rendiez au fort Édouard, et il aurait fallu que je fusse muet pour ne pas demander mon chemin. Grâce au ciel, je ne suis pas muet ; ce qui m'empêcherait d'exercer ma profession. »

L'inconnu parut trouver ce qu'il venait de dire très-spirituel ; mais le sens en était complètement inintelligible pour ses auditeurs.

« Il ne sied pas, poursuivit-il, à un homme de mon métier de se familiariser trop avec ceux qu'il est chargé d'instruire, et c'est pour cela que je ne suis pas du détachement. D'ailleurs, je présume qu'un homme comme vous sait le chemin mieux que personne, et je me suis en conséquence décidé à vous accompagner.

— Voilà une décision bien arbitraire, et prise avec un peu de précipitation ! s'écria Heyward ne sachant s'il devait rire ou se fâcher. Mais vous parlez d'instruction, de profession ; êtes-vous adjoint aux troupes provinciales en qualité de maître d'armes ; ou seriez-vous un de ceux qui tracent des lignes et des angles sous prétexte d'expliquer les mathématiques ?

— Nullement, répondit l'étranger ; ma seule vocation est de chanter les louanges de Dieu, et de professer le plain-chant.

— C'est un disciple d'Apollon ! s'écria Alice. Je le prends sous ma protection. Ne froncez pas le sourcil, Heyward, et, pour me procurer quelque distraction, laissez-le voyager avec nous. D'ailleurs, ajouta-t-elle à voix basse en jetant un coup d'œil suivi lentement le guide canadien, cet étranger peut nous être d'un utile secours en cas d'accident.

— Si je craignais, Alice, pensez-vous que j'exposerais des femmes que j'aime dans ce sentier mystérieux ?

— Non, sans doute ; mais cet original me divertit, et un musicien comme lui ne doit pas être grossièrement éconduit. »

Alice accompagna ces paroles d'un regard doux et persuasif. Le jeune major n'hésita plus ; et, faisant sentir l'éperon à son coursier, il alla se placer à côté de Cora.

« Je suis charmé de vous rencontrer, l'ami ! dit Alice à l'étranger. Des parents, prévenus en ma faveur, assurent que je fais passablement ma partie dans un duo, et nous pourrons tromper les ennuis du voyage en nous livrant à nos études favorites. Il peut être éminemment avantageux pour une profane, telle que moi, de consulter un maître de l'art.

— La psalmodie, répondit le maître de chant, rafraîchit l'esprit et le corps, quand on la cultive en temps opportun ; mais quatre parties sont indispensables à la perfection de la mélodie. Vous me faites l'effet d'avoir un magnifique *soprano*. J'ai, quant à moi, une voix de ténor assez étendue ; mais nous manquons de contralto et de basse-taille. Cet officier du roi, qui hésitait à m'admettre dans votre compagnie, pourrait faire la partie de basse, si j'en juge par les intonations de sa voix dans le dialogue ordinaire.

— Ne jugez pas témérairement sur des apparences trompeuses, dit la jeune fille en souriant ; si le major Heyward peut faire entendre quelques notes basses, dans une circonstance donnée, il n'en est pas moins vrai que c'est plutôt un ténor léger qu'une basse-taille.

— A-t-il quelque pratique dans l'art du plain-chant ? demanda naïvement l'étranger. »

Alice faillit éclater de rire ; mais elle parvint à réprimer son hilarité pour répondre :

« Je crains bien qu'il ne connaisse guère que des chansons profanes ; un militaire n'a pas beaucoup d'occasions d'en apprendre d'autres.

— La voix de l'homme lui est donnée, comme ses autres talents, pour en user, et non pour en abuser. Personne ne peut dire m'avoir vu négliger les dons que j'ai reçus de la nature. Quoique destiné dès mon enfance à la musique, comme le saint roi David, je rends grâce au ciel de n'avoir jamais souillé mes lèvres d'un seul vers de chansons mondaines.

— Vous avez borné vos études à la musique sacrée ?

— Assurément. Comme les psaumes de David surpassent toutes les autres compositions, ainsi la musique qu'on a faite exprès pour eux les saints et les sages de la terre surpasse toute espèce de vaine poésie. Je puis dire avec bonheur que je reproduis exclusivement les pensées et les aspirations du roi d'Israël, car la traduction dont nous nous servons, dans les colonies anglaises, est d'une notable exactitude. J'ai soin d'en porter toujours un exemplaire avec moi. En voici la vingt-sixième édition, publiée à Boston, l'an de grâce 1744, et intitulée : *Psaumes, Hymnes et Chants spirituels de l'Ancien et du Nouveau Testament, fidèlement traduits en vers anglais pour l'usage, l'édification et la consolation des fidèles.* »

En disant ces mots, l'étranger plaça sur son nez une paire de besicles à monture de fer, tira le volume de sa poche, et l'ouvrit avec respect. Puis, sans aucun préliminaire, il appliqua à sa bouche, pour donner le ton, l'espèce de flûte qu'il avait dans son gousset, et il chanta d'une voix dont la mélodieuse douceur triomphait de la médiocrité de la musique et des vers, et même des secousses imprimées par l'allure irrégulière de la jument :

« Pour des frères unis qu'un amour pur rassemble,
Oh ! combien il est doux de demeurer ensemble !
Dieu même est le pasteur de ces saintes brebis.
Leur bonheur est semblable à cette huile parfaite
Qui descend du front d'Aaron la prophète,
Jusqu'aux franges de ses habits. »

Le chanteur accompagna ces vers d'un mouvement régulier de la main droite, qui tantôt s'élevait avec un balancement inimitable, tantôt descendait jusqu'aux feuillets du petit volume. C'était la première fois que ces forêts silencieuses et retirées retentissaient d'une pareille harmonie : aussi ne pouvait-elle manquer de frapper les oreilles des autres voyageurs. L'Indien murmura quelques mots à Heyward, qui s'avança à la hâte vers l'inconnu.

« Bien que nous ne courions aucun danger, dit-il, la prudence doit nous engager à traverser ce désert avec le moins de bruit possible ; vous me pardonnerez, Alice de diminuer vos plaisirs, en priant monsieur d'ajourner ses chants à une meilleure occasion.

— Vous les diminuerez, en effet, Duncan, car je n'ai jamais entendu chanter avec plus de perfection des vers plus détestables ; et j'allais m'embarquer dans de savantes recherches sur les causes de cette discordance entre l'exécution et les paroles, quand vous avez interrompu mes rêveries par votre basse-taille.

— J'ignore ce que vous appelez ma basse-taille, dit Heyward piqué de l'observation, mais je sais que votre sûreté et celle de Cora me sont plus précieuses qu'un orchestre exécutant la musique de Haendel. »

Il s'arrêta, jeta un coup d'œil rapide sur un buisson voisin, et regarda ensuite d'un air soupçonneux le guide indien, qui continuait à marcher avec sa fermeté avec une imperturbable gravité.

Le jeune major sourit de son erreur, car il croyait avoir pris quelques baies de couleurs éclatantes pour les yeux perçants d'un sauvage aux aguets. Toutefois, il ne s'était pas trompé ; quand il eut passé, les branches du buisson s'écartèrent et une figure humaine se montra avec précaution. Les passions sans frein qui animaient contribuaient, avec le tatouage, à rendre cette apparition effrayante. L'habitant de la forêt suivit des yeux les voyageurs qui s'éloignaient sans douter de sa présence, et un rayon de joie éclaira son visage sombre quand il les vit prendre la route qui devait les livrer à sa fureur.

CHAPITRE III.

Laissons le trop confiant Heyward et ses compagnons s'enfoncer dans une forêt qui recèle de si perfides hôtes, et profitons de l'un de nos privilèges d'auteur pour transporter le lieu de la scène à quelques milles à l'ouest de l'endroit où nous venons de les voir.

Ce jour-là, deux hommes erraient sur les rives du Glenn, rivière étroite mais rapide, à une heure de marche du camp du général Webb ; ils avaient l'air d'attendre l'arrivée d'un tiers ou de quelque événement prévu. Le vaste dais des bois s'étendait jusqu'au-dessus des eaux, qu'il couvrait d'ombres de couleur foncée. Les rayons du soleil commençaient à devenir moins ardents, la chaleur étouffante du jour s'amoindrissait, les vapeurs des sources et des fontaines s'élevaient de leurs lits encombrés de feuilles, et rafraîchissaient l'atmosphère. Cependant, ce silence plein de vagues harmonies, qui caractérise les paysages d'Amérique pendant les lourdes journées de juillet, régnait autour de ces deux personnages ; il n'était interrompu que par leur conversation à voix basse, les coups intermittents de la pioche du bûcheron, les cris discordants de quelques geais en belle humeur ou le mugissement des chutes d'eau lointaines. Toutefois, ces sons faibles et passagers étaient trop familiers aux deux habitants des bois pour les distraire de leur entretien. Tandis que l'un d'eux avait la peau rouge et les bizarres accoutrements d'un indigène, l'autre, malgré la grossièreté presque sauvage de ses vêtements, malgré le hâle de ses traits flétris, pouvait se dire issu de parents européens.

Le premier était assis à l'extrémité d'un vieux tronc d'arbre, dans une posture qui lui permettait d'ajouter à l'effet de ses paroles la pantomime, calme mais expressive, dont les Indiens font usage en discutant. Son corps, qui était presque nu, présentait un terrible emblème de mort peint avec un mélange de blanc et de noir ; sa tête était rasée avec soin, mais il y avait conservé cette longue touffe de cheveux connue sous le nom de *touffe à scalper* ; elle n'avait d'autre ornement qu'une plume d'aigle qui partait du sommet du crâne et tombait sur l'épaule gauche. A sa ceinture pendaient un tomahawk et un couteau à scalper de fabrique anglaise ; une carabine du genre de celles dont la politique des blancs armait leurs sauvages alliés reposait négligemment sur ses genoux nerveux. Sa poitrine développée, ses membres robustes et la grave contenance de ce guerrier indiquaient qu'il avait atteint la force de l'âge, quoique nul symptôme de décadence ne parût avoir diminué sa virilité.

La structure de l'homme blanc, à en juger par les parties que ne cachaient pas ses vêtements, était celle d'un homme accoutumé dès son enfance aux fatigues et aux privations. Son corps était musculeux, mais dénué d'embonpoint ; ses nerfs semblaient avoir été fortifiés par des travaux sans relâche ; il portait une blouse de chasse verte bordée de jaune et un bonnet de peau dont la fourrure était usée ; il avait aussi un couteau passé dans une ceinture de coquillages pareille à celle qui serrait la taille de l'Indien. Ses pantoufles, ou mocassins, étaient ornées d'arabesques à la mode du pays ; ses guêtres de peau de daim, lacées sur les côtés, étaient attachées au-dessus du genou avec des nerfs de daim ; une carnassière et une poudrière complétaient son équipement, et une carabine à canon très-long, la plus dangereuse de toutes les armes à feu, était appuyée contre un arbre voisin ; l'œil du chasseur était petit, vif, perçant, inquiet, et errait de tous côtés comme pour chercher du gibier ou surprendre quelque ennemi caché. Malgré ces indices d'une méfiance habituelle, la physionomie de cet homme n'annonçait pas d'intentions criminelles ; dans ce moment même elle avait une expression de rude et franche honnêteté.

« Vos traditions mêmes plaident en ma faveur, Chingachgook ! dit-il dans la langue indigène. Vos pères vinrent du côté du soleil couchant, traversèrent le Mississipi, combattirent les peuplades de cette contrée, et s'emparèrent du sol ; les miens vinrent de l'orient en franchissant la grande mer, et ils vous ont traités comme vous aviez traité les autres. Que Dieu donc décide entre nous.

— Mes pères se sont battus corps à corps avec les hommes rouges, répondit l'Indien d'un ton ferme. N'y a-t-il pas de différence, OEil-de-Faucon, entre nos flèches à pointes de caillou et les balles de plomb avec lesquelles vous tuez ?

— Il y a du bon sens dans un Indien quoique la nature l'ait affublé d'une peau rouge, dit l'homme blanc en secouant la tête. Votre observation ne manque pas de justesse ; mais si j'en juge par ce que j'ai vu faire à vos chasseurs de daims et d'écureuils, je crois qu'un fusil entre les mains de leurs grands-pères aurait été moins meurtrier qu'un arc décochant une flèche à pointe de caillou. Au reste, je suis sans préjugés, et je veux bien convenir que mes compatriotes ne sont pas irréprochables. Ils ont des usages qu'un honnête homme ne peut approuver ; tels que celui d'écrire dans des livres ce qu'ils ont fait et ce qu'ils ont vu, au lieu de le raconter dans les villages, où les assertions des menteurs seraient aisément confondues, et celles des braves soldats confirmées par de nombreux témoignages. Il résulte de cette mauvaise coutume qu'un homme trop consciencieux pour perdre son temps au milieu des femmes, avec des marques noires, peut n'avoir jamais entendu parler des exploits de ses aïeux. Quant à moi, j'aime à apprendre l'histoire de vive voix ; aussi vous demanderai-je, Chingachgook, quelles sont les traditions des hommes rouges sur ce qui se passa lors de notre premier débarquement. »

L'Indien répondit d'un ton solennel : « Écoutez-moi, OEil-de-Faucon, et vos oreilles ne boiront pas de mensonges. Voici ce que mes pères m'ont dit et ce que les Mohicans ont fait : Les premiers visages pâles qui vinrent parmi nous dans un grand canot ne parlaient pas la langue anglaise ; en ce temps-là nous étions heureux : le lac salé nous donnait ses poissons, le bois des daims, l'air de ses oiseaux et les femmes qui élevaient nos enfants ; nous adorions le Grand-Esprit, et nos ennemis les Maquas avaient été repoussés. Les Hollandais donnèrent à mon peuple l'eau-de-feu ; les Mohicans burent jusqu'à ce que le ciel leur sembla se confondre avec la terre. Alors nous fûmes vaincus ; nous perdîmes pied à pied notre terre natale : si bien que, moi qui suis un chef et un sagamore, je n'ai jamais vu le soleil qu'à travers les arbres des forêts, et que je n'ai jamais visité les tombeaux de mes pères !

— Les tombeaux inspirent à l'esprit des sentiments solennels, reprit le chasseur touché de la noble résignation de son compagnon. Pour ma part, cependant, je m'attends à laisser mes os sans sépulture, blanchir au soleil des bois ou être dispersés par les loups. Mais que sont devenus ceux de vos compatriotes qui cherchèrent à s'établir dans le pays de Delaware, il y a déjà bien des étés ?

— Où sont les fleurs de ces étés ! Elles sont tombées l'une après l'autre : ainsi tous les membres de ma tribu s'en sont allés chacun à son tour vers la terre des esprits. Je suis au sommet de la vie, et je dois bientôt descendre dans la vallée ; et lorsque mon fils Uncas aura suivi mes pas, il ne restera plus personne du sang des sagamores, car mon fils est le dernier des Mohicans.

— Uncas est ici ! dit une autre voix dont les intonations étaient également douces et gutturales ; qui parle à Uncas ? »

Le chasseur, par un mouvement involontaire, remua son couteau dans sa gaîne de cuir, et tendit la main vers sa longue carabine ; mais l'Indien demeura immobile, sans même tourner la tête du côté où la voix s'était fait entendre.

Un instant après, un jeune guerrier se glissa entre eux et s'assit sur le bord de la rivière. Aucun cri de surprise n'échappa au père ; il n'y eut aucune parole échangée entre eux pendant les premières minutes ; ni l'un ni l'autre ne voulait manifester une impatience d'enfant ou une curiosité féminine. L'homme blanc, se conformant à leurs usages, se tint également sur la réserve et demeura silencieux, après avoir mis de côté sa carabine ; enfin Chingachgook tourna lentement les yeux sur son fils, et lui demanda : « Les Maquas osent-ils laisser dans ces bois l'empreinte de leurs mocassins ?

— J'ai suivi leurs traces, répliqua le jeune Indien, et je sais qu'ils sont aussi nombreux que les doigts de mes deux mains, mais ils se cachent comme des lâches.

— Les bandits rôdent sans doute pour scalper et pour piller ! dit l'homme blanc, auquel nous donnerons, comme ses compagnons, le nom d'OEil-de-Faucon ; Montcalm, cet actif Français, enverra des espions jusque dans notre camp pour découvrir la route que les Anglais doivent suivre !

— C'est assez ! repartit le père ; les Maquas seront attirés, comme le daim, hors de leurs taillis ! OEil-de-Faucon, mangeons ce soir, et demain nous ferons voir à nos ennemis que nous sommes des hommes.

— Volontiers ; mais pour combattre les Iroquois il est nécessaire de les déterrer, et pour manger il faut trouver du gibier. Quand on parle du loup, on en voit la queue. Voici les plus beaux andouillers que j'aie vus de la saison. Uncas, poursuivit-il à voix basse avec une espèce de rire en dedans, dirait-il avait l'habitude, je parie trois charges de poudre contre un chapelet des coquillages qui nous servent de monnaie, que je vais frapper l'animal entre les deux yeux, et plutôt à droite qu'à gauche.

— C'est impossible ! dit le jeune Indien en se levant brusquement ; il ne montre que le bout de ses cornes.

— Enfant ! dit OEil-de-Faucon en haussant les épaules. Croit-il que lorsqu'un chasseur aperçoit quelque partie d'une bête, il ne devine pas où est le reste ! »

Il visa, et était sur le point de montrer son adresse, lorsque le vieux Chingachgook rabattit l'arme en disant : « OEil-de-Faucon, avez-vous envie de faire venir les Maquas ?

— C'est vrai, répondit l'homme blanc ; il faut que j'abandonne ce daim à votre flèche ; Uncas ; autrement nous pourrions le tuer pour ces gredins d'Iroquois. »

Le père appuya cette invitation par un geste de la main, et Uncas, se jetant à plat-ventre, s'approcha avec précaution de la bête fauve. Quand il fut à quelques pas du fourré, il plaça une flèche sur la corde, qu'on entendit bientôt vibrer, et le daim blessé s'élança des taillis jusqu'aux pieds de son ennemi. Évitant les cornes de l'animal furieux, Uncas lui plongea son couteau dans la gorge ; et le daim, bondissant sur la berge, alla teindre les eaux de son sang.

« Expédié avec l'adresse d'un Indien ! dit le chasseur avec son rire interne. Ça valait vraiment la peine d'être vu ! Pourtant une flèche n'atteint que de près, et il faut un couteau pour finir la besogne...

— Silence ! s'écria son vieux compagnon en se retournant précipitamment comme un chien qui a senti du gibier.

— Pardieu, il y en a un troupeau ! dit le chasseur ravi d'avoir en perspective de quoi s'exercer ; si les daims viennent à portée de mes balles, j'en abattrai un, dussé-je attirer au bruit les six nations confédérées. Qu'entendez-vous, Chingachgook, car les bois sont muets pour moi ?

— Il n'y a qu'un daim et il est mort, dit l'Indien en collant son oreille à terre ; j'entends le bruit de pas.

— Ce sont peut-être les loups qui avaient forcé ce daim à chercher un bouge, et qui ont retrouvé sa piste.

— Non, ce sont des chevaux d'hommes blancs ! répliqua Chingachgook ; et, se relevant avec dignité, il reprit sur son siège de bois l'attitude qu'il avait auparavant. OEil-de-Faucon, ce sont vos frères ; parlez-leur.

— C'est bien ce que je compte faire, et dans un anglais auquel le roi ne dédaignerait pas de répondre ; mais je ne vois rien, et je n'entends ni homme ni bête. Il est étonnant qu'un Indien reconnaisse de loin des hommes blancs mieux que je ne le ferais, moi qui n'ai pas de sang mêlé dans les veines, quoique ayant vécu assez longtemps avec les peaux rouges pour qu'on puisse le croire. Ah ! voici quelque chose qui ressemble au craquement des branches sèches ! j'entends les buissons remuer : oui, oui ; c'est un trépignement de chevaux que j'avais pris pour le bruit d'une chute d'eau. Mais les voici qui viennent ! Dieu les garde des Iroquois ! »

CHAPITRE IV.

OEil-de-Faucon avait à peine prononcé ces mots que la bande dont l'Indien avait annoncé l'approche se montra dans un sentier battu, pratiqué par le passage périodique des daims. « Qui va là ? demanda le chasseur en posant sa carabine sur son bras gauche et en plaçant sur la détente l'index de sa main droite.

— Des chrétiens, amis des lois et du roi, répondit celui qui marchait le premier, des hommes qui voyagent depuis le lever du soleil sans avoir pris de nourriture et qui sont cruellement fatigués.

— Vous vous êtes donc perdus, et vous avez reconnu combien il est embarrassant de ne savoir s'il faut prendre à droite ou à gauche ?

— Assurément. Nous dépendons de notre guide, aussi absolument que si nous étions des enfants à la mamelle. Savez-vous si nous sommes loin d'un poste anglais, appelé William-Henri.

— William-Henri ! s'écria OEil-de-Faucon en se laissant aller à un franc éclat de rire, qu'il réprima aussitôt. Vous n'êtes pas plus sur la route qu'un chien qui aurait le lac Horican entre lui et le daim. Si vous êtes amis du roi, vous feriez mieux de suivre la rivière jusqu'au fort Édouard, et d'aller dire au général Webb qu'il marche au-devant des Français, au lieu de perdre en temps précieux. »

Avant que l'étranger pût répondre à cette proposition inattendue, un autre cavalier sortit des taillis et sauta à bas de son cheval. C'était le major Heyward.

« Quelle distance y a-t-il d'ici au fort Édouard ? demanda le major. Nous avons quitté ce matin le poste où vous nous conseillez de nous rendre, et notre destination est le lac Georges.

— Alors vous avez perdu la tête avant de perdre votre chemin ; car la route qui y conduit est aussi large que la plus belle rue de Londres, sans en excepter celle qui passe devant le palais du roi.

— Nous ne contestons pas la supériorité de cette route, répondit Heyward en souriant, mais nous avons voulu suivre un chemin de traverse et nous avons pris pour guide un Indien qui n'a pas une connaissance exacte des localités. Bref, nous ne savons pas où nous sommes.

— Un Indien égaré dans les bois ! quand le soleil, les chutes d'eau, la mousse même des hêtres lui indiquent de quel côté l'étoile polaire se lèvera ce soir ! les bois sont remplis des sentiers que font les daims en allant à leurs abreuvoirs accoutumés, et ces endroits sont connus de tous les sauvages. Il est étrange qu'un d'eux puisse se perdre entre le lac Horican et la source de l'Hudson. Est-ce un Mohawk ?

— Oui, il est de cette tribu ; non par naissance, mais par adoption. Je crois qu'il est Huron d'origine.

— Huron ! s'écrièrent à la fois les deux compagnons du chasseur, qui s'étaient jusqu'alors tenus assis, immobiles, mais qui se levèrent avec vivacité.

— Huron ! répéta OEil-de-Faucon, c'est une race de voleurs ; qu'un homme de cette nature soit adopté par n'importe qui, ce ne sera jamais qu'un misérable vagabond. Si vous avez pour guide un Huron, je ne m'étonne que d'une chose ; c'est que vous n'en ayez pas rencontré d'autres.

— Ce n'était pas à craindre, puisque le fort William-Henri est éloigné de nous. Vous oubliez, d'ailleurs, que je vous ai dit que notre guide était Mohawk et qu'il nous servait en fidèle allié.

— Et moi ! reprit OEil-de-Faucon avec insistance, je vous affirme que celui qui est né Huron mourra Huron : parlez-moi d'un Delaware ou d'un Mohican pour l'honnêteté ; mais quant aux autres Indiens, je m'en défie.

— Quelle que soit votre opinion, dit le major impatienté, je ne désire pas faire une enquête sur le mérite d'un homme que je connais et auquel vous devez être étranger. Vous n'avez pas répondu à ma question : à quelle distance sommes-nous du fort Édouard ? Si vous le savez et si vous pouvez nous y conduire, votre peine ne vous restera pas sans récompense.

— Mais qui me dit qu'en vous conduisant je n'introduirai pas dans le camp anglais un ennemi, un espion de Montcalm ? Suffit-il de parler anglais pour être des nôtres ?

— Si vous servez dans l'armée anglaise, dont je suppose que vous êtes un éclaireur, vous devez connaître le 60e régiment.

— Parbleu ! il vous serait difficile d'en nommer un soldat qui me soit inconnu, quoique je porte une blouse de chasse au lieu d'une veste écarlate.

— En ce cas, vous savez le nom du major ?
— Le major ! dit le chasseur en se redressant avec orgueil ; si quelqu'un au monde connaît le major Effingham, c'est moi.
— Le soixantième a plusieurs majors, celui dont vous parlez est le plus ancien. Mais je parle du plus jeune de tous, de celui qui commande les compagnies en garnison au fort William-Henri.
— Oui, oui, j'ai entendu dire qu'un jeune homme immensément riche, originaire d'une province du sud éloignée, a obtenu ce grade ; il est bien jeune pour en remplir les fonctions et pour commander à des hommes dont la tête commence à blanchir. On dit cependant que c'est un brave et un soldat qui sait son métier.
— Quel qu'il soit, quelle que soit son aptitude au rang qu'il occupe, c'est lui qui vous parle en ce moment et, certes, vous ne pouvez le regarder comme un ennemi. »
OEil-de-Faucon regarda Heyward avec surprise, ôta son bonnet et reprit d'un ton mieux assuré qu'auparavant, quoiqu'en laissant percer quelques doutes : « On m'a dit qu'un détachement devait quitter le camp ce matin pour se diriger vers les bords du lac.
— On vous a dit vrai ; mais j'ai préféré prendre une route plus courte en m'en rapportant à l'Indien dont je vous ai parlé.
— Et il vous a trompé, il a déserté ?
— Je ne le crois pas ; je suis même sûr qu'il est à peu de distance derrière nous.
— Je serais charmé de le voir. Si c'est un véritable Iroquois, je le reconnaîtrai aisément à sa mine de coquin et à son tatouage. »
En disant ces mots, OEil-de-Faucon entra dans le sentier et passa derrière la jument du maître de chant, dont le poulain profita de la halte pour mettre à contribution le lait maternel. Après avoir écarté les buissons et s'être avancé de quelques pas, le chasseur rencontra les jeunes femmes qui attendaient avec anxiété le résultat de la conférence. Le coureur était un peu plus loin, appuyé contre un arbre, il soutint l'examen attentif du curieux d'un air impassible, mais avec une physionomie si sombre et si farouche qu'elle suffisait pour imposer de la crainte. Satisfait de son enquête, le chasseur retourna sur ses pas. Frappé de la beauté des deux femmes, il s'arrêta un moment devant elles, salua en passant le chanteur et retourna auprès de Heyward.

« Un Iroquois est un Iroquois, dit-il, et, Dieu l'ayant créé tel, tous les Mohawks du monde sont incapables de le changer. Si nous étions seuls et vous consentissiez à laisser votre beau cheval à la merci des loups, je vous conduirais moi-même en une heure au fort Édouard ; mais, avec ces dames, c'est malheureusement impossible.
— Et pourquoi ? elles sont fatiguées, mais elles pourront supporter encore une course de quelques milles.
— C'est de toute impossibilité, répéta le chasseur ; on me donnerait la meilleure carabine des colonies, que je ne voudrais pas faire un mille dans ces bois en compagnie de ce coureur : ils sont remplis d'Iroquois, et votre faux Mohawk sait trop bien où les trouver pour que je voyage avec lui.
— Vous croyez ! dit Heyward se penchant en avant sur sa selle et parlant à voix basse. J'avoue que j'avais conçu des soupçons ; mais j'ai essayé de les dissimuler, et j'ai feint une assurance que j'étais loin d'avoir. C'est parce que je me méfiais de lui qu'au lieu de marcher sur ses traces, je l'ai placé, comme vous voyez, à l'arrière-garde.
— J'ai vu que c'était un traître au premier coup d'œil. Le drôle est là bas appuyé contre cet érable dont vous apercevez la cime au-dessus des buissons ; sa jambe droite est parallèle au tronc de l'arbre ; et en lui envoyant une seule balle entre la cheville et le genou, je puis le mettre hors d'état de rôder dans les bois pendant trois semaines. Si je l'abordais, le rusé coquin se douterait de quelque chose et disparaîtrait comme un daim effarouché. »
OEil-de-Faucon avait son arme, mais Heyward l'arrêta.
« Ne lui faites rien, dit-il, il peut être innocent ; pourtant, si j'avais la certitude de sa perfidie...
— On ne se trompe jamais en comptant sur la perfidie d'un Iroquois, dit le chasseur en ajustant par une sorte de mouvement instinctif.
— Un moment ! interrompit Heyward : ne prenons pas tout de suite un parti violent, quoique j'aie de fortes raisons de croire que le misérable m'a trompé. »
Le chasseur, qui avait déjà renoncé à mutiler le coureur, rêva un moment et fit un geste auquel ses deux compagnons rouges répondirent en se rendant immédiatement auprès de lui. Ils s'entretinrent vivement, mais à voix basse, en langue delaware, et, par les gestes de l'homme blanc qui désignaient fréquemment la cime de l'érable, il était évident qu'il était question de l'ennemi caché. Ses compagnons ne tardèrent pas à comprendre ses intentions, et, laissant leurs fusils, ils prirent l'un à droite et à gauche du sentier. Ils marchaient avec tant de précaution, qu'on ne pouvait entendre le bruit de leurs pas.

« Maintenant allez le trouver, dit OEil-de-Faucon à Heyward, et amenez-le par des paroles. Ces Mohicans s'en empareront sans endommager son tatouage.
— Je m'en emparerai bien moi-même, dit le major avec fierté.
— Bah ! comment pourriez-vous atteindre à cheval un Indien qui court dans les bois ?
— Je mettrais pied à terre.

— Et croyez-vous qu'en vous voyant un pied hors de l'étrier, il attendrait que l'autre fût libre ? Quiconque a affaire aux indigènes de ces forêts doit agir à la mode indienne s'il veut réussir dans ses entreprises. Allez donc parler à ce mécréant et ayez l'air de croire que c'est le meilleur ami que vous ayez sur la terre. »
Le major se prépara, non sans répugnance, à jouer le rôle qu'on lui conseillait de remplir ; à chaque instant il avait plus nettement conscience de la situation critique où il avait mis, par une confiance imprudente, le précieux dépôt dont il était chargé. Le soleil avait déjà disparu, et les bois, privés subitement de ses clartés, revêtaient des couleurs sinistres qui lui rappelaient vivement l'approche de l'heure que choisissent d'ordinaire les sauvages pour assouvir leur vengeance. Stimulé par l'inquiétude, il quitta le chasseur, murmura quelques paroles encourageantes à ses douces compagnes et s'avança vers le coureur qui restait immobile au pied de l'érable.

« Vous voyez, Magua, lui dit-il en essayant de prendre un air dégagé, vous voyez que la nuit est close et pourtant nous ne sommes pas plus près du fort William-Henri que lorsque nous avons quitté le camp du général Webb. Vous vous êtes égaré et je ne connais pas mieux la route que vous. Heureusement nous avons rencontré un chasseur, celui qui cause là-bas avec le maître de chant, et ce chasseur, familiarisé avec les moindres détours de la forêt, promet de nous conduire à un endroit où nous pourrons passer la nuit en sûreté »
L'Indien fixa ses yeux étincelants sur Heyward en demandant :
« Est-il seul ?
— Seul ! répondit avec hésitation le major, auquel le mensonge était trop étranger pour ne pas l'embarrasser ; il n'est pas seul assurément, Magua, puisque nous sommes avec lui.
— Alors le Renard-Subtil partira, répliqua le coureur en ramassant froidement la petite valise qui gisait à ses pieds ; le Renard Subtil s'en ira, et ces visages pâles ne verront plus que des gens de leur couleur.
— Qui appelez-vous le Renard-Subtil ?
— C'est le nom que Magua a reçu de ses pères canadiens, dit le coureur avec fierté ; la nuit et le jour sont indifférents au Renard-Subtil lorsque Munro l'attend.
— Et quel compte le Renard rendra-t-il au commandant du fort William-Henri relativement à ses filles ? osera-t-il dire à l'irritable vétéran que ses enfants sont restés sans guide quand Magua avait promis de leur en servir ?
— La tête grise a la voix forte et le bras long ; mais le Renard n'entendra pas l'une et ne sentira pas l'autre, car il restera dans les bois.
— Mais que diront les Mohawks ? ils lui feront des jupons et le reléguront avec les femmes ; car il sera déshonoré.
— Le Renard-Subtil connaît la route des grands lacs et peut retrouver les ossements de ses pères.
— Finissons ces discussions, Magua ; ne sommes-nous pas amis ! Munro vous a promis un présent pour vos services et je vous en donnerai un moi-même. Reposez-vous, et prenez des provisions dans votre valise. Nous avons quelques moments à passer ici. Ne babillons pas comme des femmes. Quand Alice et Cora seront reposées nous partirons.
— Les visages pâles se font les chiens de leurs femmes, murmura l'Indien dans sa langue maternelle ; et quand elles ont besoin de manger, le guerrier met de côté le tomahawk pour nourrir leur oisiveté.
— Que dit le Renard ?
— Le Renard dit : C'est bon. »
L'Indien jeta un coup d'œil perçant sur la physionomie d'Heyward ; mais, rencontrant le regard de celui-ci, il se détourna précipitamment. Il s'assit à terre, exhiba les reliefs de quelque repas précédent et se mit à manger non sans avoir, par précaution, promené lentement ses yeux autour de lui.

« C'est bien, ajouta Heyward, et le Renard-Subtil aura des forces pour trouver son chemin demain matin. Il faudra nous mettre en marche au lever du soleil, autrement Montcalm pourrait nous surprendre et nous barrer le passage du fort. »
Magua ne répondit point ; il avait les yeux fixés à terre, la tête tournée de côté, les narines dilatées, les oreilles dressées, et semblait une statue vivante de l'Attention. Heyward, qui le surveillait, détacha doucement l'un de ses pieds de l'étrier et passa la main sous la peau d'ours qui couvrait l'une de ses pistolets. Malgré son immobilité apparente, le Renard-Subtil était sur ses gardes et ses yeux erraient d'un objet à l'autre avec une incroyable rapidité. Il vit le mouvement d'Heyward et se leva lentement et sans bruit. Le major, jugeant qu'il était urgent d'agir, descendit de cheval avec la résolution de s'emparer du coureur. Cependant, pour ne pas éveiller inutilement ses alarmes, il conservait encore un air de calme et d'amitié.

« Le Renard-Subtil ne mange pas, » dit-il se servant de la qualification qui paraissait flatter la vanité du sauvage. Sa nourriture n'est peut-être pas bonne. Voyons, je trouverai peut-être dans mes provisions quelque chose qui satisfera mieux son appétit. »
Magua lui tendit la valise, il laissa même le major lui toucher les mains sans trahir la moindre émotion ; mais quand il sentit les doigts de l'Européen remonter doucement le long de son bras nu, il repoussa le jeune homme et s'élança d'un bond dans le taillis d'en face en poussant un cri perçant. Au même instant Chingachgook sortit des buissons et s'élança sur ses traces, Uncas le suivit ; un éclair soudain illumina

les bois, et la détonation de la carabine du chasseur fit retentir les échos de la forêt.

CHAPITRE V.

Cette fuite inattendue et les cris sauvages des deux Mohicans causèrent tant de surprise au major, qu'il demeura quelques instants inactif. Se rappelant combien il était important de s'assurer de la personne de Magua, il se mit à sa poursuite ; mais, avant d'avoir fait cent pas, il rencontra les trois amis qui revenaient.

« Déjà découragés ! s'écria-t-il ; le coquin doit être caché derrière un arbre voisin et nous pouvons encore le retrouver. Nous ne sommes pas en sûreté si nous le laissons partir.

— Mettriez-vous un nuage à la poursuite du vent ! répondit OEil-de-Faucon. J'ai entendu le faux Mohawk frôler les feuilles sèches, comme un serpent noir, et, l'apercevant près de ce gros pin, je lui ai envoyé une dragée ; mais, bast !… elle n'a fait que l'effleurer. Regardez ce sumach, ses feuilles sont rougies, et pourtant tout le monde sait qu'il porte des fleurs jaunes au mois de juillet.

— C'est le sang du Renard-Subtil ! Il est blessé et peut tomber en fuyant.

— Non, non ! je lui ai peut-être chatouillé la peau des côtes, mais l'animal n'en saute que mieux. Une balle qui n'abat pas la bête qui court, produit sur elle l'effet de l'éperon sur le cheval. Elle redouble ses forces vitales au lieu de les lui ôter.

— Nous sommes quatre hommes solides contre un blessé !

— La vie vous est-elle à charge ? interrompit le chasseur ; ce diable rouge vous attirerait à portée des tomahawks de ses camarades. Moi qui me suis souvent endormi au bruit lointain des cris de guerre, j'ai manqué à ma prudence habituelle en tirant un coup de feu ; mais la tentation était trop forte ! Allons, amis, changeons de place, de manière à dépister les Iroquois ; sans cela, nos chevelures sécheront demain en face de la hutte de Moncalm. »

OEil-de-Faucon fit cette déclaration terrible avec la froide assurance d'un homme qui comprenait parfaitement le danger, mais qui ne craignait pas de l'affronter en face. Heyward pensa à ses compagnes et crut déjà les voir à la merci de leurs ennemis, qui, comme des bêtes féroces, attendaient que l'obscurité fût complète pour attaquer plus sûrement. Son imagination, surexcitée, trompée par la pénombre d'un vague crépuscule, transformait en figures humaines les buissons agités par le vent, les débris des arbres abattus, et vingt fois il lui sembla distinguer les horribles visages des Indiens embusqués pour surprendre la petite troupe. Cependant les nuages floconneux dont les lignes d'un rose pâle teignaient le ciel avaient achevé de disparaître pour faire place aux ténèbres, et la petite rivière du Glenn, devenue invisible, n'était plus marquée que par la sombre lisière de ses berges boisées.

« Que faire? dit le major avec angoisse, au nom du ciel ne m'abandonnez pas ! défendez ceux que j'escorte, et je vous donnerai la récompense que vous voudrez. »

Ses compagnons, qui s'entretenaient à part en langue delaware, ne firent pas attention à cette pressante apostrophe. Bien qu'ils parlassent à voix basse, Heyward en s'approchant put aisément distinguer les paroles ardentes du jeune guerrier, du ton plus calme de ses aînés. Il était évident qu'ils débattaient l'opportunité d'une mesure relative aux voyageurs. Impatient d'un retard qui semblait accroître le danger, Heyward s'avançait vers le groupe, lorsque le chasseur fit un signe de la main, comme s'il eût renoncé à la discussion, et dit en anglais :

« Uncas a raison. Il serait indigne d'abandonner de malheureuses créatures à leur sort, même au risque de faire découvrir notre retraite. Si vous voulez les sauver, monsieur, vous n'avez pas un instant à perdre.

— Si je veux les sauver ! en doutez-vous ? n'ai-je pas déjà offert…

— Offrez vos prières à Dieu ! il peut seul nous donner la sagesse nécessaire pour déjouer les trames des démons qui remplissent ces bois. Quant aux offres d'argent, vous ne vivrez peut-être pas pour les réaliser, et moi pour en profiter. Ces Mohicans et moi, nous ferons tout ce que peut inventer la pensée humaine pour protéger ces tendres fleurs qui ne sont pas nées pour le désert ; mais nous n'attendons d'autre récompense que celle que Dieu accorde toujours à la droiture. D'abord il faut nous promettre deux choses.

— Dites-les ?

— La première est d'être silencieux comme ces bois, quoi qu'il arrive ; la seconde, c'est de ne pas révéler la place où nous allons vous conduire.

— Je m'engage à remplir ces deux conditions.

— Alors suivez-nous, car nous perdons des moments aussi précieux pour nous, que le sang du cœur pour un daim blessé. »

Heyward se hâta de rejoindre les deux jeunes filles, qu'il instruisit brièvement des conditions exigées par leur nouveau guide, en leur recommandant de la résolution. Sans perdre un instant elles mirent pied à terre et descendirent sur le bord du Glenn, où le chasseur avait conduit le reste de la compagnie, moins avec des paroles que par la puissance de ses gestes expressifs.

« Que faire de nos chevaux ? murmura OEil-de-Faucon. On pourrait leur couper la gorge, et les jeter dans la rivière ; mais, en les laissant ici, on avertirait les Iroquois qu'ils n'ont pas loin à aller pour trouver les maîtres.

— Mettons-leur la bride sur le cou et lâchons-les dans les bois, dit le major.

— Non ; il vaut mieux faire croire que nous sommes encore dessus, et persuader aux sauvages qu'ils doivent courir aussi vite qu'un cheval pour nous rattraper. Chingachgook, quel est ce bruit ?

— C'est le poulain.

— Il faut nous en débarrasser, murmura le chasseur en essayant d'empoigner la crinière de l'agile animal, qui l'évita facilement ; Uncas, prenez une flèche !

— Arrêtez ! s'écria à haute voix le propriétaire de l'animal condamné, sans égard pour le silence qu'observaient les autres ; épargnez le poulain de Miriam, c'est le digne rejeton d'une mère fidèle et il ne fera jamais volontairement d'injure à personne.

— Quand les hommes luttent pour défendre la vie que Dieu leur a donnée, dit le chasseur avec fermeté, ils ne font pas plus de cas de leurs parents mêmes, que des bêtes de la forêt. Si vous parlez encore, je vous laisse à la merci des Maquas. Tirez à bout portant, nous n'avons pas le temps de recommencer. »

Les sons de sa voix menaçante se faisaient encore entendre, lorsque le poulain, blessé, après avoir chancelé sur ses jambes de derrière, tomba en avant sur les genoux.

Chingachgook, qui l'attendait, lui coupa la gorge et le poussa dans la rivière ; le courant emporta la victime palpitante, dont on entendit sur les vagues le râle d'agonie. Cet acte cruel, mais nécessaire, fut pour les voyageurs un avertissement terrible du péril où ils se trouvaient ; les sœurs frémirent et se serrèrent l'une contre l'autre, pendant qu'Heyward, un pistolet à la main, se plaçait instinctivement entre elles et les ombres épaisses qui semblaient tirer sur la forêt un impénétrable rideau.

Les Indiens, sans plus tarder, prirent par la bride les chevaux effrayés et les firent entrer de force dans le lit de la rivière, qu'ils remontèrent à gué. Quant au chasseur, il tira un canot d'écorce de dessous des broussailles dont les extrémités suivaient le remous du courant. On fit entrer les femmes dans cette frêle embarcation ; le chasseur, qui ne craignait pas de se mouiller, entra dans l'eau avec Heyward, et tous deux poussèrent le canot en amont, suivis par le chanteur qui pleurait la perte de son poulain. Le major cédait la conduite de la barque au chasseur, qui s'approchait ou s'éloignait du rivage pour éviter les roches et les endroits où l'on aurait perdu pied. Par intervalles celui-ci s'arrêtait, et, au milieu d'un calme profond, que troublait seul le bruit d'une cataracte prochaine, il prêtait l'oreille pour étudier les sourds murmures de la forêt. Quand il s'était assuré que tout était calme, et que ses sens, malgré leur expérience consommée, ne lui révélaient pas l'approche d'un ennemi, il reprenait sa marche avec lenteur et précaution. Ils avaient atteint un endroit où les hautes berges jetaient une ombre plus épaisse sur les eaux, quand Heyward distingua un groupe d'objets noirs caché au bord de la rivière. Il le signala à son compagnon.

« Je vois ce que c'est, dit OEil-de-Faucon ; les Indiens, avec leur sagacité naturelle, ont colloqué là vos chevaux ; les eaux ne gardent point de traces, et l'œil même d'un hibou percerait difficilement les ténèbres de cet endroit. »

La compagnie fut bientôt rassurée, et le chasseur tint encore conseil avec ses camarades. Pendant ce temps, ceux dont la destinée dépendait de la bonne foi de ces aventuriers inconnus purent examiner à loisir leur situation. La rivière du Glenn était resserrée entre deux murailles de rochers escarpés, surmontés de grands arbres, qui avaient l'air d'être prêts à tomber dans le précipice. Elle formait un étroit et profond ravin enseveli dans une obscurité profonde : en aval, les sinuosités du courant bornaient la vue ; en amont, l'eau semblait descendre du ciel pour s'engouffrer avec fracas dans des cavernes. Ce lieu avait l'aspect d'une solitude, et les deux sœurs sentirent leur confiance renaître en en admirant les beautés romantiques. Cependant, un mouvement de leurs guides les arracha bientôt à la contemplation de cet âpre et pittoresque paysage.

Les chevaux avaient été attachés à des arbrisseaux qui croissaient dans les fissures des roches, et devaient passer la nuit les pieds dans l'eau. OEil-de-Faucon invita le major à s'asseoir avec le chanteur à l'avant du canot ; il se mit lui-même à l'autre bout et, appuyant une gaffe grossière contre les rochers, il lança la fragile embarcation au milieu du torrent. Pendant quelques minutes, la lutte entre le léger esquif et le tourbillon fut pénible et incertaine. Les passagers, immobiles, comme le leur avait recommandé, osaient à peine respirer, et regardaient les eaux tumultueuses avec une anxiété fiévreuse ; vingt fois elles furent sur le point de les submerger. Le canot, poussé contre le courant par la main énergique du pilote, éprouvait de violentes secousses ; enfin, un effort désespéré mit un terme à cette lutte périlleuse. Au moment où Alice se cachait le visage, avec l'idée qu'elle allait être engloutie, le canot atterrit sur un rocher plat qui était au niveau de l'eau.

« Où sommes-nous, et qu'avons-nous à faire ? demanda Heyward.

— Nous sommes au pied de la cataracte du Glenn, répondit OEil-de-Faucon, et ce que vous avez à faire c'est de débarquer à l'instant pour ne pas être exposés à descendre la rivière plus vite que vous ne l'avez remontée. Diable! le courant est rude, quand on l'a contre soi, et cette coquille de gomme et d'écorce de bouleau n'est guère faite pour porter cinq personnes. Montez tous sur le rocher, et j'irai prendre les Mohicans et le gibier. Mieux vaudrait être scalpés, que de jeûner au milieu de l'abondance. »

Les passagers obéirent avec joie. Aussitôt qu'ils eurent mis pied à terre, le canot redescendit en tournoyant, emportant le chasseur, dont on aperçut pendant quelques instants la grande taille au-dessus des flots. Abandonnés par leurs guides, les voyageurs restèrent quelque temps indécis ; ils craignaient de s'aventurer sur ces rochers anfractueux. Le moindre faux pas pouvait les précipiter dans les cavernes qui les environnaient. Heureusement le retour du canot ne se fit pas attendre.

« Nous voilà maintenant dans un fort, ayant une garnison et des vivres, s'écria Heyward avec enjouement, nous pouvons braver Montcalm et ses alliés.

— Oui, dit le chasseur en jetant le daim qu'il portait sur les épaules ; nous sommes ici dans un lieu où des gens courageux peuvent soutenir un rude assaut, et je ne crois pas que les Iroquois nous y suivent. J'avouerai pourtant que j'ai entendu tout à l'heure nos chevaux tressaillir, comme s'ils avaient senti les loups. Or les loups sont sujets à rôder autour des embuscades des Indiens, pour faire leur curée des restes des daims que tuent les sauvages.

David la Gamme tira de sa poche un petit livre de psaumes, et se mit à chanter.

— Ils ont été sans doute attirés par votre gibier, ou par le corps du poulain.

— Pauvre Miriam ! murmura le maître de chant, ton enfant était-il prédestiné à devenir la proie des loups dévorants ! » Puis, élevant brusquement la voix, au milieu de l'éternel bruit de la cascade, il chanta :

L'ange exterminateur frappe, sans faire grâce,
Les premiers-nés de l'homme et ceux des animaux !
Sur Pharaon et sur sa race
Que de miracles et de maux !

— La mort du poulain paraît peser sur le cœur de ce pauvre diable, dit Œil-de-Faucon ; mais j'augure favorablement de l'homme qui n'oublie pas ses amis défunts. Du reste, il est déjà à moitié consolé par l'idée que ce qui doit arriver arrive nécessairement ; et ça raison lui fera bien à comprendre qu'on a le droit de tuer une bête à quatre pattes, pour sauver la vie de plusieurs individus. Mais, pour revenir à ce que vous disiez, major, votre observation est juste. Aussi faut-il nous hâter de découper ce daim, et d'en jeter la carcasse à l'eau. Sinon, nous aurions bientôt à nos trousses tous les loups du voisinage ; et leurs hurlements sont une langue que les rusés Iroquois comprennent assez aisément. »

Le chasseur, en prononçant ces mots, termina quelques préparatifs nécessaires ; puis il s'éloigna en silence, suivi par les Mohicans, qui semblaient comprendre instinctivement ses intentions. Tous trois disparurent l'un après l'autre dans la cavité d'un rocher perpendiculaire, qui s'élevait à quelques toises du bord de l'eau.

CHAPITRE VI.

Ce mouvement mystérieux inspira quelque inquiétude à Heyward et aux deux sœurs ; car, bien que la conduite de l'homme blanc eût été jusque-là irréprochable, son accoutrement grossier, son ton bourru, et la nature de ses silencieux associés, devaient jeter la défiance dans des âmes si récemment troublées par la perfidie des Indiens.

Le maître de chant était le seul qui ne parût préoccupé d'aucun événement. Il s'était assis sur un quartier de rocher, où il ne manifestait ses émotions intérieures que par de fréquents et profonds soupirs. On entendit bientôt des voix étouffées, qui semblaient sortir des entrailles de la terre, et une lumière soudaine, éclairant ceux qui étaient demeurés au dehors, trahit le secret de la retraite. On aperçut Œil-de-Faucon, tenant à la main une branche de pin enflammée, assis à l'extrémité d'une grotte étroite et profonde, dont l'étendue paraissait augmentée par la perspective, et par la nature du flambeau qui l'éclairait. Les clartés du feu, en tombant sur les traits hâlés et le costume bocager du chasseur, donnaient une tournure étrange à sa physionomie simple et intelligente, à ses formes musculeuses, à son corps vigoureusement trempé. Près de lui se tenait Uncas ; et les voyageurs purent contempler à l'aise la taille droite et flexible du jeune Mohican, dont les mouvements, libres et sans contrainte, étaient pleins d'une grâce naturelle. Il avait mis, ainsi que l'homme blanc, une blouse de chasse verte, à bordure jaune. Ses yeux noirs, que n'avait jamais fait baisser la crainte, brillaient d'un feu doux et terrible. Ses traits, purs de tatouage, avaient des contours nobles et réguliers, sa tête rasée, si ce n'est qu'il avait conservé la touffe à scalper, avait un caractère imposant de grandeur et de fierté. En le voyant, le major et ses compagnes comprirent qu'ils pouvaient avoir affaire à un homme étranger aux connaissances des peuples civilisés, mais incapable d'employer à la trahison les qualités qu'il avait reçues de la nature. La naïve Alice l'observa attentivement, comme elle aurait regardé quelque précieux reste de la statuaire antique animé par une miraculeuse intervention. Quant à Heyward, bien qu'habitué à trouver chez les indigènes la pureté des lignes et la perfection des formes, il exprima ouvertement l'admiration que lui causait un aussi irréprochable modèle.

« Je dormirais en paix, murmura Alice, si j'avais pour garde un aussi brave jeune homme. Sans doute, Duncan, qu'il n'a jamais pris part à ces meurtres cruels, à ces horribles supplices dont nous avons tant de fois entendu parler.

— Il réunit assurément toutes les qualités naturelles qui distinguent les Indiens, répondit le major. Des yeux comme les siens sont plutôt propres à intimider qu'à tromper ; mais il ne faut pas nous faire d'illusions chimériques. Les grandes vertus sont rares, même parmi les chrétiens ; elles sont exceptionnelles parmi les sauvages. On les rencontre pourtant quelquefois ; et nous devons espérer que ce Mohican ne décevra point notre attente, et que nous aurons en lui un ami sûr et courageux.

— Le major Heyward a raison, dit Cora, en contemplant cet enfant de la nature, qui n'oublierait pas la couleur de sa peau ! »

Un court moment d'un silence, qui dénotait quelque embarras, suivit cette observation, et fut interrompu par la voix d'Œil-de-Faucon.

« Arrivez, dit-il, le feu commence à jeter des clartés trop brillantes, et pourrait guider les Iroquois. Uncas, mettez la couverture devant l'entrée. Ce n'est pas un souper digne d'un major des troupes royales ; mais j'ai vu des détachements entiers ravis de manger de la venaison crue, sans assaisonnement. Ici nous avons du sel en quantité, et nous pouvons faire des grillades. Voilà des branches fraîches de sassafras qui tiendront lieu à ces dames de chaises d'acajou, et qui ont l'avantage d'être plus odorantes. Allons, ami, ne pleurez pas votre poulain ; c'était une innocente créature, qui n'avait pas encore connu la peine. La mort le délivrera de la selle et de l'éperon ! »

Uncas tendit la couverture devant l'étroite porte ; et quand Œil-de-Faucon eût cessé de parler, le bruit de la cataracte retentit comme les roulements d'un tonnerre lointain.

« Sommes-nous en sûreté dans cette grotte ? demanda Heyward. N'avons-nous pas à craindre une surprise ? Un seul homme armé, placé à l'entrée, nous tiendrait à sa merci.

Une figure sépulcrale se leva derrière le chasseur, dans les ténèbres de la caverne, et, prenant un tison, elle indiqua l'extrémité opposée à la porte. Alice poussa un faible cri, Cora elle-même se leva précipitamment ; mais une parole d'Heyward les rassura. Le spectre était tout simplement Chingachgook, qui, levant une autre couverture, fit voir que la grotte avait deux issues. Puis il traversa, entre deux roches énormes, un étroit passage à ciel découvert, qui coupait à angle droit l'endroit où ils étaient, et pénétra dans une autre cavité, presque semblable à la première.

« De vieux renards comme Chingachgook et moi, dit Œil-de-Faucon en riant, ne se laissent pas prendre dans un terrier qui n'a qu'un trou. Vous voyez les avantages de la place. La roche est une pierre à chaux, tendre comme chacun sait, et propre à faire un agréable oreiller, si les broussailles étaient rares. La cascade n'est qu'à quelques vergues au-dessus de nous, et j'ose dire que c'était autrefois la chute d'eau la plus régulière de ces contrées. Mais la vieillesse est l'ennemie de la beauté, comme ces aimables dames le sauront un jour! Tout est changé! Ces rochers sont remplis de crevasses, et plus tendres en certains endroits qu'en d'autres. Ici la cataracte a creusé des cavités profondes; là elle a trouvé de la résistance : si bien que la masse des eaux s'est divisée.

— Et où sommes-nous ? demanda le major.

Duncan Heyward.

— Près de la place où la Providence avait d'abord placé la chute d'eau ; mais, le roc cédant à droite et à gauche, elle a laissé à sec le milieu du Glenn, après avoir préalablement pratiqué ces deux petites caves pour nous cacher.

— Nous sommes donc dans une île ?

— Oui ; les cataractes sont de chaque côté de notre retraite, et la rivière au-dessus et au-dessous. S'il faisait jour, je vous engagerais à monter sur ce rocher pour étudier les caprices des eaux. Aucune règle n'en dirige la chute. Ici elles sautent ; là elles roulent ; tantôt elles jaillissent, tantôt elles forment des flaques. Tour à tour blanches comme la neige ou vertes comme le gazon, elles plongent dans les abîmes avec un vacarme qui fait trembler la terre ou bien elles clapotent, aussi doucement qu'un ruisseau, en tournoyant dans la vieille pierre qu'elles délaient comme de l'argile. On dirait que le plan de la rivière a été dérangé. D'abord elle coule paisiblement, et semble se disposer à descendre en nappe majestueuse ; mais, point ! elle est déroutée par de brusques obstacles et s'en va battre ses rivages. Il y a des instants où l'on dirait qu'elle recule, comme si elle refusait de quitter le désert pour se mêler à l'eau salée. Je pourrais vous montrer des endroits, mesdames, où cette rivière sans frein, qui veut essayer de tout, dessine toute espèce de figures, aussi fines, aussi élégantes que ce réseau que vous portez au cou. Et partant, qu'en résulte-t-il ? Après avoir suivi obstinément leur fantaisie, les vagues sont réunies par la main qui les a faites ; et vous les voyez courir sans relâche à la mer, où elles étaient prédestinées à tomber dès la création de la terre.

Tout en décrivant la chute d'eau du Glenn, Œil-de-Faucon n'avait pas cessé de s'occuper de la cuisine ; il ne s'était interrompu que pour désigner parfois, avec une fourchette édentée, la direction des endroits dont il parlait. Le repas était prêt ; et les convives y firent honneur, en y ajoutant quelques provisions plus délicates qu'Heyward avait pris soin d'apporter. Uncas servit les jeunes filles avec un mélange de dignité, de grâce et d'embarras dont le major se divertit ; il savait que c'était une infraction formelle aux habitudes des Indiens, qui défendent aux guerriers de s'abaisser à des fonctions domestiques surtout en faveur de leurs femmes. Cependant, comme les lois de l'hospitalité étaient sacrées pour eux, la condescendance passagère d'Uncas ne fut l'objet d'aucun commentaire.

Si quelqu'un des convives avait eu l'esprit assez libre pour être un observateur attentif, il aurait remarqué, dans la conduite du jeune chef, un peu de partialité. Il tendait à Alice la gourde ou l'assiette de bois avec une politesse convenable ; mais ses yeux noirs s'arrêtaient de préférence sur la figure expressive de Cora. Quand il était obligé de parler pour attirer l'attention de celles qu'il servait, il le faisait dans un anglais incorrect, mais intelligible, auquel les accents de sa voix gutturale et profonde communiquaient une douceur musicale, qui surprenait les deux sœurs. Quelques paroles, échangées pendant ce festin, consolidèrent la bonne intelligence qui régnait dans la petite société.

Chingachgook conservait son imperturbable gravité. Il s'était placé dans l'espace éclairé de la grotte, ce qui permettait à ses hôtes d'établir une distinction entre l'expression naturelle de ses traits et les contours artificiels de sa peinture de guerre. Il y avait une grande ressemblance entre le père et le fils, sauf les modifications qui résultaient de l'âge et des fatigues. L'air farouche du vieux sauvage avait fait place à cette calme insignifiance qui caractérise les guerriers indiens quand leurs facultés ne sont pas surexcitées par le principal mobile de leur existence. Il était toutefois facile de voir, aux lueurs qui passaient par intervalles sur son visage, qu'il aurait suffi d'éveiller ses passions pour donner leur entier effet aux terribles dessins qu'il avait adoptés, afin d'intimider ses ennemis.

Quant au chasseur, il mangeait et buvait avec un appétit que ne diminuait en rien le sentiment du danger ; mais sa vigilance ne l'abandonnait pas. Ses yeux vifs et alertes se reposaient rarement. La gourde ou la tranche de venaison demeurait souvent suspendue devant ses lèvres, pendant qu'il tournait la tête de côté pour écouter des bruits lointains qui lui paraissaient suspects ; et ce mouvement ne manquait jamais de faire oublier à ses hôtes la piquante nouveauté de leur retraite, pour leur rappeler les fâcheux incidents qui les avaient obligés à s'y réfugier.

Vers la fin du repas, Œil-de-Faucon tira un baril de dessous un monceau de feuilles ; et, s'adressant au chanteur, qui avait trouvé la cuisine de son goût : « Allons, l'ami, lui dit-il, buvez un coup de ma bière d'épinette ; elle noiera vos douleurs, et vous ranimera. Je bois à la consolidation de notre amitié, avec l'espoir qu'un mauvais petit cheval ne nous désunira pas. Comment vous appelez-vous ?

Chingachgook, le Gros-Serpent.

— La Gamme, David la Gamme, répondit le maître de chant, en se préparant à submerger ses regrets dans une quantité assez raisonnable de la rustique boisson.

— C'est un nom que j'aime bien ; et vous devez l'avoir reçu de gens honnêtes. Je suis grand admirateur des beaux noms, quoique les chrétiens me semblent, sous ce rapport, très-inférieurs aux sauvages. Le plus fameux poltron que j'aie jamais connu s'appelait Lion ; et vous auriez couru avec la vitesse d'un daim pour échapper aux éternelles gronderies de sa femme, qu'on appelait Patience. Pour un Indien un nom est une affaire de conscience, et indique généralement ce qu'il est. Celui de Chingachgook, par exemple, signifie le gros serpent, non qu'il soit réellement un serpent, gros ou mince, mais parce qu'il sait les tours et détours de la nature humaine, qu'il est taciturne, et qu'il frappe ses ennemis au moment où ils s'y attendent le moins. Quel est votre état?

— Je suis un indigne professeur dans l'art du plain-chant.

— Qu'est-ce que c'est que ça?

— J'apprends à chanter aux jeunes gens de la levée de Connecticut.

— Vous pourriez mieux employer votre temps. Les jeunes drôles sont déjà trop enclins à rire et à chanter dans les bois, tandis qu'ils ne devraient pas respirer plus haut qu'un renard terré! Savez-vous vous servir du fusil de petit calibre ou de la carabine?

— Grâce à Dieu, je n'ai jamais eu besoin de recourir à des instruments meurtriers.

— Vous savez peut-être manier le compas, et mettre sur le papier les cours d'eau et les montagnes du désert, pour les faire reconnaître à l'aide des noms qu'on leur donne?

— Je n'exerce pas de pareilles fonctions.

— Vous avez une paire de jambes qui doivent arpenter joliment le terrain. Vous portez sans doute quelquefois des messages pour le général?

— Jamais. Ma seule occupation est d'enseigner la musique sacrée.

— Voilà un étrange métier! murmura Œil-de-Faucon avec un rire comprimé; passer sa vie, comme un perroquet, à imiter les sons hauts ou bas qui sortent de la bouche des hommes. Enfin, vous êtes né pour ça, et je ne vous en sais pas plus mauvais gré que si vous aimiez la chasse, ou tout autre exercice plus viril. Donnez-nous, je vous prie, un échantillon de vos talents, ce sera une cordiale manière de nous souhaiter le bonsoir; car il est temps que ces dames aillent se reposer, pour être prêtes à se mettre en route avant que les Maquas soient debout.

David ajusta immédiatement ses lunettes à monture de fer et tira son cher petit volume, qu'il tendit immédiatement à Alice en disant: « J'y consens avec joie. Qu'y a-t-il de plus convenable et de plus consolant que d'offrir à Dieu la prière du soir, après une journée si pénible? »

Alice reçut le livre en souriant; mais elle rougit et regarda Heyward d'un air d'incertitude.

« Faites votre partie, murmura celui-ci; il faut avoir des égards pour le digne homonyme du psalmiste. »

Encouragée par ce conseil, Alice se laissa aller à ses pieux penchants et à son goût pour l'harmonie. On choisit une hymne dont le sujet offrait quelque analogie avec leur situation, et dans laquelle le poète, n'étant plus gêné par un vain désir de surpasser le roi d'Israël, avait montré du goût, de l'onction et de la simplicité. Cora voulut accompagner sa sœur, et le chant commença, après que le méthodique David, suivant son invariable usage, eut donné le ton avec son flageolet de bois.

L'air était lent et solennel. Tantôt il montait jusqu'au diapason de la magnifique voix des femmes; tantôt il descendait si bas, que le bouillonnement des eaux se mêlait à la mélodie, comme un accompagnement approprié. Le goût naturel et l'oreille juste de David faisaient subir à l'air quelque modifications nécessitées par l'étendue de la grotte, dont les moindres crevasses réfractaient les cadences de sa voix flexible. Les deux Indiens, les yeux fixés sur le rocher, étaient, pour ainsi dire, pétrifiés par l'attention; le chasseur, qui avait appuyé son menton sur sa main, d'un air de froide indifférence, laissa par degrés se détendre ses traits rigides. A mesure que les vers se succédaient, sa nature de fer fut domptée, et ses souvenirs se reportèrent à son enfance, aux jours où il était accoutumé d'entendre de pareilles actions de grâces dans les établissements de la colonie. Ses yeux hagards s'humectèrent, et, avant la fin de l'hymne, des larmes brûlantes tombèrent d'une source qui était depuis si longtemps desséchée, et roulèrent goutte à goutte sur ses joues, plus souvent mouillées par les orages des cieux que par l'effet d'un accès de faiblesse. Les chanteurs s'étaient arrêtés sur une de ces intonations qui se prolongent en mourant, et que l'oreille saisit d'autant plus avidement qu'on prévoit le moment où elles vont s'éteindre, quand un cri, qui n'avait rien de terrestre, retentit brusquement au dehors. Il pénétra non-seulement dans les cavités de la grotte, mais encore jusqu'au fond de cœur de ceux qui l'entendirent. Il fut suivi d'un silence aussi profond que la cascade, troublée de cette étrange et horrible interruption, se fût arrêtée dans sa course.

« Qu'est-ce? murmura Alice éperdue.

— Qu'y a-t-il? » demanda le major.

Ni le chasseur, ni Œil-de-Faucon ne firent de réponse; ils écoutèrent eux-mêmes avec étonnement, et eurent l'air de s'attendre à voir le cri se répéter. Enfin, ils échangèrent quelques paroles en langue delaware, et Uncas sortit avec précaution par la seconde ouverture. Quand il fut parti, le chasseur reprit en anglais:

« Ce que c'est, ce que ce n'est pas, personne ici ne peut le dire, quoique deux d'entre nous courent les bois depuis plus de trente ans. Je croyais connaître tous les cris susceptibles d'être poussés par les Indiens ou par les bêtes fauves; mais voilà qui me prouve que je suis un être rempli d'une vaine présomption! »

— N'est-ce pas ainsi que crient les guerriers pour effrayer les ennemis? demanda Cora, qui rabattait son voile sur son visage avec un sang-froid dont sa sœur ne partageait pas.

— Non, non. Quand on a entendu une fois le cri de guerre, on le reconnaîtrait entre mille; et celui que nous avons entendu en diffère, bien qu'il soit également affreux. Eh bien, Uncas, qu'avez-vous vu? Nos lumières brillent-elles à travers la couverture? »

Œil-de-Faucon adressa ces derniers mots en delaware au jeune chef qui rentrait. La réponse, courte, et en apparence décisive, fut donnée dans la même langue.

« On ne voit rien dehors, poursuivit Œil-de-Faucon en secouant la tête avec mécontentement; et notre cachette est ensevelie dans les ténèbres. Passez dans l'autre grotte, vous autres qui voulez dormir. Il faut que nous soyons sur pied bien avant le lever du soleil, et que nous profitions, pour atteindre le fort Édouard, du temps où les Iroquois déjeuneront.

Cora, en se levant, donna l'exemple à sa sœur, qui la suivit plus timidement, après avoir prié tout bas le major de les accompagner. Uncas leva la couverture afin de leur livrer passage; et en se retournant pour les remercier de cette attention, elles virent le chasseur assis devant la flamme expirante, la figure dans les mains, et méditant encore profondément sur l'inexplicable interruption qui avait coupé court à leurs dévotions du soir.

Heyward prit un tison, et le plaça de manière à jeter une vague lumière, par l'étroit couloir de jonction, sur leur nouvel appartement. Ensuite il rejoignit les femmes, qui se trouvèrent seules avec lui pour la première fois depuis qu'ils avaient quitté les remparts protecteurs du fort Édouard.

« Ne nous abandonnez pas, Duncan, dit Alice, il nous est impossible de dormir dans un lieu comme celui-ci: cet horrible cri retentit encore à nos oreilles.

— Voyons d'abord si le fort le faible de la place, répondit le major. »

Il s'approcha du bout de la dernière issue de la grotte, et souleva le rideau, il respira l'air frais et vivifiant qui venait de la cataracte. L'un des bras du Glenn coulait dans un étroit et profond ravin, que ses flots avaient creusé dans la roche tendre; et cette barrière naturelle parut à Heyward d'une force suffisante. A quelques pieds au-dessus d'eux était la cascade écumante, et, après s'être précipitée avec violence du haut de l'escarpement, elle passait rapidement sous leurs pieds.

« Nous sommes bien défendus de ce côté, dit le major; et comme l'autre est gardé par de braves et honnêtes gens, je ne vois pas pourquoi l'on ne suivrait pas le conseil de notre digne hôte. Je suis sûr que Cora conviendra avec moi que ses arguments nous est nécessaires.

— Cora reconnaît la justesse de notre avis, mais elle essaierait en vain de le mettre en pratique! dit la sœur aînée, qui s'était placée à côté d'Alice sur une couche de sassafras. Quand même nous n'aurions pas entendu ce bruit mystérieux, nous aurions d'autres motifs d'insomnie. Demandez-vous, Heyward, si des enfants peuvent oublier l'inquiétude d'un père, qui ignore le sort de ses filles, mais qui les voit exposées dans le désert, au milieu de tant de dangers!

— C'est un soldat, qui peut calculer les accidents auxquels on est exposé dans les bois.

— C'est un père qui ne peut étouffer les sentiments naturels.

— Comme il a toujours été tendre et bienveillant pour nous! murmura Alice; comme il a toujours cédé à nos moindres désirs! ah! ma sœur, nous n'aurions pas dû venir le retrouver dans de pareilles circonstances!

— J'ai peut-être agi imprudemment en le pressant de consentir à ce voyage; mais je voulais lui prouver, que, si les autres le négligeaient à l'heure du danger, ses filles du moins lui étaient fidèles.

— Lorsqu'il apprit notre arrivée au fort Édouard, dit le major, il y eut dans son cœur une lutte puissante entre la crainte et l'amour; mais ce dernier, fortifié par une longue séparation, ne tarda pas à l'emporter. C'est l'esprit de ma noble Cora qui les guide, me dit-il; je ne le contrarierai point.

Plût à Dieu que ceux auxquels est confié l'honneur de l'Angleterre, eussent la moitié de sa fermeté! Et n'a-t-il pas parlé de moi! dit Alice avec une tendresse jalouse; assurément il ne m'a pas oubliée.

— C'était impossible, répondit le jeune homme. Il vous a prodigué mille épithètes affectueuses que je ne hasarderais pas à répéter, mais à la justesse desquelles je m'empresse de rendre témoignage.

» Il me dit un jour.... » Duncan cessa de parler, car tandis que ses yeux étaient fixés sur ceux d'Alice, qui l'écoutait avidement, le même cri horrible remplit les airs. Tous trois restèrent muets et terrifiés; la couverture se souleva de nouveau lentement, et le chasseur montra une physionomie qui commençait à perdre de son assurance en présence d'un mystère qui semblait le menacer de quelque danger contre lequel viendraient échouer son adresse et son expérience.

CHAPITRE VII.

« Allons! dit Œil-de-Faucon, ce serait négliger un avertissement salutaire, que de nous cacher ici plus longtemps lorsqu'un tel vacarme ébranle la forêt. Ces jeunes personnes peuvent se tenir tranquilles;

mais les Mohicans et moi nous nous disposons à monter sur le rocher, et je suppose qu'un major du soixantième ne refusera pas de nous tenir compagnie.

— Le danger est donc pressant? demanda Cora.

— Dieu seul le sait ; mais je croirais lutter contre sa volonté, si je restais au gîte quand il y a de tels avis dans l'air. Cet être faible qui passe sa vie à chanter a été lui-même animé par le bruit, et déclare qu'il est prêt à marcher au combat. S'il s'agissait simplement d'un combat, l'affaire s'arrangerait sans peine ; car nous nous y entendons tous passablement. Mais on prétend que de semblables clameurs, en se faisant entendre entre le ciel et la terre, présagent l'intervention d'un être supérieur.

— Mon ami, poursuivit Cora sans se déconcerter, si vous ne craignez que des périls surnaturels, nous n'avons pas grand sujet de nous alarmer ; mais êtes-vous sûr que nos ennemis n'aient pas inventé quelque nouvelle manière de nous frapper de terreur, afin de rendre leur victoire plus facile?

— Madame, répliqua le chasseur d'un ton solennel, il y a trente ans que j'écoute tous les bruits de la forêt avec l'attention d'un homme dont la vie et la mort dépendent de la finesse de son ouïe. Le rugissement de la panthère, le sifflement de l'oiseau-moqueur, les cris fantasques des Iroquois me sont familiers ; j'ai entendu la forêt gémir, comme le font des hommes affligés ; je connais l'harmonie du vent qui s'engouffre à travers les branches entrelacées ; j'ai entendu la foudre pétiller dans l'air, comme le sarment qui s'embrase en dardant des étincelles ; et jamais je n'ai vu dans ces bruits que le bon plaisir de celui qui joue avec les œuvres de sa main. Mais ni les Mohicans ni moi, qui suis de race blanche sans mélange, nous ne pouvons expliquer le bruit qui vient de nous frapper. Nous pensons en conséquence que c'est un signe qui nous est donné pour notre bien.

— C'est extraordinaire, dit Heyward ; mais que ce soit un signe de paix ou de guerre il faut y faire attention. Montrez-moi le chemin, mon ami, je prends mes pistolets. »

Toute la société quitta sa retraite, et elle éprouva un soulagement subit en échangeant l'air vicié de la grotte contre l'atmosphère fraîche et fortifiante qui environnait les tourbillons de la cataracte. Une forte bise balayait la surface du Glenn, et semblait pousser le fracas des cascades jusqu'au fond des cavernes où elles s'élançaient, et d'où elles ressortaient sans interruption, avec un bruit pareil aux roulements du tonnerre derrière les collines lointaines. La lune s'était levée, et ses rayons diapraient çà et là le lit de la cataracte ; mais l'extrémité du rocher sur lequel ils étaient demeurait encore dans l'ombre. Le bouillonnement des eaux et le murmure des rafales passagères troublaient seuls le calme d'un paysage aussi tranquille que pouvaient le rendre la nuit et la solitude ; tous les yeux se fixèrent en vain sur les rives opposées ; ils n'y aperçurent que des rochers nus ou des arbres immobiles.

« On ne voit ici que la paix d'un beau soir, murmura le major. Avec quel plaisir nous en goûterions les charmes en toute autre circonstance! Figurez-vous, Cora, que vous êtes en sûreté, et les ténèbres qui augmentent peut-être votre terreur seraient pour vous une source de...

— Écoutez! » interrompit Alice.

La recommandation était inutile ; le même cri s'éleva pour la troisième fois ; répercuté par les échos, il franchit la limite des collines, et ondula en arbre jusqu'aux extrémités de la forêt.

« Y a-t-il quelqu'un capable d'expliquer cela? demanda Œil-de-Faucon. S'il existe, qu'il parle. Quant à moi, je crois que ce bruit n'appartient pas à la terre.

— Je puis vous désabuser, dit le major. Je reconnais parfaitement bien ces sons, car je les ai souvent entendus sur le champ de bataille. C'est l'horrible cri qu'arrache à un cheval la souffrance ou la terreur. Le mien est la proie des bêtes fauves, ou voit un danger qu'il est impossible d'éviter. J'ai pu me tromper dans la grotte, mais maintenant je suis sûr de ce que j'avance. »

Le chasseur et ses compagnons écoutèrent cette simple explication avec une satisfaction sensible, que les Indiens manifestèrent par leur exclamation habituelle : « Hugh! » Quant à Œil-de-Faucon, il dit après avoir un peu rêvé :

« Je ne vous contredirai pas ; car je ne me connais guère en chevaux, quoique né dans un pays où ils abondent. Il est probable que les loups rôdent autour des vôtres, et ceux-ci font ce qu'ils peuvent pour vous appeler à leur secours. Uncas mettez le canot à flot, et allez jeter un brandon au milieu de la bande, sans cela la peur fera ce que les loups ne peuvent faire, et nous nous trouverons demain matin sans chevaux lorsque nous en aurons le plus grand besoin. »

Le jeune Indien était déjà descendu vers la barque, lorsqu'un long hurlement retentit le long du rivage, et s'éloigna rapidement dans l'épaisseur de la forêt. Les loups, saisis d'une terreur panique, avaient abandonné leur proie. Uncas, avec une vivacité instinctive, revint auprès du chasseur, et leur tint conseil avec lui.

A la suite d'une conversation animée, Œil-de-Faucon dit au major :

« Nous avons été comme des chasseurs qui ont perdu les quatre points cardinaux, et auxquels le soleil ne s'est pas montré pendant plusieurs jours. Maintenant, nous commençons à voir clair, et notre sentier est débarrassé de ronces. Asseyez-vous dans l'ombre que projettent les berges ; elle est plus épaisse que celle des pins. Attendons les événements qu'il plaira au Seigneur de nous envoyer. Ne parlons qu'à voix basse, et même, pour plus de précaution, contentons-nous de nous entretenir avec nos propres pensées. »

Ces paroles, prononcées d'une voix accentuée, produisirent une vive impression. La faiblesse passagère du chasseur avait été évidemment dissipée par l'explication du mystère que sa vieille expérience n'avait pu sonder ; et quoiqu'il sentît les difficultés réelles de la situation, il était prêt à les affronter avec toute l'énergie de sa vigoureuse nature. Non moins résolus que lui, les Indiens se placèrent dans un poste où ils pouvaient apercevoir les deux rives sans être eux-mêmes découverts. La prudence faisait à Heyward et à ses compagnons un devoir de prendre les mêmes précautions. Le major tira de la grotte un monceau de sassafras, qu'il mit dans l'espace qui séparait les deux grottes. Ce fut là que s'établirent Alice et Cora ; de sorte que garanties par les rochers de tout projectile, elles étaient en même temps placées de manière à être réveillées dès la première alerte. Heyward se mit assez près d'elles pour avoir la facilité de leur parler sans trop élever la voix, et David la Gamme s'accota dans une crevasse du rocher.

Les heures s'écoulèrent sans incident nouveau ; la lune atteignit son zénith, et versa perpendiculairement sa douce lumière sur les deux sœurs paisiblement endormies dans les bras l'une de l'autre. Le major, se privant volontairement de ce charmant spectacle, étendit sur elles l'ample châle de Cora, et chercha ensuite une pierre pour lui servir d'oreiller. David se mit à ronfler ; et les Mohicans seuls imitèrent Œil-de-Faucon dans sa vigilance infatigable.

Lorsqu'une vague et pâle lueur, blanchissant l'horizon au-dessus de la cime des arbres, annonça la venue du jour, Œil-de-Faucon alla réveiller le major : « Allons, lui dit-il, il est temps de se mettre en route ; que ces dames se lèvent et soient prêtes à entrer dans le canot.

— Avez-vous bien passé la nuit? dit Heyward ; quant à moi, je n'ai pu résister au sommeil.

— Tout est tranquille ; silence et promptitude ! »

Duncan Heyward fut bientôt debout, et il enleva le châle qui couvrait les femmes endormies ; et ce mouvement fit faire à Cora un geste de la main pour le repousser, tandis qu'Alice murmurait : « Non, non, mon père, nous n'étions pas seules ; Duncan était avec nous.

— Oui, douce créature, murmura le major, Duncan est auprès de vous, et tant qu'il conservera la vie, tant que vous serez en danger, il ne vous abandonnera pas. Cora! Alice! debout! l'heure est venue ! »

Pour toute réponse, Alice poussa un cri perçant, et Cora se leva en sursaut, saisie d'horreur et hors d'elle-même ; car à peine Heyward avait-il cessé de parler, que d'affreux hurlements s'élevèrent sur les rives du Glenn. Ils emplissaient les bois, les grottes, les rochers, le lit de la rivière et l'atmosphère, dont il semblait que les démons fussent emparés. David, effaré, se dressa sur la roche, et se boucha les oreilles en disant :

« D'où vient ce tintamarre? L'enfer est-il déchaîné, pour que l'homme entende de tels sons! »

Il n'en put dire davantage : douze coups de fusil partirent à la fois de la rive opposée, et l'infortuné, qui s'était si imprudemment levé, tomba sans connaissance sur la roche où il venait de dormir. Sa chute fut accueillie par les bruyantes exclamations des sauvages, auxquelles les deux Mohicans répondirent bravement par leur cri de guerre. L'action s'engagea ; les coups de fusil se succédèrent sans relâche, mais sans effet ; car les combattants avaient été trop d'expérience pour se démasquer. Duncan, voyant que la fuite était leur seule ressource, attendait avec anxiété le canot. N'entendant pas le bruit de la pagaie, il s'imaginait que le chasseur les avait abandonnés lui-même, quand un éclair jaillit du rocher au-dessous de lui, et des clameurs confuses, arrachées par la fureur et par la souffrance, annoncèrent que la balle fatale d'Œil-de-Faucon avait fait une victime. Ce premier échec suffit pour déterminer la retraite des assaillants, et tout rentra dans le silence.

Duncan profita de ce temps d'arrêt pour porter le corps de La Gamme dans l'étroit défilé qui séparait les deux grottes. Toute la société s'y réunit.

« Le pauvre diable n'a que ce qu'il mérite, dit froidement Œil-de-Faucon ; il fallait avoir perdu la tête pour montrer six pieds de chair à des sauvages enragés. Je m'étonne qu'il n'ait pas été tué du coup.

— N'est-il pas mort? et pouvons-nous lui porter secours? demanda Cora d'une voix entrecoupée, dont le ton prouvait qu'elle faisait de puissants efforts pour maîtriser ses émotions. » Œil-de-Faucon, tout en chargeant son fusil avec une admirable justesse, jeta un coup d'œil oblique sur le corps inanimé de La Gamme, et répondit : « Non, non! il respire encore ; et, après quelques instants de syncope il reviendra à lui, corrigé pour le reste de ses jours. Uncas, importez-le ; et couchez-le sur du sassafras ; plus son évanouissement sera long, et mieux cela vaudra ; car il serait difficile de trouver au dehors un abri pour sa grande taille, et ses chants n'auraient aucun succès près des Iroquois.

— Vous croyez donc qu'ils vont recommencer l'attaque? demanda Heyward.

— Pensez-vous qu'un loup affamé se contente d'une bouchée? Ils ont perdu un homme, et leur usage, dans ce cas, est de battre en retraite; mais ils reviendront à la charge, et imagineront de nouveaux expédients pour nous bloquer et s'emparer de nos chevelures. Tâchons de tenir jusqu'à ce que Munro envoie un détachement à notre secours. Puisse-t-il arriver bientôt, et sous un chef familiarisé avec les habitudes indiennes !

— Vous voyez notre position, Cora, dit Duncan, et vous devez tout attendre de la sollicitude de votre père. Entrez donc avec Alice dans cette grotte, où vous serez à l'abri des balles, et où vous pourrez, en assistant notre malheureux camarade, remplir un devoir en rapport avec vos bonnes inclinations. »

Il conduisit les sœurs dans la grotte; et après leur avoir recommandé le blessé, qui commençait à ouvrir les yeux, il se préparait à sortir.

« Duncan ! » dit Cora d'une voix tremblante au moment où il atteignait la porte de la caverne.

Il se retourna, et vit la jeune fille, les traits couverts d'une pâleur mortelle, les lèvres frémissantes, le regarder avec une expression d'intérêt qui le rappela aussitôt auprès d'elle.

« Rappelez-vous, Duncan, combien votre salut est nécessaire au nôtre, combien le dépôt que vous a remis un père est sacré; enfin, ajouta-t-elle avec une rougeur qui révélait ses pensées intimes, n'oubliez pas que vous êtes cher à juste titre à tous ceux qui portent le nom de Munro.

— Cette assurance suffirait pour me faire aimer la vie, dit Heyward. Comme major d'un fort, notre digne hôte vous dira que je dois payer de ma personne; mais notre tâche sera facile : il ne s'agit que de tenir ces limiers en échec, pendant quelques heures. »

Sans attendre une réponse, il s'arracha de la présence des deux sœurs et rejoignit ses compagnons entre les grottes.

« Je vous répète, Uncas, disait l'homme blanc, que vous gaspillez votre poudre, et que le recul de votre carabine fait dévier la balle. Peu de poudre, du petit plomb, un long canon, voilà ce qu'il faut pour démonter un Iroquois. Voilà du moins ce que j'ai expérimenté. Allons, amis, à nos postes ! »

Les Mohicans se placèrent dans des crevasses de rochers d'où ils pouvaient défendre l'abordage au pied de la cataracte. OEil-de-Faucon et le major s'établirent au centre de l'île, sous un bouquet de pins rabougris. Ils avaient au-dessus d'eux un rocher arrondi, de chaque côté duquel l'eau s'élançait dans les abîmes.

L'aube avait blanchi l'horizon, et permettait de distinguer les sauvages; mais rien n'indiquait une nouvelle attaque. Duncan commençait à croire que leurs ennemis, découragés, avaient abandonné la partie. Il communiqua cette idée à son compagnon, qui répondit en secouant la tête d'un air d'incrédulité : « Vous ne connaissez pas les Maquas : ils ne s'en vont jamais sans avoir scalpé quelque chevelure. Ils étaient au moins quarante ce matin, et ils savent trop bien notre infériorité numérique pour renoncer si vite à la chasse. Silence ! regardez là-haut ! Ne s'avisent-ils pas de gagner la pointe de l'île à la nage ! Silence ! tenez-vous tranquille, tenez-vous tranquille ! ou vous seriez scalpé en un tour de main ! »

Heyward leva la tête, et ce qu'il vit lui parut un prodige d'audace et de témérité. Quelques-uns de leurs insatiables ennemis s'étaient abandonnés au courant de l'eau, et se laissaient dériver dans sa direction perpendiculaire à la pointe de l'île, au risque d'être entraînés à droite ou à gauche au fond des gouffres de la cataracte. Lorsque OEil-de-Faucon cessa de parler, quatre têtes humaines se montraient déjà entre quelques bûches de bois flottant qui étaient venues s'arrêter à la roche, et dont la présence avait probablement suggéré aux sauvages l'idée de leur hasardeuse entreprise. Un instant après, on aperçut un cinquième nageur; mais, au lieu de le porter sur le roc qui bifurquait la cascade, le courant l'entraînait dans l'abîme. Le malheureux faisait d'énergiques efforts pour regagner le milieu de la rivière, il allongeait les mains vers ses compagnons, quand, saisi par le tourbillon, il parut enlevé en l'air, les bras tendus, les yeux hors de leur orbite. Puis, avec la rapidité d'un trait, il tomba dans l'abîme ouvert sous ses pieds. Un seul cri de désespoir s'éleva du fond du gouffre béant, et tout demeura muet comme la tombe.

Le premier mouvement d'Heyward fut de courir au secours du malheureux; mais il se sentit cloué à sa place par l'étreinte de fer de l'impassible chasseur.

« Voulez-vous nous exposer à une mort certaine en apprenant aux Iroquois où nous sommes ! demanda OEil-de-Faucon d'un ton sévère. C'est une charge de poudre d'épargnée, et les munitions sont précieuses. Renouvelez l'amorce de vos pistolets, car l'humidité des chutes altère la poudre, et préparez-vous à combattre de près quand j'aurai tiré.

Il se mit un doigt dans la bouche, et fit entendre un sifflement long et aigu auquel les Mohicans répondirent. A ce signal, les Iroquois levèrent la tête au-dessus des bûches flottantes, mais ils disparurent brusquement; car ils avaient entrevu le major. L'attention de celui-ci fut attirée par un frôlement sourd; et en se retournant il aperçut Uncas, qui se glissait auprès d'eux. OEil-de-Faucon lui indiqua une position, qu'il prit avec un admirable sang-froid, et crut devoir lui réitérer ses conseils sur l'usage des armes à feu.

« De toutes les armes, la carabine à long canon, en fer doux et de bonne trempe, est la plus dangereuse entre des mains habiles; mais il faut un bras fort, un œil sûr et une appréciation judicieuse de la charge pour en faire ressortir les avantages. Les armuriers n'approfondissent jamais leur art quand ils fabriquent des fusils de chasse et des pistolets. »

Il fut interrompu par l'expressive exclamation de l'Indien : « Hugh !

— Je les vois, je les vois ! ajouta OEil-de-Faucon. Ils sont sur le point d'aborder. Eh bien ! qu'ils viennent, et celui qui marchera à leur tête est sûr de son affaire, quand ce serait Montcalm en personne. »

En ce moment les bois retentirent de nouvelles clameurs, et à ce signal les quatre sauvages quittèrent leur abri de bois flottant. Heyward éprouvait un ardent désir de s'élancer à leur rencontre, mais il fut retenu par l'exemple du chasseur et d'Uncas. Dès que leurs adversaires eurent atteint les rochers, sur lesquels ils bondissaient en poussant les cris les plus farouches, la carabine d'OEil-de-Faucon se leva lentement au milieu des broussailles, et le chef des assaillants tomba la tête la première dans l'un des ravins de l'île.

« Maintenant, Uncas ! s'écria le chasseur, dont les regards commençaient à s'enflammer, chargez-vous du dernier de ces coquins, nous tenons les deux autres ! »

Heyward avait donné l'un de ses pistolets à OEil-de-Faucon. Tous deux tirèrent à la fois, mais les coups ne portèrent pas.

« Je le savais ! je le savais ! murmura le chasseur en jetant dans l'abîme l'arme qu'il méprisait, en s'armant de son coutelas, arrivez, arrivez ! chiens d'enfer ! vous aurez affaire à un homme blanc sans mélange ! »

A peine avait-il prononcé ces mots, qu'il se trouva en présence d'un sauvage d'une taille gigantesque et de l'extérieur le plus féroce. En même temps, un autre attaquait le major. OEil-de-Faucon et son antagoniste, avec autant d'adresse que de célérité, se saisirent mutuellement par le bras qui tenait le terrible couteau. Ils restèrent ainsi près d'une minute, les yeux fixés l'un sur l'autre; enfin les nerfs endurcis de l'homme blanc triomphèrent des membres moins exercés de l'indigène : le bras de ce dernier, cédant à une compression toujours croissante, lâcha prise, et dès que le chasseur se sentit libre, il plongea son arme acérée dans le sein nu de l'Iroquois. Cependant, Heyward était engagé dans une lutte plus périlleuse; sa frêle épée s'était brisée au premier choc, et, comme il n'avait pas d'autre moyen de défense, son salut dépendait entièrement de sa force corporelle et de sa résolution. Quoiqu'il ne manquât ni de l'une ni de l'autre, il avait affaire à un ennemi qui ne lui cédait en rien. Heureusement il parvint à désarmer son adversaire, dont le couteau tomba sur le roc, et l'unique but de cette lutte acharnée fut, pour chacun d'eux, de précipiter son ennemi dans le gouffre qui coulait à leurs pieds. Leurs efforts réciproques les rapprochaient de la limite décisive, tous deux allaient tomber ensemble; Heyward sentait sur sa gorge l'étreinte du Maqua, dont un sourire farouche faisait grimacer les traits. Poussé lentement vers l'abîme, le sauvage voulait du moins faire partager le même sort à celui qui l'entraînait. En cet instant suprême, une main rugueuse et un couteau étincelant passèrent devant les yeux égarés du major. L'Indien lâcha prise, et le sang ruissela des tendons de son bras mutilé. Le bras sauveur d'Uncas tira Duncan en arrière, pendant que l'Iroquois tombait lourdement dans l'impitoyable précipice.

« Cachons-nous ! cachons-nous ! s'écria OEil-de-Faucon, qui venait d'expédier son adversaire, la besogne n'est qu'à moitié faite. »

Le jeune Mohican poussa un cri de triomphe auquel répondit son père, qui, pendant l'action, était resté impassible au poste qu'on lui avait assigné. Puis Uncas et Duncan allèrent se placer auprès du chasseur, sous les broussailles qui couronnaient la partie centrale de l'île.

CHAPITRE VIII.

Le conseil du chasseur n'était pas inopportun. Pendant le combat, aucune voix humaine ne s'était mêlée au mugissement des chutes. Les indigènes en avaient suivi les péripéties avec une muette anxiété, tandis que les évolutions rapides et les changements brusques opérés dans la position des combattants les empêchaient d'envoyer une balle qui aurait pu frapper indistinctement un ami ou un ennemi. Mais dès que la victoire fut décidée ils poussèrent des cris aussi sauvages que la haine et la vengeance sont susceptibles d'en inspirer. Ensuite ils dirigèrent des volées de mousqueterie contre les rochers, comme si leur furie impuissante eût voulu les punir d'avoir été témoins de leur défaite. Les pierres, les arbres, les buissons furent labourés de balles autour des assiégés. Mais leur cachette était tellement sûre qu'aucun d'eux ne fut atteint.

« Laissons-leur brûler leur poudre, dit l'héroïque chasseur en entendant les balles siffler à ses oreilles, on fera une belle récolte de plomb après la bataille; et les coquins peuvent tirer longtemps, s'ils attendent que ces vieilles pierres leur demandent grâce. Uncas, mon enfant, vous chargez trop ! une carabine qui recule ne porte jamais juste. Je vous avais recommandé de viser ce mécréant au-dessus de la ligne de peinture blanche qu'on remarque sur son visage. Votre balle, en déviant de la largeur d'un cheveu, est allée deux pouces trop haut. Les Iroquois ont la vie dure, et l'humanité nous impose le devoir de nous défaire vite des serpents. »

Ces mots, prononcés en anglais, arrachèrent un léger sourire au jeune Mohican, mais il ne daigna pas y répondre. Ce fut Heyward qui répliqua pour lui : « Je ne puis vous laisser accuser Uncas de manquer de jugement. Il m'a sauvé la vie de la manière la plus résolue et la plus expéditive, et il s'est fait de moi un ami qui n'aura jamais besoin qu'on lui rappelle la dette qu'il a contractée. »

Uncas se leva à demi et tendit la main à Heyward, qui la serra avec empressement. En se donnant ce témoignage d'amitié, les deux jeunes gens échangèrent des regards d'intelligence qui firent oublier au major la condition de son sauvage ami. OEil-de-Faucon, témoin froid mais affectueux de cette scène, reprit en ces termes : « La vie est une obligation que des amis se doivent souvent les uns aux autres dans le désert. J'ose dire que j'ai sauvé accidentellement celle d'Uncas ; et je me rappelle très bien qu'à cinq reprises différentes il s'est placé entre moi et la mort, trois fois en combattant les Iroquois, une fois en traversant le lac Horican, une autre... »

— Ils commencent à viser plus juste, s'écria Duncan en s'écartant involontairement pour éviter une balle qui rebondit près de lui sur le roc.

OEil-de-Faucon mit la main sur le métal déformé, l'examina, et dit en remuant la tête : « Le plomb qui tombe n'est jamais aplati ! Est-ce que celui-ci viendrait des nuages ? »

La carabine d'Uncas était déjà dirigée vers le ciel, et sa direction indiquait à nos compagnons un point où ils virent l'explication du mystère. Un chêne tortueux croissait en face d'eux, sur la rive droite du Glenn, et, cherchant à s'épanouir à l'air, il avait allongé ses branches supérieures au-dessus de la rivière. Un sauvage s'était niché au sommet, et, caché en partie par le tronc noueux de l'arbre, il se penchait pour juger de l'effet de son coup.

« Ces enragés, dit OEil-de-Faucon, escaladeraient le ciel pour nous viser ! Amuse-le, mon enfant, pendant que je vais charger ; nous allons lui envoyer, de chaque côté de l'arbre, de bon plomb à tuer les daims. »

Uncas attendit un moment. Les deux coups partirent ; les feuilles et l'écorce du chêne volèrent en éclats et furent éparpillées par le vent ; mais l'Indien répondit à l'attaque par un rire de défi, et envoya en échange une autre balle qui fit tomber le bonnet d'OEil-de-Faucon. Des cris sauvages retentirent de nouveau dans les bois, et une grêle de balles sifflèrent autour des assiégés. L'intention de leurs adversaires semblait être de les resserrer dans un espace étroit, où ils offriraient un but facile aux coups du guerrier qui était monté sur l'arbre.

« Garde à nous ! dit le chasseur. Uncas, appelez votre père ; nous avons besoin de toutes nos ressources pour jeter à bas ce vermisseau. »

Chingachgook accourut au signal donné, et fit entendre son exclamation habituelle : « Hugh ! » quand son fils lui eut signalé la position de leur dangereux ennemi. OEil-de-Faucon et les Mohicans conférèrent ensemble en langue delaware, et se séparèrent pour exécuter le plan qu'ils venaient d'adopter.

Depuis l'instant où on l'avait découvert, le guerrier embusqué sur le chêne n'avait cessé de tirer ; mais ses efforts étaient déjoués par la vigilance de ses ennemis, qui le couchaient en joue toutes les fois qu'il exposait la moindre partie de son corps. Toutefois, ses coups n'étaient pas loin du but. L'uniforme d'Heyward servait de point de mire. Il fut percé de plusieurs balles, et l'une d'elles entama même légèrement le bras du major. Enfin, irrité de la longue et patiente résistance des assiégés, le Huron, dans une dernière tentative, montra imprudemment ses membres inférieurs. Une décharge des Mohicans l'atteignit à la cuisse, et le mouvement qu'il fit en pliant sur sa jambe blessée mit à découvert une partie de son corps. Prompt comme l'éclair, OEil-de-Faucon visa au sommet du chêne ; le feuillage s'agita, la carabine de l'Iroquois lui échappa, et lui même, après quelques instants d'efforts inutiles, demeura suspendu entre le ciel et l'eau, les mains crispées sur une branche tortueuse.

« Achevez-le, achevez-le, par pitié ! s'écria Duncan en détournant les yeux avec horreur.

— Non pas ! dit l'inflexible chasseur ; sa mort est certaine, et nous n'avons pas de poudre à perdre ; car les Indiens combattent parfois des jours entiers. Il s'agit de leurs chevelures ou des nôtres, et Dieu, en nous créant, a mis en nous le désir de garder la peau de notre tête ! »

Il était impossible de réfuter cet argument, basé sur une nécessité impérieuse. Les assaillants se turent, et les yeux des deux partis demeurèrent fixés sur le malheureux qui se balançait au gré du vent. Il ne faisait entendre aucune plainte ; mais, par intervalles, il lançait à ses ennemis des regards où se peignaient les tourments de l'impuissance et la résignation du désespoir. Trois fois le chasseur le coucha en joue, et trois fois sa prudence fit taire sa compassion. Enfin, une main du Huron se détacha de l'arbre ; dans un suprême effort, il essaya, par un effort désespéré, de ressaisir son point d'appui, et on le vit pendant une seconde crisper les mains dans le vide. L'éclair n'est pas plus rapide que le fut l'étincelle du fusil d'OEil-de-Faucon ; les membres de la victime frémirent et se contractèrent ; sa tête tomba sur son sein, et son corps tomba comme une masse de plomb dans les eaux écumantes, qui, dans leur incessante rapidité, se fermèrent sur lui et l'engloutirent à jamais. Aucun cri de triomphe ne suivit cette importante victoire. Les Mohicans eux-mêmes se regardèrent l'un et l'autre avec une silencieuse horreur. Un seul hurlement partit des bois, et tout demeura tranquille. OEil-de-Faucon, qui semblait seul avoir la force de réfléchir, exprima hautement son mécontentement :

« J'ai agi comme un enfant, dit-il. J'aurais mieux fait de le laisser se briser vivant contre les rochers ; car c'était ma dernière charge de poudre et ma dernière balle. Uncas, allez prendre dans le canot la grande corne ; elle contient tout ce qu'il nous reste de poudre, et nous en aurons besoin ou je ne connais pas les Iroquois. » Le jeune Mohican obéit, et laissa le chasseur occupé à secouer inutilement sa poudrière et à retourner son sac de balles. Il fut bientôt tiré de ce fâcheux examen par une exclamation d'Uncas. Les oreilles du major, bien que peu exercées, y reconnurent un signal de détresse. Tremblant pour le précieux trésor qu'il avait caché dans la grotte, il se leva sans songer au danger qu'il courait en se mettant à découvert. Son mouvement fut imité par ses compagnons, et ils descendirent ensemble entre les deux grottes avec une rapidité qui rendit inutile le feu dirigé contre eux. Le signal du Mohican avait attiré au dehors les deux sœurs et même le blessé ; et tous furent instruits à la fois du désastre qui avait ébranlé le stoïcisme éprouvé de leur jeune protecteur. Leur petite barque flottait, entraînée en aval par un homme caché au fond. A cet aspect, le chasseur abaissa instinctivement sa carabine ; mais le bassinet reçut inutilement la brillante étincelle de la pierre.

« Il est trop tard ! il est trop tard ! s'écria OEil-de-Faucon en laissant tomber son arme avec un amer désappointement ; notre voleur est en plein courant, et même, en ayant de la poudre, ce serait à peine si on pourrait lui envoyer une balle assez vite pour le rattraper ! »

L'audacieux Huron leva la tête au-dessus des bords du canot, agita la main, et poussa le cri de triomphe habituel. On y répondit dans les bois par des hurlements mêlés de rires, avec les transports d'une joie telle que doivent en éprouver les démons à la chute d'une âme chrétienne.

Le chasseur s'assit sur une saillie de rocher, et laissant tomber à ses pieds sa carabine : « Riez, dit-il, enfants du diable ! riez, vous en avez sujet ; car les trois meilleurs fusils qui sont dans les bois ne valent pas mieux que des tiges de roseau !

— Que faire ? demanda le major, dont le premier accès de découragement cédait au désir d'une active résistance ; qu'allons-nous devenir ? »

OEil-de-Faucon ne répondit qu'en faisant tourner ses doigts autour de son crâne avec un geste si expressif, qu'il était impossible d'en méconnaître la signification.

« Notre position n'est pas encore si désespérée, ajouta Heyward ; les Hurons ne sont pas encore ici ; nous pouvons fortifier les grottes, nous opposer au débarquement...

— Avec quoi ? demanda froidement le chasseur : avec les flèches d'Uncas, et les larmes des femmes ! Non, non ; vous êtes jeune, riche, aimé, et je sens qu'avec cela il est cruel de mourir ! Mais souvenons-nous que nous sommes d'une race sans mélange, et montrons à ces Mohicans que les hommes blancs affrontent la mort aussi bien que les peaux rouges, lorsque l'heure fatale est venue. »

Duncan tourna rapidement les yeux vers les Indiens, dont l'attitude confirmait les plus sinistres appréhensions.

Chingachgook, prenant un air de dignité, avait déjà mis de côté son couteau et son tomahawk ; il s'occupait d'ôter la plume d'aigle de sa tête et de lisser sa touffe de cheveux, pour la préparer à sa suprême et révoltante destination. Sa physionomie était calme mais pensive, et ses yeux perdaient lentement leur ardeur belliqueuse pour prendre une expression plus en harmonie avec le coup qu'il attendait.

« Nous ne pouvons être perdus sans ressource ! dit le major, un renfort peut nous arriver ; les ennemis sont fatigués de la lutte, et semblent avoir disparu.

— Dans une minute ou dans une heure, les hideux serpents ramperont jusqu'à nous ; il est dans leur caractère de se cacher en ce moment pour nous épier, mais soyez sûr de les voir revenir en force. Chingachgook, mon frère, ajouta-t-il en delaware, nous avons livré ensemble notre dernier combat ; les Maquas s'applaudiront de la mort du sage Mohican, et du visage pâle dont les yeux perçaient la nuit pour les surprendre !

— Que les femmes des Maquas pleurent leurs morts ! répondit l'Indien avec une inébranlable fermeté. Le Gros-Serpent des Mohicans s'est glissé dans leurs wigwams, et il a empoisonné leur triomphe en y mêlant les gémissements des enfants dont les pères ne sont pas revenus. Onze guerriers, depuis la fonte des neiges, reposent loin des tombeaux de leur tribu, et personne ne saura où trouver leurs cadavres tant que la langue de Chingachgook restera muette. Que les Maquas tirent le mieux affilé de leurs couteaux, qu'ils brandissent le plus sûr de leurs tomahawks, car leur plus cruel ennemi est entre leurs mains. Uncas, dernier rejeton d'une noble souche, dis à ces lâches de se hâter ; car leurs cœurs s'amolliront, et ils se changeront en femmes !

— Ils cherchent leurs morts dans la rivière, dit le jeune chef d'une voix douce ; les Hurons flottent avec les anguilles ; ils tombent des chênes comme les fruits mûrs, et les Delawares rient !

— C'est cela, murmura le chasseur, ils s'échauffent à leur manière, et exciteront bientôt les Maquas à les expédier. Quant à moi, qui suis du pur sang des blancs, je mourrai comme il convient à un homme de ma couleur, sans amertume dans l'âme, sans paroles railleuses à la bouche.

— Pourquoi mourir? dit Cora en quittant la place où la terreur l'avait jusqu'alors tenue immobile; la route est ouverte, fuyez dans les bois, et implorez le secours de Dieu. Allez, braves gens; vous avez déjà trop fait pour nous, nous ne voulons pas vous entraîner dans notre perte.

— Vous ne connaissez pas les Iroquois, madame, répondit OEil-de-Faucon, si vous croyez qu'ils ont laissé les sentiers libres; à la vérité, le courant nous emporterait bientôt hors de la portée de leurs fusils.

— Eh bien! jetez-vous à la nage. Pourquoi rester ici, et augmenter le nombre des victimes de nos impitoyables ennemis?

— Pourquoi? répéta fièrement le chasseur, parce qu'il vaut mieux mourir en paix avec soi-même que de vivre avec des remords. Que pourrions-nous répondre à Munro, quand il nous demanderait ce que nous avons fait de ses enfants?

— Allez le trouver, dit Cora en se rapprochant d'OEil-de-Faucon; dites-lui que les Hurons vont les emmener dans les forêts du nord, mais qu'avec de la promptitude et de la vigilance on peut encore les sauver. Après tout, s'il plaisait à Dieu que son assistance vînt trop tard, portez-lui les bénédictions, les assurances d'affection, les dernières prières de ses filles; recommandez-lui de ne pas pleurer notre mort prématurée, mais de songer avec une humble confiance au jour qui nous réunira. »

L'émotion commençait à gagner le chasseur. Il pencha son menton sur sa main, et tomba dans une profonde rêverie. Il dit enfin d'une voix tremblante : « Cette jeune fille a peut-être raison : ses paroles portent le sceau du christianisme. Ce qui sied à une peau rouge peut n'être pas convenable de la part d'un homme qui n'a pas de sang mêlé pour excuser son ignorance. Chingachgook! Uncas! entendez-vous ce que dit la femme aux yeux noirs! »

Il parla en delaware à ses compagnons, d'un ton ferme mais résolu. Le vieux Mohican l'écouta gravement, et après un moment d'hésitation, il fit un geste d'assentiment, et dit en anglais : « Bon! » Remettant son coutelas et son tomahawk dans sa ceinture, il s'approcha en silence de la pointe de l'île où l'on apercevait le moins du rivage; il s'y arrêta un instant, désigna du doigt les bois, et prononça quelques mots en delaware pour indiquer la route qu'il se proposait de suivre, puis il se précipita dans les flots et disparut.

La respiration de Cora fut plus libre quand elle eut vu le premier effet de ses observations. « La sagesse est quelquefois donnée aux jeunes gens comme aux vieillards, lui dit OEil-de-Faucon, et vos conseils ont été dictés par elle. Si l'on épargne vos jours, si l'on vous entraîne dans les bois, cassez les branches des buissons sur votre passage, appuyez les pieds sur le sol pour y bien imprimer vos traces; et s'il est permis à des yeux humains de les reconnaître, comptez que vous avez un ami qui vous suivra jusqu'au bout du monde. »

Il donna à Cora une poignée de main affectueuse, contempla sa carabine avec regret, la posa avec précaution dans un coin, et descendit sur la berge. « Ah! s'écria-t-il avant de partir, si nous avions eu de la poudre!... » Et lâchant le rocher auquel il s'était suspendu, il se laissa tomber dans les eaux.

Tous les regards se tournèrent vers Uncas, qui demeurait debout, impassible, appuyé contre le rocher. Cora lui montra la rivière : « Vos amis ont pu s'éloigner sans être vus; il est temps que vous les suiviez.

— Uncas restera, dit avec calme le jeune Mohican.

— Pour ajouter à l'horreur de notre captivité, pour diminuer nos chances de salut! Allez, généreux jeune homme, poursuivit Cora en baissant les yeux sous le regard du Mohican, et peut-être avec la conscience intime de leur influence, allez trouver mon père, et chargez-vous d'un message qui vous prouve toute ma confiance; dites-lui de vous remettre la rançon de ses filles. Partez! c'est mon désir, c'est ma prière! »

Les traits calmes du jeune chef s'assombrirent; mais il n'hésita plus. Il se glissa sans bruit le long des rochers, et se jeta à la nage. Ses mouvements furent suivis avec anxiété par ceux qu'il abandonnait. Il parut à la surface de l'eau pour respirer, bien loin du pied des rochers; plongea de nouveau et ne reparut plus. Alors Cora se tourna vers le major : « J'ai entendu dire que vous étiez bon nageur, Duncan, reprit-elle d'une voix frémissante; suivez l'exemple qui vous est donné.

— Est-ce là ce que Cora Munro attend de son protecteur? dit le jeune homme avec un amer et douloureux sourire.

— Nous n'avons pas de temps à perdre en discussions inutiles; pesons également tous nos devoirs : vous ne pouvez nous être d'aucune utilité, mais votre vie est encore précieuse à d'autres qu'à nous. »

Il ne répondit point; ses regards étaient fixés sur Alice, qui se cramponnait à son bras avec l'abandon d'un faible enfant. « Considérez, poursuivit Cora, que ce qui peut nous arriver de pire, c'est la mort; tribut que nous devons tous payer lorsque Dieu l'exige.

— Il y a des maux pires que la mort, répondit Heyward d'une voix rauque, mais que peut détourner la présence d'un homme qui mourrait pour vous. »

Cora ne renouvela plus ses instances; et, se couvrant le visage de son châle, elle entraîna sa sœur presque inanimée dans la partie la plus reculée de la seconde caverne.

CHAPITRE IX.

La transition subite et presque magique du tumulte d'un combat à une tranquillité profonde, produisait sur l'imagination échauffée d'Heyward l'effet d'un songe émouvant. Tous les événements dont il avait été témoin restaient profondément gravés dans sa mémoire, et cependant il avait peine à se persuader qu'ils étaient réels. Ignorant le sort des trois fugitifs, il attendait un signal de secours ou d'alarme, pour annoncer l'issue favorable ou désastreuse de leur aventureuse entreprise; mais rien ne vint dissiper son incertitude. Plein d'anxiété, il n'hésita pas à gravir les points culminants de l'île, sans recourir aux précautions qu'il avait prises auparavant; elles étaient d'ailleurs superflues, car on n'apercevait pas plus d'Iroquois que de Mohicans. Les rives boisées du Glenn semblaient avoir été abandonnées par toute créature vivante. Le tumulte qui avait si récemment troublé les routes verdoyantes de la forêt, ne se mêlait plus à l'invariable et monotone mugissement de la cataracte.

Un faucon, qui, du haut des branches supérieures d'un vieux pin, avait contemplé de loin la bataille, déploya sa large envergure, et prit son essor pour aller s'abattre sur sa proie; un geai, que la présence des sauvages avait réduit au silence, recommença son ramage comme s'il eût été rétabli dans la paisible possession de ses rustiques domaines. Duncan tira de ces augures une vague espérance; il pensa que les solitudes avaient repris leur aspect accoutumé. « On ne voit plus les Hurons, dit-il à David, qui n'était pas encore remis des effets stupéfiants de sa blessure, cachons-nous dans la grotte et rapportons-nous-en pour le reste à la Providence. »

Le maître de chant, dont la raison était visiblement troublée, répondit : « Je me rappelle avoir chanté un chœur avec deux aimables jeunes filles; mais, depuis ce temps, j'ai été cruellement châtié de mes péchés. J'ai été le jouet d'une apparence de sommeil, tout en ayant les oreilles remplies de sons discordants qui semblaient annoncer la fin des temps et le bouleversement de la nature.

— Pauvre homme! votre fin était effectivement prochaine! Mais levez-vous et suivez-moi. Je vous conduirai dans une retraite où vous n'entendrez d'autres sons que ceux de votre musique. »

David reprit en passant la main sur son front : « Il y a de la mélodie dans la chute de la cataracte! mais l'air n'est-il pas encore ébranlé par les clameurs des damnés?...

— Pas à présent! interrompit Heyward avec impatience; elles ont cessé; et si j'en crois mes pressentiments, ceux qui les faisaient entendre sont partis; tout est en paix, excepté le torrent. Venez donc, et vous pourrez reprendre à loisir ces chants que vous affectionnez. »

Cette allusion arracha un sourire à David; il n'hésita plus, et, appuyé sur le bras de son compagnon, il pénétra dans la seconde caverne. Duncan plaça devant l'étroite entrée un amas de sassafras, qui la cachait entièrement. En dedans de cette fragile barrière, il disposa les couvertures de manière à assombrir l'intérieur de la grotte, qui demeura éclairée par son autre ouverture, au pied de laquelle coulait l'un des bras de la cataracte.

« Les Indiens ont tort, dit-il en se livrant à ce travail, de se soumettre sans lutte dans les circonstances désespérées : suivant nous, l'espoir ne doit cesser qu'avec la vie; morale plus consolante et plus analogue au caractère d'un soldat. Je ne chercherai pas, Cora, à fortifier votre courage; mais ne pouvons-nous tarir les larmes de celle qui pleure sur votre sein?

— Je suis plus calme, dit Alice, beaucoup plus calme maintenant. Sans doute, nous sommes en sûreté dans cet asile; et nous pouvons tout attendre de ces hommes généreux, qui ont déjà couru tant de risques pour nous sauver.

— Alice tient maintenant un langage digne d'une fille de Munro, dit Heyward, et l'exemple d'un de tels exemples de courage sous les yeux, rougirait de ne pas se conduire en héros. Les Hurons, s'ils viennent, ne se rendront pas maîtres de notre position aussi facilement qu'ils le croient. »

En prononçant ces derniers mots il serra convulsivement le pistolet qui lui restait, et le froncement de ses sourcils annonça une résolution sombre et énergique. Il parut toutefois attendre les événements avec patience, et inclina sa tête sur le roc où il était assis; mais ses regards se tinrent constamment fixés sur l'ouverture libre de la grotte. Un silence à peine troublé par le bruit de la respiration, régna quelque temps dans cette retraite. L'air frais du matin avait pénétré, et exerçait sa douce influence sur les habitants. Comme les moments se succédaient sans que rien troublât leur sécurité, l'espérance s'insinuait par degrés dans leurs cœurs, bien qu'aucun d'eux n'osât exprimer des illusions, que l'instant d'après pouvait si cruellement détruire.

David seul restait étranger aux émotions générales. Un rayon de lumière éclairait son visage blême, et tombait sur les pages du petit volume où le maître de chant se rappelant confusément la consolante promesse d'Heyward, cherchait un hymne approprié à la circonstance. Sa patience fut enfin récompensée; sans explication préliminaire, il souffla dans son flageolet, qu'il tira un son long et harmonieux, et commença à chanter le psaume qu'il avait choisi.

— N'est-ce pas une imprudence? demanda Cora.

— Non : la voix du pauvre diable est trop faible pour être entendue au milieu du retentissement de la chute d'eau. On peut, sans risque, le laisser se livrer à son goût. »

David, après avoir préludé par quelque vocalise, murmura son hymne avec son talent habituel, mais d'une voix débile et tremblante, qui prolongeait les cadences et triplait les modulations de l'air. Les paroles, comme presque toutes celles du recueil, étaient un véritable travestissement du texte du roi-prophète ; toutefois la mélodie, que n'altérait point l'insuffisance des moyens du chanteur, avait des charmes qui frappèrent les auditeurs. Alice sécha ses pleurs, et fixa ses yeux sur les traits pâles de La Gamme avec un plaisir qu'elle ne cherchait point à dissimuler. Cora accorda un sourire d'approbation aux pieux efforts du musicien, et Heyward cessa de regarder la porte de la grotte pour contempler avec une expression plus douce la figure de David ou surprendre les rayons passagers que dardaient les yeux humides d'Alice. Animé par les témoignages de sympathie, le chanteur recouvra la puissance et l'étendue de sa voix sans qu'elle perdît rien de cette touchante douceur, qui en faisait le principal attrait. Il la déployait sans contrainte et remplissait les arceaux de la grotte de longs et éclatantes intonations, quand un hurlement effroyable vibra au dehors. Le chant cessa brusquement, comme si le cœur du musicien, en bondissant avec violence, eût refoulé ses organes et intercepté le passage des sons.

« Nous sommes perdus ! s'écria Alice en se jetant dans les bras de Cora.

— Pas encore ! pas encore ! répondit Heyward agité mais intrépide ; le bruit part du centre de l'île ; il a été provoqué par la découverte des morts : nous ne sommes pas découverts, et il y a encore de l'espoir. »

Le seul parti à prendre était celui du silence et de la résignation. Un second hurlement suivit le premier, et ce fut ensuite un mélange de cris confus, tels que l'homme n'en pousse que dans l'état de barbarie. A en juger par la direction des voix, les Indiens, après avoir abordé dans la partie supérieure de l'île, étaient descendus jusqu'au-dessus des grottes. Ils se répandirent bientôt de tous côtés, s'appelant les uns les autres sur les éminences ou dans les ravins. Le bruit enveloppait si complètement les malheureux réfugiés, qu'il semblait gronder sous leurs pieds comme sur leurs têtes.

Tout à coup, le cri des sauvages retentit à l'entrée de la première caverne. Le major fut atterré à l'idée qu'ils venaient de la découvrir, et qu'ils en donnaient avis à la bande par leur signal accoutumé. Mais, en prêtant l'oreille avec plus d'attention, il reconnut que les voix partaient de l'endroit où l'homme blanc avait abandonné son arme. Au milieu des conversations animées qu'Heyward entendait distinctement, il distinguait des mots et même des phrases entières en patois du Canada. Les Iroquois répétèrent à plusieurs reprises : — La Longue-Carabine ! la Longue-Carabine ! il se rappela que ce nom avait été donné par l'ennemi à un chasseur célèbre, éclaireur du camp anglais, et apprit pour la première fois qu'il venait d'avoir ce héros des bois pour compagnon.

Ces mots : « la Longue-Carabine ! » passèrent de bouche en bouche, toute la troupe se groupa autour de ce trophée, indice probable de la mort du plus formidable possesseur. Après une bruyante consultation que dominaient par intervalles les élans d'une joie sauvage, les Indiens se séparèrent, et le major comprit qu'ils espéraient trouver le corps du chasseur dans quelque retraite de rocher.

« Voici l'instant décisif, dit-il aux deux sœurs tremblantes ; si notre asile échappe à leurs recherches, nous sommes sauvés ! Ce que j'ai saisi de leurs entretiens me prouve que nos amis leur ont échappé, et en moins de deux heures le général Webb nous enverra du secours. »

Cependant les investigations des sauvages étaient méthodiquement dirigées, et leurs pieds foulaient le monceau de sassafras qui bouchait la première grotte ; on entendait le frôlement des feuilles sèches et le craquement des branches cassées. Enfin, la faible barrière céda, un rayon de lumière traversa l'obscur souterrain, et une acclamation terrible annonça que la bande venait d'entrer en ce lieu qui était comme l'antichambre de la retraite de nos voyageurs. Les deux grottes étaient séparées par une si courte distance, que Duncan, jugeant qu'il était impossible de rester plus longtemps spectateur passif, en avant pour soutenir la première attaque. Il s'approcha de l'étroit rempart qui s'élevait entre lui et ses infatigables adversaires ; et à travers les interstices du feuillage il examina leurs mouvements avec l'indifférence du désespoir.

A portée de son bras était un Indien de stature gigantesque, qui, d'un ton d'autorité absolue, donnait des ordres aux sauvages occupés activement à tourner et à retourner l'humble mobilier d'Œil-de-Faucon. En remarquant les gouttes de sang que David avait laissées sur les feuilles, ils poussèrent un hurlement ; et, s'imaginant trouver caché dessous l'homme qu'ils avaient si longtemps redouté, ils enlevèrent les branchages et les portèrent entre les deux cavernes. L'un d'eux, s'approchant du chef avec une brassée de sassafras, lui montra d'un air de triomphe les taches rouges qui teignaient les feuilles, et ses transports éclatèrent en clameurs dont le sens était expliqué par la fréquente répétition du nom de la Longue-Carabine. Quand il eut achevé, il jeta son fardeau sur les rameaux que Duncan avait accumulés devant l'entrée de la seconde caverne. L'exemple de ce sauvage fut suivi par les autres, qui empilèrent les branches à mesure qu'ils les ramassaient ; ajoutant ainsi sans le savoir à la sécurité de ceux qu'ils cherchaient. La légèreté même de cette barricade en faisait le principal avantage ; car personne ne songeait à déranger ce monceau de broussailles, que tous, en ce moment de désordre et de précipitation, croyaient avoir été élevé par leurs propres mains.

Les couvertures cédèrent à la pression extérieure ; les branches se tassèrent par leur propre poids entre les parois de l'ouverture ; et le major, soulagé de ses angoisses, retourna d'un pas léger au centre de la grotte, d'où il pouvait veiller sur l'ouverture qui dominait la rivière. Pendant ce temps, les Indiens changèrent d'avis par une commune impulsion, quittèrent la grotte pour remonter sur les rochers, et leurs plaintes révélèrent au major qu'ils étaient de nouveau rassemblés autour des cadavres de leurs camarades. Alors Heyward osa regarder ses compagnes, car dans les moments les plus critiques il avait craint que la sinistre expression de ses regards n'ajoutât à des alarmes déjà trop pénibles pour elles.

« Cora ! Alice ! murmura-t-il, ils sont partis et nous sommes sauvés ! C'est Dieu seul qui nous a délivrés !

— Qu'il en soit loué ! s'écria Alice en s'agenouillant avec enthousiasme ; qu'il soit loué d'avoir épargné des larmes à mon vieux père !... d'avoir sauvé les jours de ceux que j'aime tant !... »

En ce moment ces paroles se glacèrent sur ses lèvres ; ses vives couleurs firent place à la pâleur de la mort ; ses yeux doux et humides devinrent hagards ; ses mains jointes et élevées vers le ciel, se tendirent brusquement en ligne horizontale, ses doigts s'allongèrent avec un mouvement convulsif. Heyward jeta un coup d'œil du côté qu'elle indiquait, et au-dessus des quartiers de roche qui formaient le seuil de la caverne il aperçut les traits féroces du Renard-Subtil.

Le sang-froid d'Heyward l'abandonna. Il jugea que l'expression vague de la physionomie de l'Indien, que celui-ci, accoutumé au grand jour, n'avait pu encore distinguer les objets dans la pénombre de la grotte. Il pensait à se réfugier dans une encoignure assez profonde pour le cacher ainsi que ses compagnons ; mais il était trop tard ! Une joie brutale venait d'illuminer la hideuse figure du sauvage, et le regard qu'il lança, en découvrant ses victimes, avait quelque chose de si irritant que Duncan, exaspéré, ne put se contraindre ; il abaissa son pistolet, et tira. La détonation fit vibrer la caverne comme une éruption d'un volcan ; et quand la fumée eût été dissipée par le courant d'air qui sortait du ravin, le perfide guide n'était plus là ! Heyward, s'élançant au dehors, le vit tourner un rocher, derrière lequel il disparut.

Les sauvages restèrent un moment silencieux, terrifiés par l'explosion qu'ils avaient entendue sortir des entrailles de la terre. Mais le Renard-Subtil poussa un long hourrah, qu'ils répétèrent tous spontanément. Les clameurs recommencèrent, et avant que le major eût eu le temps de se remettre la grotte fut envahie par les deux extrémités, et ses compagnons et lui furent entraînés au dehors, où ils furent entourés par toute la bande des Hurons triomphants.

CHAPITRE X.

Dès que le major fut en état d'observer, il étudia le maintien et la conduite de leurs ravisseurs. Contrairement à l'usage des indigènes, ils avaient respecté non-seulement les deux sœurs, mais David et lui Les riches ornements de son uniforme avaient été maniés à plusieurs reprises par différents individus dont les yeux exprimaient le désir de posséder ces précieuses bagatelles ; mais la voix impérieuse du chef contint les jeunes gens avides, et le soin qu'il prit pour dérober les captifs à l'importunité de sa bande prouva au major qu'on n'avait pas l'intention d'attenter à leurs jours.

Cependant les vieux guerriers de la tribu poursuivaient leurs recherches avec une activité qui témoignait qu'ils étaient loin d'être satisfaits des résultats de leur conquête. Ne découvrant point de nouvelles victimes, ces diligents artisans de vengeance s'approchèrent d'Heyward et de David en prononçant le nom de la Longue-Carabine avec une fureur significative. Le maître de chant, qui n'entendait point le français, ne devina pas ce qu'ils voulaient dire ; quant à Heyward, il feignit de ne pas les comprendre. Toutefois, fatigué de leurs interrogations et craignant de les irriter par son silence, il chercha des yeux Magua, qui pouvait lui servir d'interprète.

La conduite de ce sauvage avait été en opposition avec celle de ses compagnons. Tandis que les uns satisfaisaient leur passion enfantine par le pillage, en enlevant les misérables effets d'Œil-de-Faucon ; tandis que les autres, altérés de sang et de vengeance, cherchaient le propriétaire absent, le Renard-Subtil s'était tenu calme et immobile, à peu de distance des prisonniers. Ses regards sinistres trahissaient seuls la satisfaction intime que lui faisait éprouver le succès de sa perfidie. En le rencontrant, Heyward se détourna avec horreur ; toutefois, maîtrisant son antipathie, il lui adressa la parole.

« Le Renard-Subtil a trop le caractère d'un guerrier, pour refuser de répéter à un homme désarmé ce que disent les vainqueurs.

— Ils demandent le chasseur qui connaît les sentiers des bois, » dit Magua en mauvais anglais ; et en même temps il posa la main, avec un féroce sourire, sur le paquet de feuilles qui servait de bandage à une blessure qu'il avait reçue à l'épaule.

« Il m'a frappé, reprit-il, l'arme de la Longue-Carabine est bonne; mais, de même que le petit canon du chef blanc, elle ne peut rien contre la vie du Renard-Subtil.
— Le Renard-Subtil est trop brave pour se rappeler les blessures qu'il a reçues à la guerre ou les mains qui les lui ont faites !
— Était-ce une guerre quand l'Indien fatigué reposait sous l'érable pour manger paisiblement? qui a rempli les buissons d'ennemis rampants? qui a tiré le couteau? qui avait des paroles de paix sur les lèvres et des projets sanguinaires dans le cœur? Magua avait-il dit que la hache de guerre était déterrée? »

Cora, l'aînée des filles de Munro.

Duncan n'osa pas confondre son accusateur en lui rappelant sa propre trahison si longuement préméditée; il dédaigna de calmer par quelques mots d'excuse le ressentiment du guide. Magua parut aussi couper court à l'entretien, car il alla s'appuyer de nouveau sur le rocher qu'il avait quitté un moment. Dès que les sauvages impatients virent la conférence terminée, ils recommencèrent à vociférer : « La Longue-Carabine ! la Longue-Carabine !... »
— Vous entendez, dit Magua avec indifférence; les Hurons veulent la vie de leur ennemi, ou le sang de ceux qui le tiennent caché.
— Il est parti, évadé, hors d'atteinte. »
Le Renard-Subtil sourit froidement, et répondit avec dédain :
« Quand l'homme blanc meurt, il croit voir le terme de ses maux; mais les hommes rouges savent tourmenter même les ombres de leurs ennemis. Où est son corps? que les Hurons voient sa chevelure !
— Il n'est pas mort; il s'est échappé. »
Le Renard-Subtil secoua la tête d'un air d'incrédulité.
« Est-ce un oiseau pour étendre ses ailes? Est-ce un poisson pour fendre l'eau sans respirer? Le chef blanc a lu dans ses livres, et croit que les Hurons sont fous !
— Sans être un poisson, la Longue-Carabine sait nager. Il s'est jeté dans le courant après avoir brûlé sa dernière amorce; et alors les yeux des Hurons étaient derrière un nuage.
— Et pourquoi le chef blanc est-il resté? demanda l'Indien. Ses cheveux brûlent-ils sa tête, ou est-il de pierre pour avoir craint d'aller au fond? »
Le jeune homme, irrité de ces provocations, employa dans sa réponse forfanterie qui était propre à exciter l'admiration d'un sauvage : « Votre camarade, qui est tombé dans le gouffre, s'écria-t-il avec emportement, vous dirait que je ne suis pas de pierre, s'il était encore en vie! L'homme blanc pense qu'il n'y a que les lâches qui abandonnent les femmes. »
Magua murmura quelques mots inintelligibles, et reprit à haute voix : « Les Delawares savent-ils nager aussi bien que ramper dans les buissons? Où est le Gros-Serpent? »
Le major, à ce nom, comprit que ses compagnons étaient mieux connus de ces ennemis que de lui-même. Il répondit : « Il s'est aussi jeté à la nage? »
— Le Cerf-Agile est-il ici?
— A qui donnez-vous ce nom?
— A Uncas, au jeune Mohican.
— Il a sauté dans la rivière, et est entré dans les bois. »

Comme ce genre d'évasion n'avait rien d'impossible pour un Indien, le Renard-Subtil sembla convaincu et n'ajouta pas une seule réflexion. Les Hurons, qui attendaient la fin de l'entretien avec un profond silence, et une patience caractéristique, se tournèrent vers lui comme un seul homme, pour lui demander des explications. Leur interprète désigna la rivière, et leur fit connaître, autant par ses gestes que par ses paroles, les faits qu'il venait d'apprendre. Quand ils eurent compris, les sauvages poussèrent un hurlement qui peignait toute l'étendue de leur désappointement. Les uns se ruèrent jusqu'au bord de l'eau, en faisant les contorsions les plus frénétiques; d'autres crachèrent dans la rivière, comme pour châtier la trahison dont elle s'était rendue coupable en attentant aux droits légitimes des vainqueurs. Quelques-uns se contraignaient à peine, et jetaient de terribles regards sur les captifs qui restaient en leur pouvoir. Trois ou quatre s'avancèrent même vers les deux sœurs avec la pantomime la plus menaçante; et l'un d'eux, tordant les tresses ondoyantes qui se déroulaient sur les épaules d'Alice, fit tourner son couteau à scalper autour de la tête d'où elles tombaient, pour figurer la manière dont il entendait la priver de sa riche parure. Témoin de cette scène, le jeune officier, par un effort désespéré, tenta de se rapprocher de la victime; mais ses mains étaient liées, et, au premier mouvement qu'il fit, il sentit sur ses épaules l'étreinte puissante du chef indien. Sentant aussitôt l'inutilité d'une lutte, Heyward se soumit à sa destinée; il se contenta de murmurer à ses compagnes quelques paroles rassurantes, en leur disant que les sauvages avaient l'habitude de faire de vaines menaces pour effrayer leurs prisonniers. Néanmoins, il ne s'abusait pas sur l'imminence du danger. Il savait que l'influence d'un chef indien était due plutôt à la supériorité physique qu'à la suprématie morale. Ses ordres pouvaient être violés à chaque instant par quiconque, dans sa bande indisciplinée, jugerait à propos de sacrifier une victime aux mânes d'un ami ou d'un parent mort. Malgré l'air de calme et de résignation qu'il affectait, le major sentait son cœur battre avec violence toutes les fois que les Hurons se rapprochaient des deux sœurs ou arrêtaient leurs regards haineux sur ces frêles créatures qui étaient si peu capables de résister au moindre choc.

Une tête hideuse écarta lentement les broussailles, pendant que la petite troupe s'éloignait.

Ses appréhensions diminuèrent quand il vit le chef rassembler ses guerriers en conseil. La délibération fut courte, et la décision adoptée à l'unanimité. La plupart des assistants y adhérèrent sans mot dire. Ceux qui prirent la parole ayant indiqué à plusieurs reprises la direction du camp du général Webb, il était probable qu'ils craignaient d'être surpris par les troupes qui s'y trouvaient; et cette considération abrégea le conciliabule.
En attendant qu'il fût terminé, Heyward eut le temps de se rendre compte de la manière dont les Hurons étaient entrés dans l'île. Ils avaient d'abord transporté à bras le petit canot en amont de la cataracte, ils y avaient placé leurs armes, et deux guerriers expérimentés étaient montés dedans pour le diriger vers la pointe de l'île qui divisait les deux chutes d'eau. Leurs compagnons, au nombre d'une

douzaine, s'étaient tenus accrochés aux bords de la frêle embarcation, qui, habilement maintenue dans la ligne médiale du courant, perpendiculairement au seul point abordable, avait touché la terre entre les troncs d'arbre flottants dont nous avons déjà parlé. Ainsi, ils avaient suivi la même route que les premiers envahisseurs, mais en plus grand nombre, et avec des armes à feu.

Comme il s'agissait en ce moment de descendre la rivière, ils allèrent prendre le canot à l'extrémité supérieure de l'île et le placèrent, dans l'eau, près de l'issue de la seconde caverne. Le chef fit signe aux prisonniers de s'embarquer; et Heyward donna l'exemple d'une soumission indispensable en s'asseyant le premier dans la barque, où le suivirent les deux sœurs et le pauvre David encore abasourdi de ses blessures. Quoique les Hurons ne fussent pas familiarisés avec les étroits chenaux du Glenn, ils avaient trop l'habitude de ce genre de navigation, pour commettre aucune méprise essentielle. Lorsqu'on eut mis les armes au fond du canot et que le pilote choisi pour le guider fut à son poste, toute la bande se cramponna de nouveau à la quille d'écorce; l'esquif suivit le courant et, bientôt après, les captifs se trouvèrent sur la rive méridionale, presque en face du lieu où ils étaient le soir précédent.

Là se tint une nouvelle conférence, pendant laquelle on alla chercher les chevaux dont la fatale panique avait, la veille, mis les Hurons sur les traces des voyageurs. Après de courts pourparlers, la bande se divisa. Le grand chef, montant le coursier d'Heyward, traversa la rivière en ligne directe, et disparut dans les bois avec le gros de la troupe. Les prisonniers furent laissés à la garde de six sauvages, à la tête desquels était le Renard-Subtil.

Le major vit ces dispositions avec une recrudescence d'inquiétude. Il avait cru jusqu'alors qu'on avait l'intention de livrer les prisonniers à Montcalm. Les pensées des malheureux sommeillent rarement; et l'imagination n'est jamais plus active que lorsqu'elle est stimulée par l'espérance, même faible et lointaine. Dans ses rêves, Heyward s'était imaginé qu'on voulait exploiter les sentiments paternels du commandant Munro pour le détourner de son devoir; car, si le général français était célèbre par son courage et ses conceptions hardies, il passait aussi pour expert dans ces combinaisons politiques qui ne respectent pas toujours la morale, et dont l'emploi a si généralement déshonoré la diplomatie européenne.

Tous les calculs du major étaient déçus par la conduite de ses ravisseurs. Le grand chef avait pris la route du lac Horican, et sans témoigner de l'intention d'emmener les prisonniers. Désirant savoir à quoi s'en tenir, et essayer la puissance de l'or, il résolut de parler à Magua, et s'efforça de prendre un ton de confiance et d'amitié.

« Je voudrais dire à Magua ce qu'un aussi grand chef doit seul entendre.

— Parlez ! les arbres n'ont pas d'oreilles !

— Mais les Hurons ne sont pas sourds, et la conversation des grands chefs d'une nation enivrerait les jeunes guerriers. Si Magua ne veut pas écouter, l'officier du roi saura se taire. »

Le sauvage dit quelques mots à ses camarades occupés à harnacher de leur mieux leurs montures, et s'écarta d'eux sans affectation, en faisant signe à Heyward de le suivre.

« Parlez maintenant, dit-il, si ce sont des paroles telles que Magua en doive entendre.

— Le Renard-Subtil s'est montré digne de l'honorable nom que lui ont donné ses pères canadiens ; je vois quelles ont été ses véritables intentions, et je me souviendrai de ce qu'il a fait pour nous, quand sonnera l'heure de la récompense. Oui, le Renard a prouvé que non-seulement il était un grand chef de conseil, mais encore qu'il savait tromper ses ennemis !

— Qu'entendez-vous par là? demanda froidement l'Indien.

OEIL-DE-FAUCON, la Longue-Carabine.

— Le Renard n'a-t-il pas vu que les bois étaient remplis d'ennemis, et que le serpent ne pouvait s'y glisser sans être aperçu ? n'a-t-il pas changé de route pour tromper les Hurons ? n'a-t-il pas feint de retourner à sa tribu, qui l'avait maltraité et chassé de ses wigwams comme un chien ? »

A cette allusion, le Renard-Subtil, qui écoutait avec gravité et en réprimant prudemment ses émotions, laissa briller dans ses yeux un féroce et indomptable ressentiment. Heyward en conclut qu'il avait touché la corde sensible, et poursuivit :

« Et quand nous avons deviné ce que le Renard comptait faire, ne l'avons-nous pas secondé en nous conduisant de manière à persuader aux Hurons que nous étions ses ennemis ? Tout cela n'est-il pas vrai ? »

La physionomie de Magua prit une expression pensive et réfléchie. « Mais, continua le major, en fermant les yeux et les oreilles des siens, le Subtil aurait-il oublié qu'ils l'avaient accablé d'outrages et forcé de se réfugier chez les Mohawks ? Maintenant que les Hurons s'en vont au nord et laissent imprudemment les prisonniers à la garde du Renard, celui-ci ne se propose-t-il point de retourner sur ses pas, et de ramener au vieil Écossais riche ses filles bien-aimées ? Oui, Magua, tel est sans doute votre projet ; et je me demande comment on pourra payer tant de sagesse et d'honnêteté. D'abord, le commandant du fort William-Henri donnera au Renard ce qu'un grand chef doit donner pour de pareils services. La médaille que Magua porte au cou ne sera plus d'étain, mais d'or battu ; sa corne regorgera de poudre ; les dollars seront aussi nombreux dans son sac que les galets sur les bords de l'Horican ; les daims viendront lui lécher la main, car ils verront bien qu'ils tenteraient en vain d'échapper à sa carabine. Quant à moi, je rivaliserai de libéralité avec l'Écossais ; je... »

Heyward s'interrompit pour chercher dans sa mémoire quels étaient les présents propres à combler les vœux d'un Indien. En le voyant hésiter, Magua dit lentement avec la dignité indienne : « Que fera le jeune chef qui est venu du côté du soleil ?

— Il fera couler, devant le wigwam de Magua, l'eau-de-feu des îles qui sont dans le lac salé. Le cœur de l'Indien sera plus léger que les plumes de l'oiseau-mouche, et son haleine plus douce que le chèvrefeuille sauvage. »

Le Huron rêva quelques instants, mit la main sur le grossier appareil de son épaule blessée, et dit avec énergie : « Des amis font-ils de semblables marques ?

— La Longue-Carabine aurait-il effleuré si légèrement un ennemi ?

— Les Delawares se glissent-ils comme des serpents vers ceux qu'ils aiment, pour s'enrouler autour d'eux ?

— Le Gros-Serpent se serait-il laissé entendre, s'il avait désiré que Magua fût sourd ?

— Le chef blanc brûle-t-il sa poudre à la face de ses frères ?

— Manque-t-il son but quand il a sérieusement l'intention de tuer ? » reprit Duncan avec une sincérité parfaitement jouée.

Ces questions sentencieuses et ces réponses rapides furent suivies d'un long silence. Duncan s'aperçut que l'Indien était indécis, et, afin d'achever sa victoire, il allait recommencer l'énumération des récompenses, lorsque Magua fit un geste expressif en disant : « Assez ! le Renard-Subtil est un grand chef, et l'on verra ce qu'il fera. Allez, et bouche close. Quand Magua parlera, il sera temps de lui répondre. »

En disant ces mots, il regardait ses compagnons avec inquiétude ; pour ne pas éveiller leurs soupçons, le major se retira aussitôt. Magua s'approcha des chevaux, et feignit d'être charmé de l'adresse et de la promptitude avec lesquelles ils avaient été sellés et bridés. Il fit ensuite signe à Heyward d'aider les deux sœurs à se placer sur leurs montures; car d'ordinaire, sauf les cas d'absolue nécessité, il aimait mieux s'exprimer par des gestes que d'employer la langue anglaise.

Il n'y avait point de prétexte plausible pour différer le départ; et Duncan fut obligé d'obéir. En s'acquittant de cet office, il renouvela ses consolations aux jeunes filles, qui, de peur de rencontrer les hideuses figures de leurs ravisseurs, tenaient leurs yeux constamment baissés. La jument de David avait été emmenée par l'autre bande; en conséquence, le musicien, aussi bien que Duncan, était forcé de voyager à pied; mais ce dernier n'en était pas mécontent. Leur marche était nécessairement ralentie par cette circonstance, et ils pouvaient être rejoints par un secours venu du fort Édouard.

La caravane se mit silencieusement en route, sous la direction de Magua. Il était suivi de David la Gamme, qui, reprenant peu à peu ses sens, commençait à avoir une idée plus nette de sa position. Les deux sœurs venaient après lui, escortées par Heyward, et les Indiens fermaient la marche.

On se dirigea vers le sud, du côté opposé à la route du fort William-Henri. Malgré cette apparente adhésion de Magua au plan tracé par les vainqueurs, le major ne pouvait croire que ses promesses séduisantes fussent restées sans effet; il savait les sinuosités des sentiers indiens, et ne supposait pas qu'il y eût un parfait rapport entre la route suivie et le but à atteindre. Toutefois, les heures se succédaient au milieu de bois d'une étendue illimitée, sans que rien fît pressentir la fin du pénible voyage. Heyward regardait le soleil qui dardait perpendiculairement ses rayons à travers les branches des arbres, et soupirait après le moment où Magua se déciderait à prendre le chemin du fort William. Parfois il s'imaginait que le prudent sauvage, désespérant de traverser sans encombre l'armée de Montcalm, avait consenti à conduire ses captifs au poste de Munro, et qu'il voulait les remettre à sir William Johnson, officier anglais distingué, dont les vastes possessions étaient situées sur la lisière du Canada; mais, en admettant la réalité de cette hypothèse, le major entrevoyait la perspective d'une marche longue et fatigante, dont chaque pas l'éloignait du théâtre de la guerre, et, par conséquent, du poste où l'appelaient le devoir et l'honneur.

Cora se rappelait seule les recommandations d'Œil-de-Faucon, et, toutes les fois qu'elle en trouvait l'occasion, elle étendait la main pour briser les branches des buissons; mais la vigilance des Indiens rendait difficile et dangereuse cette mesure de précaution. La jeune fille, surprise dans ses tentatives, était obligée de feindre une alarme subite, et de donner un motif au mouvement de son bras, en faisant un geste d'appréhension féminine. Une fois seulement, elle parvint à courber un dragon d'un large sumac, et au même instant, une pensée soudaine, elle laissa tomber son gant. L'un des conducteurs le ramassa aussitôt, le lui rendit, et brisa les branches de l'arbrisseau, pour qu'elles eussent l'air d'avoir été froissées par quelque animal; puis il porta la main à son tomahawk avec un regard si expressif, que Cora dut renoncer à laisser des traces du passage des captifs. Ils étaient ainsi privés du seul moyen qui les eussent pu guider leurs libérateurs; car, comme il y avait des chevaux dans les deux bandes d'Indiens, les empreintes des sabots ne pouvaient donner aucune indication positive.

Heyward aurait hasardé une observation, s'il avait trouvé le moindre symptôme d'encouragement dans l'attitude de Magua; mais celui-ci se maintenait dans une sombre réserve, sans même remuer les lèvres, sans même regarder ses compagnons. N'ayant pour guides que le soleil et ces vagues indices qui ne sont perceptibles qu'à la sagacité des naturels, il franchissait les vallées, les ruisseaux, les collines onduleuses, avec la sûreté d'instinct et, pour ainsi dire, la rectitude d'un oiseau. Il n'hésitait jamais. Que la route fût visible ou perdue, praticable ou embarrassée, il marchait toujours d'un pas également rapide, également assuré. Toutes les fois que les voyageurs fatigués détachaient leurs yeux des feuilles sèches qu'ils foulaient aux pieds, ils le voyaient en face d'eux, la tête penchée en avant, fendant l'air avec une allure si rapide, qu'elle suffisait pour agiter la légère plume d'aigle dont son front était orné.

Mais cette précipitation n'était pas sans but. Après avoir traversé un vallon qu'arrosaient les méandres d'un ruisseau bondissant, on gravit une colline dont la montée était si rude et si difficile, que les sœurs furent, dans l'obligation de mettre pied à terre. Quand elles eurent atteint le sommet, elles se trouvèrent sur un plateau, où croissaient quelques arbres clair-semés; sous l'un d'eux était étendu le Renard-Subtil, comme s'il eût voulu donner à toute la compagnie l'exemple d'un repos dont elle avait tant besoin.

CHAPITRE XI.

L'Indien avait choisi comme lieu de repos une de ces collines escarpées, de forme pyramidale, qui semblent avoir été faites à main d'homme, et qui se rencontrent si fréquemment dans les vallées d'Amérique. Celle dont il s'agit était haute et roide; sa cime était aplanie comme à l'ordinaire; sa structure rendait la défense facile et la surprise presque impossible. Comme Heyward avait cessé d'attendre un secours, dont le temps écoulé et la distance parcourue auraient diminué les chances, il fit à peine attention à ces dispositions locales, et se consacra entièrement au service de ses faibles compagnes. On laissa brouter aux palefrois les branches des arbres et des arbrisseaux épars sur le sommet de la colline; et ce qui restait des provisions fut étalé à l'ombre d'un hêtre qui étendait au-dessus d'eux son dais de rameaux et de feuillage.

Malgré la rapidité de leur course, les Indiens avaient en passant tué, à coups de flèches, un faon égaré, et avaient patiemment apporté sur leurs épaules les meilleurs morceaux de la victime. Sans avoir recours à l'art culinaire, ils s'occupèrent immédiatement de les faire disparaître. Magua fut le seul qui dédaignât cette nourriture répugnante, et qui s'assit à l'écart, absorbé par de profondes pensées.

Cette abstinence, si remarquable dans un Indien, surtout quand il possédait les moyens de satisfaire sa faim, attira enfin l'attention d'Heyward. Le jeune officier, se flattant que Magua délibérait sur les moyens de tromper la vigilance de ses associés, voulut lui suggérer des idées, et faire de nouveau luire à ses yeux l'appât des présents. Il fit donc quelques pas au hasard, se rapprocha du Renard-Subtil, et lui adressa la parole, comme s'il n'eût pas douté de la bonne intelligence qui régnait entre eux.

« Magua n'a-t-il pas assez longtemps marché du côté du soleil pour échapper aux Canadiens? Le chef du fort William-Henri n'aura-t-il pas plus de plaisir à revoir ses filles, avant qu'une autre nuit endurcisse son cœur à leur perte et restreigne sa libéralité?

— Les visages pâles aiment-ils moins leurs enfants le matin que le soir? demanda tranquillement le Huron.

— Non, sans doute; l'homme blanc peut oublier la sépulture de ses pères; il cesse quelquefois d'être fidèle à celle qu'il a promis d'aimer, mais l'affection d'un père pour son enfant est toujours vivante.

— Le cœur du chef à tête grise est donc bienveillant? lui dit si dur envers ses guerriers, lui qui a des yeux de pierre, il pense donc aux enfants que ses femmes lui ont donnés?

— Autant il est sévère pour les paresseux et les méchants, autant il est juste et humain envers ceux qui méritent qu'on le soit. J'ai connu bien des pères tendres et affectueux, mais je n'ai jamais vu d'homme plus sensible à l'égard de ses enfants. La tête grise s'est montrée à vous au milieu de ses guerriers, Magua; mais j'ai vu ses yeux noyés de larmes, quand il parlait de ces filles qui sont maintenant en votre pouvoir! »

Heyward s'arrêta, ne sachant comment se rendre compte de l'impression qu'il avait produite sur son interlocuteur. Celui-ci avait paru d'abord animé par l'espoir des récompenses, dont il mesurait l'importance au degré d'amour paternel de Munro; mais bientôt, en apprenant la douce faiblesse du vieux commandant, il laissa éclater une joie si féroce, qu'elle provenait évidemment d'une passion plus sinistre que l'avarice. Il se contint, pour dire au major, avec une froideur sépulcrale : « Allez, faites savoir à la fille aux yeux noirs que Magua l'attend pour lui parler. Le père se souviendra de ce que promettra sa fille. »

Duncan pensa que le Renard-Subtil voulait avoir de nouvelles garanties de la rançon qu'on lui faisait espérer. Il alla donc prendre Cora, l'instruisit du vœu de l'Indien, et lui donna des instructions. « Vous savez quels sont les goûts des sauvages, lui dit-il, en la conduisant vers Magua; soyez prodigue d'offres de poudre et de couvertures. Pourtant les liqueurs fortes sont encore ce qui le flatte le plus. Vous n'oublierez pas d'ajouter la promesse de quelques cadeaux de votre main, avec la grâce qui vous est si habituelle. Rappelez-vous, Cora, que de votre présence d'esprit et de votre adresse dépendent, jusqu'à un certain point, votre vie et celle d'Alice.

— Et la vôtre, Heyward.

— La mienne est de peu d'importance; elle appartient déjà à l'Angleterre, et est à la merci de tout ennemi qui aura la force de me l'arracher. Je n'ai pas de père pour me pleurer; peu d'amis déploreront une mort que l'ardent désir de me distinguer m'a fait maintes fois affronter. Mais, chut! nous approchons de l'Indien. Magua, voici la dame à laquelle vous désiriez parler.»

Le Renard-Subtil se leva lentement; et, après un instant de silence et d'immobilité, il fit signe à Heyward de s'éloigner, en disant : « Quand le Huron parle à des femmes, sa tribu se bouche les oreilles. »

Heyward ne bougea pas, et semblait peu disposé à obéir : « Vous entendez, dit Cora; la délicatesse vous impose l'obligation de vous retirer. Allez retrouver Alice, et communiquez-lui nos espérances. »

Elle attendit qu'il fût parti, et, se tournant avec dignité vers l'indigène, elle ajouta : « Que veut dire le Renard à la fille de Munro?

— Écoutez! » dit l'Indien; et, comme pour mieux fixer son attention, il lui mit la main sur le bras. La jeune fille le repoussa sans colère, mais avec fermeté, et parvint à se dégager de l'étreinte.

« Écoutez! Magua est né chef et guerrier parmi les Hurons rouges des lacs. Il a vu les soleils de vingt étés fondre les neiges de vingt hivers, avant de connaître les visages pâles; et il était heureux! Alors ses pères du Canada vinrent dans les bois, et lui apprirent à boire l'eau-de-feu, et il se conduisit mal. Les Hurons le chassèrent des tombeaux de ses pères, comme ils auraient chassé un buffle. Il descendit les bords des lacs jusqu'auprès du fort William-Henri. Là il chassait et pêchait; mais on le renvoya encore au milieu des bois. Le chef huron fut enfin admis parmi les guerriers mohawks. »

Il s'interrompit un moment, pour modérer les passions qui commencaient à bouillonner dans son cœur au souvenir de ces injures; « Était-ce la faute du Renard, reprit-il, si sa tête n'était pas de roche? Qui lui a donné l'eau-de-feu? qui l'a perverti? Les visages pâles, les gens de votre couleur.

— Je ne suis pas responsable des mauvaises pensées de ceux dont le teint ressemble au mien, répondit Cora avec calme.

— Sans doute! Des personnes telles que vous n'ont jamais ouvert leurs lèvres à la flamme liquide; le Grand-Esprit vous a donné la sagesse!

— Eh bien, donc, en quoi me regardent vos mésaventures, pour ne pas dire vos écarts?

— Écoutez, poursuivit l'Indien; quand les pères anglais et français eurent déterré la hache de guerre, le Renard frappa le poteau de guerre des Mohawks, et marcha avec eux contre sa propre nation. Les visages pâles ont entraîné les peaux rouges hors de leur territoire de chasse; et maintenant, quand ils combattent, c'est un homme blanc qui les mène. Le vieux commandant, votre père, était le capitaine de notre armée; il disait aux Mohawks : Faites ceci, faites cela; et il était obéi. Il rendit tout loi qui défendait aux Indiens d'avaler l'eau-de-feu et d'entrer dans les wigwams d'étoffe de ses guerriers. Magua ouvrit follement la bouche, et l'ardente liqueur le conduisit dans la tente de Munro. Que fit alors la tête grise? Que sa fille le dise!

— Il n'oublia pas ses défenses, et fit justice en punissant le coupable, répondit l'intrépide jeune fille.

— Justice! répéta l'Indien en lui lançant obliquement un coup d'œil farouche, qu'elle soutint sans pâlir; y a-t-il de la justice à punir, pour une faute dont on est la cause? Magua n'était pas lui-même, c'était l'eau-de-feu qui parlait et agissait pour lui; mais Munro ne le crut pas. Le chef huron fut attaché devant tous les guerriers blancs, et on le fouetta comme un chien. »

Cora garda le silence, car elle ne savait comment pallier cette imprudente sévérité de son père, de manière à être comprise par un Indien.

« Voyez! poursuivit Magua en déchirant le tissu de calicot qui couvrait imparfaitement sa poitrine bigarrée de peintures; voici des cicatrices faites par les balles et les coutelas; elles sont de celles dont un guerrier peut s'enorgueillir devant sa nation; mais la tête grise a laissé sur le dos du chef huron des marques qu'il doit cacher comme une femme!

— Je croyais, dit Cora, qu'un guerrier indien était patient, et que son esprit ressentait à peine la douleur qu'éprouvait son corps.

— Quand les Chippewas ont lié Magua à un pieu, et lui ont entaillé la main, dit le Renard en montrant ses doigts cicatrisés, le Huron leur a ri à la face, et leur a dit : Vous frappez comme des femmes! Son esprit était alors dans les nuages! Mais quand il a senti les coups de Munro, son esprit était sous les verges. L'esprit d'un Huron n'est jamais ivre; il se souvient pour toujours!

— Mais on peut l'apaiser. Si mon père a été injuste envers vous, montrez lui qu'un Indien est capable de pardonner, et ramenez lui ses filles. Vous avez entendu le major Heyward.... »

Magua, par un geste négatif, l'empêcha de répéter des offres qu'il dédaignait; et Cora comprit que l'artificieux sauvage s'était cruellement joué du major.

« Que voulez-vous donc? demanda-t-elle.

— Ce qui plaît à un Huron, le bien pour le bien, le mal pour le mal!

— Vous voulez venger une des femmes sans défense l'injure que Munro vous a infligée! Ne serait-il pas plus noble de l'aller trouver, et de lui demander satisfaction comme un guerrier?

— Les bras des visages pâles sont longs, et leurs couteaux affilés, répondit le Sauvage en ricanant. Pourquoi le Renard irait il au milieu des fusils de leurs guerriers, quand il tient l'esprit de la tête grise entre ses mains?

— Faites connaître vos intentions, dit Cora en s'efforçant de conserver un ton calme et assuré. Vous proposez-vous de nous emmener prisonnières dans les bois. Méditez-vous pour nous des supplices? N'y a-t-il aucun moyen de vous adoucir, de vous désarmer. Du moins, rendez la liberté à ma pauvre sœur, et assouvissez sur moi toute votre haine. Contentez-vous d'une seule victime, et achetez votre fortune en sauvant Alice. La perte de ses deux filles conduiraient le vieillard au tombeau, où il serait à l'abri de la vengeance du Renard.

— Écoutez! La femme aux yeux bleus peut retourner au lac Horican, et dire au vieux chef ce qui s'est fait, si la femme aux yeux noirs veut jurer par le Grand-Esprit de ses pères de consentir à mes vœux.

— Quels sont-ils? demanda Cora, qui, par son noble et pudique maintien, conservait encore un secret ascendant sur le féroce indigène.

— Quand Magua a quitté sa tribu, on a donné sa femme à un autre chef. Aujourd'hui, il s'est réconcilié avec les Hurons, et va retourner près des tombeaux de ses pères, sur les bords du grand lac. Que la fille du chef anglais le suive, et vive dans son wigwam à jamais. »

Toute révoltante que fût pour Cora une proposition de ce genre, elle eut assez de force d'âme pour se contenir et répondre : « Et quel plaisir trouverait Magua à partager sa hutte avec une femme qu'il n'aimerait pas, avec une femme qui lui est étrangère par le pays et par la couleur? Il ferait mieux d'accepter l'or de Munro, et d'acheter par ses présents le cœur d'une jeune Indienne. »

Le Huron, au lieu de répondre, fixa sur Cora des regards dont l'impudique ardeur lui fit baisser les yeux. Elle s'attendait à quelque proposition plus insultante encore que la première, lorsque Magua reprit avec une expression de perversité profonde :

« A l'heure où les coups sillonnaient le dos du Huron, il avait déjà sa vengeance prête. Il savait où trouver une femme à qui rendre ses douleurs. La fille de Munro bêchera son champ, ira chercher son eau, fera cuire son gibier; le corps de la tête grise reposera au milieu des canons, mais son cœur sera sous le couteau du Renard Subtil!

— Misérable! tu mérites bien ton nom de traître, s'écria Cora avec indignation. Un démon seul a pu méditer une telle vengeance! Mais tu n'as pas le pouvoir de l'accomplir! Tu verras que c'est vraiment l'esprit de Munro dont je suis animée, et qui défie ta méchanceté! »

L'Indien répondit à cette audacieuse bravade par un affreux sourire, et il fit signe à Cora de se retirer, avec un geste qui semblait indiquer que c'était leur dernier entretien. Cora se repentit de sa précipitation; mais elle ne put revenir sur ses paroles, car Magua la quitta immédiatement pour s'approcher de ses compagnons. Heyward courut au-devant de la jeune fille, et lui demanda le résultat d'une conférence qu'il avait suivie de loin avec tant d'intérêt. Pour ne pas augmenter les alarmes d'Alice, elle évita de répondre directement; mais on lisait sur ses traits qu'elle avait complètement échoué. Accablée de questions par sa sœur, elle l'étreignit ardemment contre son sein; et désignant le groupe des sauvages avec une agitation qu'elle ne put maîtriser : « Regardez, s'écria-t-elle; lisez notre sort sur leurs visages!... »

La voix étouffée de Cora, ses gestes énergiques en disaient plus que ses paroles, et les yeux de ses compagnons se tournèrent avec empressement vers le point indiqué. Étendus à terre, où ils digéraient brutalement leur grossière nourriture, les sauvages s'étaient levés respectueusement quand Magua avait commencé à leur parler avec la dignité d'un chef indien. Comme le Huron employait sa langue maternelle, les prisonniers ne pouvaient deviner le fond de sa harangue qu'à la nature de ces gestes significatifs dont un Indien ne manque jamais d'étayer son éloquence.

D'abord, le langage et la pantomime du Renard-Subtil parurent calmes et réfléchis. Dès qu'il eut réussi à captiver suffisamment l'attention de ses camarades, il leur parla de la terre de leurs pères, et de leur tribu lointaine; ce fut au moins ce qu'Heyward conjectura en le voyant indiquer à plusieurs reprises la direction des grands lacs. Les auditeurs témoignèrent leur vive approbation par leur monosyllabe ordinaire : « Hugh! » et se firent les uns les autres des signes de tête qui étaient autant d'éloges muets de l'orateur. Celui-ci avait trop d'habileté pour ne pas profiter de ses avantages. Il peignit les fatigues de la route qu'ils avaient faite pour s'éloigner de leurs terrains de chasse et de leurs heureux villages, et venir combattre les ennemis de leurs pères canadiens. Il énuméra les guerriers de la troupe, leurs qualités respectives, les services qu'ils avaient rendus à la nation, leurs blessures et les chevelures qu'ils avaient scalpées. Il n'oublia pas ceux auxquels il s'adressait, et, toutes les fois qu'il en nommait un, l'individu désigné, tout radieux de cet honneur, n'hésitait pas à confirmer par un geste d'adhésion le témoignage rendu en sa faveur.

Soudain, la voix du Renard-Subtil perdit de son éclat; c'est qu'il passait du récit des victoires à celui des désastres. Il décrivit la cataracte du Glenn, ses gouffres et ses tourbillons, l'imprenable position de son île de rochers. Il fit mention de la Longue-Carabine, et, à ce nom détesté, un long hurlement se prolongea du haut de la colline jusqu'aux plus lointains échos des bois. Il montra du doigt le jeune officier captif qui avait précipité dans l'abîme un des plus braves guerriers de la tribu. La mort du Huron suspendue entre le ciel et la terre, fut l'objet d'une peinture animée; ses terreurs, sa résolution, ses soubresauts convulsifs, furent rendus par l'habile Magua avec une vérité saisissante. Enfin, il raconta la manière dont chacun de leurs amis était tombé sans manquer d'exalter leur courage et leur mérite reconnu. Le son de sa voix changea pour la seconde fois; il devint plaintif et même harmonieux dans ses intonations gutturales. Il rappelait les femmes et les enfants des morts, leur abandon, leur misère physique et morale, leur éloignement, leur malheur laissé sans vengeance. Alors, éclatant tout à coup avec une terrible énergie, il termina en s'écriant :

« Les Hurons sont-ils des chiens pour supporter cela? Qui ira dire à la femme de Ménowqua qu'il a été la proie des poissons et que sa tribu ne l'a pas vengé? Qui osera aborder la mère de Wassawatlimie, cette femme dédaigneuse, avec des mains pures de sang? Que dirons-nous aux vieillards qu'ils nous demanderont des chevelures et que nous n'aurons pas un cheveu d'homme blanc à leur donner? Les femmes nous montreront au doigt! Il y a une tache sur le nom des Hurons, et il faut du sang pour l'effacer!... »

Sa voix fut aussitôt couverte par une telle explosion de rage, qu'on eût dit, qu'au lieu d'une petite troupe, les bois contenaient la nation tout entière. Tous les Hurons, en poussant des cris frénétiques, se précipitèrent sur les prisonniers, le couteau levé, le tomahawk à la main. Heyward se jeta entre les deux sœurs, et le premier sauvage qu'il repoussa avec la force du désespoir. Cette résistance inattendue donna à Magua le temps d'intervenir; il rappela de nouveau ses gens autour de lui, les détourna de leur projet d'exécution immédiate et les invita à prolonger les tourments de leurs victimes : proposition qui fut accueillie avec acclamation, accomplie avec la rapidité de la pensée.

Deux guerriers robustes se jetèrent sur Heyward pendant qu'un autre s'assurait du maître de chant. Les captifs ne se rendirent qu'après une lutte acharnée; David lui-même renversa son agresseur, et il fallut, pour dompter le major, que la défaite du pauvre musicien eût permis aux Indiens de concentrer leurs forces contre un plus redoutable adversaire. On les lia tous deux à de jeunes arbres. David, étonné de s'être défendu, demeura silencieux, pensif, comme s'il eût discuté avec lui-même l'opportunité de sa résistance. Heyward, revenu à lui, ne songea qu'à ses compagnes, et, en les regardant, il acquit la douloureuse certitude qu'un sort pareil au sien leur était réservé. A sa droite Cora était liée comme lui, pâle et agitée, mais suivant encore d'un œil ferme les mouvements de leurs ennemis. Alice, placée à sa gauche, tremblante et affaissée, n'était soutenue que par les brins d'osier qui l'attachaient à un pin; elle avait joint les mains pour prier, mais au lieu de tourner ses regards vers le ciel, pour implorer la seule puissance capable de la délivrer, elle les laissait errer involontairement sur Duncan.

La vengeance des Hurons avait pris une direction nouvelle, et ils se préparaient à mettre en œuvre les raffinements de barbarie avec lesquels ils étaient familiarisés par une pratique traditionnelle : les uns cherchaient de vieilles souches pour élever un bûcher, les autres arrachaient des éclats de sapin pour en percer la chair des captifs; d'autres courbaient vers la terre les cimes de deux arbrisseaux, afin d'y suspendre Heyward par les bras. Mais Magua cherchait un supplice plus cruel encore : il s'approcha de Cora et lui montra les préparatifs des tourments qu'elle allait subir.

« Eh bien! ajouta-t-il, que dit la fille de Munro? Sa belle tête dédaigne d'avoir un oreiller dans le wigwam du Renard-Subtil; elle aime mieux que cette tête roule au bas de la colline, pour servir de jouet aux loups. Son sein refuse de nourrir l'enfant d'un Huron, il sera foulé aux pieds par les Indiens!

— Que veut dire ce scélérat? demanda Heyward.

— Rien, répliqua Cora d'un ton ferme : c'est un sauvage, un sauvage barbare et ignorant, et il ne sait ce qu'il fait. Tâchons, avant notre dernier soupir, d'obtenir pour lui pénitence et pardon.

— Pardon! répéta le Huron se méprenant dans sa colère sur l'intention de Cora : l'Indien ne pardonne pas; sa mémoire est plus longue que les bras des visages pâles, sa miséricorde est plus courte que leur justice! Voyons! faut-il que je renvoie la fille blonde à son père, et voulez-vous suivre Magua aux grands lacs, pour porter son eau et lui préparer son pain? » Cora lui fit signe de se retirer.

« Laissez-moi! dit-elle avec une sévérité qui maîtrisa un instant la barbarie du Renard-Subtil; laissez-moi! vous mêlez de l'amertume à mes prières, vous vous placez entre moi et mon Dieu! »

La légère impression qu'elle avait produite ne tarda pas à se dissiper, et le sauvage poursuivit avec une insultante ironie :

« Regardez votre sœur! l'enfant pleure! elle est trop jeune pour mourir! Renvoyez-la à Munro pour peigner ses cheveux gris, et conserver la vie dans le cœur du vieillard. »

Cora ne put résister au désir de regarder sa jeune sœur, dont les yeux suppliants imploraient du secours contre l'horrible destinée qui l'attendait.

« Que dit-il, ma chère Cora, demanda la tremblante Alice, a-t-il parlé de me renvoyer à notre père! »

Bouleversée par des impressions pressantes et diverses, sa sœur aînée garda d'abord le silence; puis sa voix pleine et sonore dit avec l'accent d'une tendresse presque maternelle :

« Alice, le Huron nous offre la vie, il fait plus, il propose de rendre Duncan à nos amis, à notre père, si je veux courber mon orgueil rebelle et consentir... »

Elle ne put achever, et, joignant les mains, elle leva les yeux comme pour demander conseil à la sagesse infinie.

« Consentir à quoi? s'écria Alice. Oh! si la proposition m'était faite pour vous sauver, pour consoler notre vieux père, avec quelle joie je serais prête à mourir!

— Mourir, reprit Cora d'une voix plus calme et plus assurée, ce serait facile, mais l'alternative ne l'est pas autant. Il veut, continua-t-elle en baissant la voix par un profond sentiment d'humiliation, il veut que je le suive au désert, que j'aille habiter chez les Hurons; enfin, que je devienne sa femme! Parlez donc, Alice, enfant de mes affections, sœur de mon amour! et vous aussi, major Heyward, aidez ma faible raison de vos conseils. Faut-il acheter la vie par un tel sacrifice? Voulez-vous, Alice, la recevoir de mes mains à ce prix? et vous, Duncan, dirigez-moi; décidez tous deux de mon sort, car je suis toute à vous!

— Jamais! s'écria le jeune homme indigné. Cora, Cora, ne me parlez pas de cette infamie, vaut mieux mille fois la mort! »

Les joues de Cora se colorèrent et ses yeux noirs étincelèrent.

« Je savais bien quelle serait votre réponse, s'écria-t-elle. Que dit mon Alice? Pour elle, je me soumettrai sans murmure. » Quoique Heyward et Cora écoutassent avec une pénible attente, ils n'entendirent aucune réponse; l'horreur qu'Alice avait ressentie l'avait privée de ses sens; son esprit s'était pour ainsi dire retiré en lui-même; ses doigts étaient agités par de légères convulsions. Son front s'était penché, et

toute sa personne suspendue à l'arbre semblait un symbole de la pudeur offensée, vif et énergique, mais sans animation extérieure. Cependant elle remua lentement la tête, fit un geste négatif, et s'écria :

« Non, non! plutôt mourir ensemble comme nous avons vécu!

— Meurs donc, » cria Magua en grinçant des dents, furieux de voir celle qu'il croyait la plus faible donner cette preuve soudaine de fermeté; et son tomahawk, lancé avec violence, vint s'enfoncer, en frémissant, dans l'arbre au-dessus de la tête d'Alice. Exaspéré à cette vue, le major fit un effort prodigieux, brisa ses liens et se rua sur un autre sauvage qui se préparait à porter un coup plus sûr; ils se rencontrèrent, se saisirent et roulèrent ensemble à terre. Mais l'Indien, dont le corps ne n'offrait aucune prise à son antagoniste, se dégagea et appuya lourdement le genou sur la poitrine du major. Déjà celui-ci voyait étinceler le fatal coutelas, lorsqu'un sifflement fut suivi ou plutôt accompagné du son aigu d'une carabine. Il sentit sa poitrine soulagée de son fardeau, il vit l'expression de fureur de son adversaire faire place à un vague égarement, et l'Indien tomba roide mort à ses côtés.

CHAPITRE XII.

Les Hurons restèrent éperdus à cette soudaine apparition de la mort au milieu d'eux. La sûreté de la main qui avait osé immoler un ennemi au risque de frapper un ami, leur fit reconnaître la Longue-Carabine. Son nom partit simultanément de toutes les bouches, et ce premier cri fut suivi d'une espèce de gémissement plaintif. Pour y répondre, un cri bruyant s'éleva d'un buisson où la bande imprévoyante avait caché ses armes; et presque aussitôt, Œil-de-Faucon, trop impatient pour recharger la carabine qu'il avait reconnue, s'avança en brandissant sa crosse en guise de massue. Malgré la vitesse de sa course, il fut devancé par un homme actif et vigoureux, qui, avec autant de promptitude que d'audace, bondit au milieu des Hurons, et se plaça en face de Cora, en brandissant son couteau et son tomahawk. Plus prompt que les pensées qui suivaient ces mouvements hardis et rapides, un Indien, diapré de sa peinture de guerre, glissa devant les compagnons de Magua, et se mit auprès d'Alice dans une attitude menaçante. Les bourreaux reculèrent, poussèrent leur exclamation habituelle : « Hugh! » et prononcèrent ces deux noms redoutés : « le Cerf-Agile! le Gros-Serpent! »

Le Renard-Subtil ne se laissa pas déconcerter. Il comprit de suite comment les assaillants avaient pu gravir la pente escarpée sans être aperçus, et se mit en devoir de les repousser. Encourageant les siens par ses paroles et par son exemple, il tira de la gaîne son long couteau, et attaqua Chingachgook. Ce fut le signal de la mêlée. Aucun des partis n'avait d'armes à feu, et la victoire ne pouvait être décidée que par le plus meurtrier des combats.

Heyward arracha de l'arbre le tomahawk de Magua, le lança sur un Huron, qu'il atteignit au front. Encouragé par ce premier succès, l'impétueux jeune homme sauta sans armes sur son ennemi. Il eut lieu de se repentir de sa témérité; car il lui fallut toute son adresse et toute son activité pour parer les coups de couteau que lui portait le blessé. Le major parvint toutefois à s'emparer des bras de ce redoutable ennemi, et à les lui tenir serrés contre le corps; mais cette étreinte fatigante aurait promptement épuisé ses forces, et il aurait infailliblement succombé sans le secours d'Œil-de-Faucon. Celui-ci, après avoir assommé un sauvage, que ses faibles moyens de défense n'avaient pu garantir de la formidable crosse, la leva sur la tête nue de l'adversaire d'Heyward en criant : « Exterminez les coquins! point de quartier aux maudits Iroquois! »

L'arme s'abattit, et le major sentit le corps qu'il serrait avec vigueur lui glisser entre les bras, et tomber comme une masse inerte et flexible.

Uncas, d'un seul coup de tomahawk adroitement dirigé, avait fendu la tête à un troisième Huron. Il y en avait un autre, qui, au lieu de prendre part au combat, n'avait songé qu'à terminer l'œuvre de vengeance commencée. Son tomahawk, lancé de loin sur Cora, effleura l'épaule de la jeune fille, et entama les liens qui la retenaient. Elle réussit à s'en débarrasser, évita le sauvage, et, sans penser à son propre salut, se jeta sur le sein d'Alice, dont ses doigts tremblants et mal assurés essayaient de rompre les chaînes. Ce généreux dévouement, cette tendresse noble et pure auraient attendri tout autre qu'un Huron; mais l'impitoyable agresseur, saisissant Cora par les tresses ondoyantes qui tombaient en désordre sur son visage, l'attira en arrière, la renversa brutalement sur ses genoux, puis, levant à bras tendu la longue chevelure de la victime, il décrivit avec son couteau un cercle figuratif autour de cette tête charmante. Il fit éclater en même temps un rire d'insulte et de triomphe; mais, en se livrant à ces transports, il perdit l'occasion d'assouvir sa vengeance. Uncas vainqueur le rejoignit, tomba sur lui d'un bond terrible en pleine poitrine, et l'envoya mesurer la terre à quelques pas de lui. La violence du choc renversa également le jeune Mohican. Ils se relevèrent ensemble, combattirent, se blessèrent; mais la lutte cessa bientôt. Le tomahawk d'Heyward et la carabine d'Œil-de-Faucon frappèrent le crâne du Huron au moment même où le couteau du Cerf-Agile lui traversait le cœur.

Le Gros-Serpent et le Renard-Subtil étaient encore aux prises; et ces barbares guerriers prouvaient bien qu'ils méritaient les sobriquets significatifs que leur avaient valu leurs hauts faits. Ils s'observèrent d'abord pour éviter les coups rapides dont ils se menaçaient ; puis, s'élançant brusquement l'un contre l'autre, ils se prirent corps à corps, et roulèrent à terre, entrelacés comme des serpents. Au moment où les vainqueurs furent libres d'intervenir, les deux guerriers avaient presque disparu au milieu d'un nuage de poussière et de feuilles sèches, qui tourbillonnait sur la plate-forme, comme si elle eût été balayée par un ouragan. Cédant à des motifs d'amour filial, d'amitié ou de reconnaissance, Heyward et ses compagnons entourèrent les combattants. En vain Uncas tira son couteau pour délivrer son père ; en vain OEil-de-Faucon brandit sa carabine menaçante ; en vain le major s'efforça de saisir les bras du Huron ; couverts de poussière et de sang, les deux corps, dans leurs évolutions rapides, semblaient n'en former qu'un seul. La figure cadavéreuse de Chingachgook et le visage sombre du Renard-Subtil se confondaient si étroitement, qu'on ne savait où frapper. Par intervalles, on distinguait, à travers la nuée pulvérulente, les yeux de Magua, étincelants comme ceux du fabuleux basilic. La présence de ses mortels ennemis, leurs regards de fureur lui présageaient l'inévitable issue du combat ; mais, avant qu'une main hostile eût pu consommer le sacrifice, le vieux Mohican avait pris la place de Magua.

Le combat, commencé au centre du plateau, se termina à son extrême limite. Chingachgook saisit l'occasion de porter un coup de couteau à son adversaire, qui lâcha prise, tomba à la renverse, et demeura sans mouvement et en apparence sans vie.

« Hourrah pour les Delawares ! victoire au Mohican ! s'écria OEil-de-Faucon en levant la crosse de sa carabine. Un coup de grâce, porté par un blanc de race pure, n'aura rien de déshonorant pour lui, et ne le privera pas de son droit de scalper. »

Au même instant on vit le rusé Huron se dérober au coup fatal en roulant jusqu'au bord du précipice, s'arrêter à mi-côte, se redresser, et s'enfoncer d'un seul bond dans un épais taillis. Les Delawares, qui l'avaient cru mort, poussèrent leur exclamation de surprise, et se mettaient avec ardeur à sa poursuite, quand un sifflement du chasseur les rappela au sommet de la colline.

« Je le reconnais bien là, s'écria OEil-de-Faucon. Un honnête Delaware, vaincu dans les règles, serait resté tranquille, et aurait reçu gentiment son coup de crosse ; mais ces gredins d'Iroquois tiennent à la vie comme des chats de montagne. Laissez-le aller, laissez-le aller ! il est seul, sans arc ni fusil ; c'est comme un serpent qui a perdu ses crochets. Il a du chemin à faire pour rejoindre l'armée de Montcalm, et il ne peut nous nuire avant d'avoir laissé sur une longue plaine sablonneuse l'empreinte de ses mocassins. Voyez, Uncas, ajouta-t-il en delaware, votre père est déjà en train de scalper. Il est bon de faire la ronde, et d'examiner les coquins qui sont à bas ; car nous en verrions peut-être quelque autre dégringoler dans les bois en criant comme un geai auquel on donne la volée. »

A ces mots, l'honnête et implacable chasseur visita les morts, et leur plongea son long couteau dans la poitrine avec autant de sang-froid que s'il eussent été des carcasses de bêtes fauves. Il avait toutefois été prévenu par le vieux Mohican, qui avait dépouillé tous les crânes des ennemis ; mais Uncas, infidèle à ses habitudes, au lieu de recueillir les trophées de la victoire courut vers Heyward au secours des deux sœurs. Nous n'essaierons pas de peindre les sentiments qu'elles éprouvèrent en se voyant délivrées d'un danger si imminent. Les actions de grâce qu'elles adressèrent au tout-puissant arbitre des événements furent ferventes et silencieuses. Elles n'élevèrent pas la voix ; mais leur pieux encens brûla, plus brillant et plus pur, au fond de leur cœur, comme dans un secret tabernacle. Alice, détachée par les soins d'Uncas, se jeta aussitôt à genoux, puis elle tomba dans les bras de sa sœur, en répétant au milieu des sanglots le nom de leur vieux père.

« Nous sommes sauvées, nous sommes sauvées ! murmura-t-elle : nous le reverrons, et son cœur ne sera plus brisé de douleur ! Cora, ma sœur, vous vous êtes plus qu'une mère pour moi, vous n'aurez plus rien à craindre ; et Duncan lui-même, notre brave et noble Duncan, est sorti sain et sauf de ce danger terrible ! »

Cora ne répondit que par d'affectueuses caresses. Au spectacle touchant des deux sœurs en extase, Heyward ne chercha pas à retenir ses larmes ; et Uncas, témoin plus calme, malgré l'animation et les blessures d'un récent combat, montra une sympathie qui l'honorait, et le plaçait probablement de plusieurs siècles en avant de ses barbares compatriotes.

Cependant OEil-de-Faucon, après s'être convaincu que les Hurons étaient hors d'état de troubler l'harmonie de cette scène, s'approcha de David et l'affranchit des liens qu'il avait jusqu'alors endurés avec la patience la plus exemplaire.

« C'est fini ! s'écria le chasseur ; vous avez recouvré la liberté de vos membres, quoique vous vous en serviez avec aussi peu de jugement que la nature en a mis à les bâtir. Si vous voulez suivre le conseil d'un homme qui n'est pas plus âgé que vous, mais qui vous surpasse en expérience, vous donnerez votre petite flûte au premier fou que vous rencontrerez, et vous achèterez avec l'argent, quelque arme utile, ne fût-ce que le canon d'un pistolet d'arçon. Avec de l'industrie et de la persévérance, vous arriverez ainsi à une position. Vous reconnaîtrez sans doute qu'un corbeau vaut mieux qu'un perroquet. L'un, du moins, débarrasse la terre de vieilles carcasses répugnantes, l'autre n'est bon qu'à mettre le désordre dans les bois en trompant les oreilles de ceux qui l'écoutent.

— Des armes et des clairons pour la bataille, mais un chant d'action de grâces pour la victoire ! s'écria David la Gamme ; et les yeux humides, il ajouta en tendant affectueusement au chasseur sa main maigre et délicate : « Ami, c'est grâce à toi que mes cheveux existent encore où la Providence les a plantés. Ceux des autres hommes peuvent être plus fins et mieux frisés ; mais j'ai toujours trouvé les miens parfaitement adaptés à la tête qu'ils abritent, et je te sais gré de me les avoir conservés. Si je n'ai pas pris part à la lutte, c'est moins faute d'envie qu'à cause des entraves qu'y avaient mises les païens. Tu t'es montré vaillant et adroit dans la bataille, et c'est pourquoi je te remercie avant d'accomplir d'autres devoirs plus importants encore : car tu t'es montré bien digne des éloges d'un chrétien. »

Ce franc témoignage de gratitude fit revenir OEil-de-Faucon sur le compte du psalmodiste, et il lui répondit : « C'est une bagatelle, et vous en verrez bien d'autres, si nous restons longtemps ensemble. J'ai reconquis mon vieux compagnon, le tueur de daims, et cela seul est une victoire. Ces Iroquois sont rusés, mais ils ont commis une bévue en plaçant leurs armes à feu hors de leur portée. Si Uncas et son père n'avaient pas eu tant d'impatience, nous aurions envoyé à ces gredins trois balles, au lieu d'une, et tous y auraient passé y compris votre guide infidèle. Mais c'était écrit là-haut, et tout est pour le mieux.

— Bon ! répondit David ; tu as saisi le véritable esprit du christianisme. Celui qui doit être sauvé sera sauvé, et celui qui doit être prédestiné à la damnation sera damné. C'est la doctrine de vérité, doctrine rassurante et consolante pour les fidèles.

A ces mots, le chasseur, qui examinait l'état de sa carabine avec un soin paternel, leva la tête, regarda son interlocuteur, avec un mécontentement qu'il n'essaya pas de cacher, et dit d'un ton bourru : — Doctrine vous ne l'est, c'est la croyance des coquins et elle est maudite par les honnêtes gens. Je puis croire que le Huron devait périr de mes mains, puisque je l'ai tué ; mais rien ne persuadera qu'il a pu être prédestiné à être sauvé, et que Chingachgook que voici peut être condamné au dernier jour.

— Vos arguments sont bâtis sur le sable ! » s'écria David, qui, comme beaucoup de gens de son époque et de son pays, était entiché d'arguties théologiques. « Quelles sont vos autorités ? sur quels passages de l'Ecriture appuyez-vous vos opinions ? Ouvrez les livres saints ; citez le chapitre et le verset qui vous autorisent à penser ainsi.

— Est-ce que j'étudie ! lui dit OEil-de-Faucon avec un profond dédain. Croyez-vous que je sois un bambin ? Prenez-vous ma bonne carabine pour une plume d'oie, ma poudrière de corne pour une bouteille d'encre, et ma carnassière de cuir pour un panier d'écolier ? Il s'agit bien de livres ! qu'ai-je à démêler avec eux, moi qui suis un guerrier du désert, quoique de race sans mélange ? Je n'en lis jamais qu'un, et les mots qui y sont écrits sont trop simples et trop clairs pour nécessiter beaucoup d'étude, quoique la mienne date de quarante longues années.

— Quel est le livre dont vous voulez parler ?

— Il est ouvert devant vos yeux, et celui qui le possède n'en restreint pas l'usage. J'ai entendu dire qu'il y a des hommes qui lisent des livres pour se convaincre qu'il y a un Dieu. Ses œuvres sont peut-être assez défigurées dans les villes pour que ce qui est si évident en est devient, soit un objet de doute au milieu des marchands et des prêtres. J'admets donc les gens sceptiques, mais qu'ils me suivent, du soleil en soleil, à travers les débris de la forêt ; et ils en verront assez pour apprendre qu'ils sont fous, et que leur plus plus grande folie consiste à vouloir s'élever au niveau de celui qui n'aura jamais d'égal ni en bonté ni en pouvoir. »

Dès que David s'aperçut que son adversaire, étranger aux subtilités de la controverse, éclairait sa foi des lumières naturelles, il renonça dédaigneusement à une inutile discussion. Pendant le discours du chasseur, il s'assit paisiblement, prit son petit volume et ses lunettes, à monture de fer, et s'apprêta à s'acquitter d'un devoir trop longtemps différé. Il était du ménestrel du continent américain, moins habile sans doute que ces bardes profanes qui chantaient la gloire des barons et des princes, mais conforme à l'esprit de son siècle et de son pays. Il attendit patiemment qu'OEil-de-Faucon eût achevé, et élevant les yeux en même temps que la voix : « Amis, dit-il, je vous invite à vous joindre à moi pour célébrer celui qui nous a délivrés des mains des barbares et des infidèles ! »

Il indiqua la page où se trouvaient les vers qu'il avait choisis, et appliqua sa petite flûte à ses lèvres, avec la gravité dont il avait pris l'habitude à l'église. Les deux sœurs dans leur effusion de tendresse, étaient trop occupées l'une de l'autre pour songer à l'accompagner ; mais sans être déconcerté par l'insuffisance de son auditoire, qui se réduisait en réalité au seul OEil-de-Faucon, il entonna solennellement le psaume sacré. Le chasseur écouta tout en rechargeant sa carabine ; mais ce chant, dont l'effet n'était point mis en relief par des circonstances extérieures, ne réveilla point ses émotions endormies. Jamais ménestrel (si l'on peut donner ce titre à David, n'exerça ses talents devant des auditeurs plus insensibles ; et pourtant, eu égard au sentiment vrai et sincère qui l'inspirait, jamais peut-être les sentiments d'un barde ne montèrent plus près du trône auquel sont dus tout hommage et toute louange. OEil-de-Faucon secoua la tête, murmura des mots inintelligibles, dont on ne distingua que — Gosier d'Iroquois! et s'éloigna pour visiter l'arsenal des Hurons. Chingachgook, qui le suivait, retrouva parmi leurs armes sa carabine et celle de son fils. Heyward et David même se pourvurent de fusils et de munitions suffisantes. Quand les vainqueurs se furent partagé le butin, le chasseur donna le signal du départ. Aidées du major et d'Uncas, les deux sœurs descendirent les flancs escarpés de la colline, qu'ils avaient si récemment gravis sous de bien différents auspices. Elles trouvèrent au bas du coteau leurs coursiers, qui broutaient l'herbe des buissons; et après s'être mises en selle, elles se confièrent à un guide aussi dévoué que le premier avait été perfide. Leur étape ne fut pas longue. OEil-de-Faucon, quittant le sentier couvert qu'avaient suivi les Hurons, tourna à droite, entra dans le taillis, traversa un ruisseau, et fit halte dans un étroit ravin, à l'ombre de quelques vieux charmes. Les voyageurs étaient à peu de distance de la fatale colline, et les chevaux n'avaient servi qu'à passer à gué le cours d'eau.

Le chasseur et les Indiens paraissaient connaître parfaitement l'endroit, car appuyant leurs carabines contre les arbres, ils se mirent à écarter les feuilles sèches, et à creuser la terre argileuse, d'où jaillit en bouillonnant une source d'eau limpide et pétillante. Ils étaient sur l'emplacement même de ces célèbres sources minérales, auprès desquelles s'est élevée la ville de Balliston. OEil-de-Faucon chercha des yeux un objet qu'il ne trouva pas de prime abord, et s'écria avec emportement:

« Au diable les Mohawks, avec leurs frères les Tuscaroras et les Onondagas! ils sont venus ici étancher leur soif et, les misérables, ont jeté la gourde! Obligez donc des ingrats! Le Seigneur a posé sa main au milieu du désert, et, pour leur avantage, il a tiré des entrailles de la terre une source qui vaut toutes les pharmacies des colonies: eh bien! ces démons incarnés, qui se rapprochent plus de la brute que de l'homme, ont foulé aux pieds l'argile et dévasté la fontaine! »

La mauvaise humeur du chasseur l'avait empêché d'apercevoir la gourde désirée, suspendue aux branches d'un ormeau. Uncas la lui présenta silencieusement.

« Merci, mon garçon! » reprit OEil-de-Faucon après l'avoir remplie et avoir bu une longue gorgée de l'eau minérale, qu'il parut trouver exquise. Il ouvrit ensuite un bissac où il avait serré les provisions abandonnées par les Hurons, et en fit l'objet d'un examen attentif.

« Voyons, dit-il, comment vivent ces gueux d'Iroquois, quand ils s'embusquent dans les bois. Regardez! les drôles connaissent les meilleurs morceaux du daim, et l'on serait d'abord tenté de penser qu'ils s'entendent en cuisine. Mais tout est cru, car les Iroquois sont de vrais sauvages. Uncas, prenez ma pierre, et allumez du feu, une bouchée d'une grillade de viande tendre et succulente reposera nos forces après une aussi longue course. »

Heyward, s'apercevant que leurs guides étaient sur le point de prendre leur repas, aida les jeunes filles à descendre de cheval, et se mit à leurs côtés. Il n'était pas fâché de jouir de quelques instants de repos, après la scène sanglante à laquelle il venait d'assister. Pendant qu'on s'occupait de la cuisine, la curiosité le porta à s'informer des circonstances qui leur avaient amené un secours si opportun et si peu attendu.

« Comment se fait-il, mon généreux ami, que vous nous ayez rejoints si vite, et sans avoir un renfort de la garnison de Webb?

— Si nous avions descendu la rivière, répondit froidement OEil-de-Faucon, nous serions arrivés à temps pour couvrir vos corps de feuilles, mais trop tard pour sauver vos chevelures. Au lieu de perdre nos forces et l'occasion, en nous rendant au fort, nous sommes restés en embuscade en deçà des bords de l'Hudson pour épier les mouvements des Hurons.

— Vous avez donc été témoins de tout ce qui s'est passé?

— Pas du tout, car la vue d'un Indien est trop perçante pour qu'on s'y dérobe aisément, et nous sommes restés cachés. Le difficile était de contenir l'impatience du jeune Mohican. Oh! Uncas, Uncas, vous vous êtes conduit moins en guerrier qu'en femme curieuse. »

Uncas laissa un moment ses yeux sur le visage refrogné de l'orateur; mais il ne s'excusa point, et ne donna aucun signe de repentir. Heyward crut remarquer au contraire que le jeune Mohican affectait du dédain et même de la fierté, et qu'il étouffait ses passions prêtes à éclater, autant par égard pour ses auditeurs, qu'à cause de sa déférence habituelle pour son compagnon de race blanche.

« Vous avez vu notre défaite, demanda ensuite Heyward.

— Nous l'avons entendue, car un cri indien est un langage très-compréhensible pour des hommes qui ont passé leur vie dans les bois. Après votre débarquement nous avons été forcés de ramper comme des serpents sous les feuilles, puis nous vous avons perdus de vue jusqu'au moment où nous vous avons trouvés attachés à des arbres et prêts à être sacrifiés.

— Notre salut est un acte de la Providence, c'est presque un miracle que vous ne vous soyez pas égarés; car les Hurons s'étaient divisés, et chaque bande avait des chevaux.

— Oui, c'est ce qui nous faisait perdre vos traces; et sans Uncas, nous ne les aurions peut-être jamais retrouvées. Nous avions bien pris la route du désert, car nous pensions avec raison que les sauvages y emmèneraient leurs prisonniers; mais après avoir fait plusieurs milles sans trouver que une seule branche cassée, d'après mes conseils, le découragement nous prit d'autant plus, que toutes les empreintes indiquaient des mocassins.

— Nos ravisseurs avaient eu la précaution de nous chausser comme eux, dit Heyward en montrant les brodequins qu'il portait.

— Ah! je les reconnais bien là; mais nous étions trop experts pour nous laisser dérouter par une invention aussi vulgaire.

— A quoi donc faut-il attribuer notre salut?

— A quoi! au jugement du jeune Mohican; à une particularité que j'aurais dû connaître mieux que lui, moi qui n'ai pas une goutte de sang indien dans les veines, et que pourtant j'ai encore peine à croire, quoique je la voie de mes propres yeux.

— Elle est donc bien extraordinaire?

— Uncas eut l'aplomb de dire, ajouta OEil-de-Faucon en examinant avec curiosité les palefrois des deux sœurs, que les chevaux de ces dames posaient en même temps sur le sol les jambes du même côté : ce qui est contraire à l'allure de toutes les bêtes à quatre pieds de ma connaissance, excepté de l'ours; et cependant voici des chevaux qui marchent toujours de la sorte, comme le constate le témoignage de mes yeux.

— C'est à leur mérite. Ils viennent des rives de la baie de Naraganset, dans la petite province des Plantations de la Providence, et sont célèbres par leur solidité et la douceur de leur amble; mais il n'est pas rare que d'autres chevaux aient la même allure.

— C'est possible! c'est possible! dit OEil-de-Faucon, qui avait écouté cette explication avec une attention singulière. Quoique je sois un homme du pur sang des blancs, je me connais mieux en daims et en castors qu'en bêtes de somme. Le major Effingham a de magnifiques chevaux, mais je n'en ai jamais vu un seul marcher ainsi de travers.

— C'est vrai; car il cherche d'autres qualités dans ceux qu'il monte. Cela n'empêche pas la race de Naraganset d'être très-estimée, et d'être souvent destinée à des fardeaux comme celui que ces deux chevaux ont aujourd'hui l'honneur de porter. »

Les Mohicans avaient suspendu leurs opérations culinaires pour écouter. Et lorsque Duncan eut achevé, ils se regardèrent l'un l'autre avec surprise, et le Gros-Serpent murmura son exclamation habituelle : « Hugh! » Le chasseur rumina, comme pour digérer l'instruction qu'il venait d'acquérir, et jeta de nouveau un coup d'œil furtif sur les chevaux.

« Ma foi! dit-il enfin, on voit d'étranges choses dans les colonies; et l'homme abuse singulièrement de la nature, quand il est parvenu à s'en rendre maître. Quoi qu'il en soit, Uncas avait remarqué cette allure, et les traces de pas nous conduisirent près d'un buisson tout dévasté. Au-dessus des empreintes de l'un des chevaux, s'avançait une branche de sumac pliée, comme la tige d'une fleur, par la faible main d'une dame. Toutes les autres branches étaient brisées et couchées par la forte main d'un homme. J'en conclus que les rusés coquins avaient vu toucher à la grande branche, et qu'ils avaient détruit le reste du buisson pour nous faire croire qu'un cerf avait causé tout ce ravage avec ses andouillers.

— Votre intelligence ne vous a point trompé; c'est en effet ce qui est arrivé. »

Le chasseur, qui n'avait pas conscience d'avoir montré une sagacité extraordinaire, ajouta avec bonhomie :

« C'était facile à voir, bien plus que l'allure d'un cheval qui va de guingois. Une fois dans la bonne voie, je devinai que les Iroquois s'arrêteraient près de cette source dont ils connaissent les propriétés.

— Elles sont donc remarquables? demanda Heyward en examinant la fontaine qui bouillonnait au fond d'un ravin de terre brune.

— Il y a peu de peaux rouges, voyageant au sud et à l'est des grands lacs, qui n'aient entendu parler de cette source; voulez-vous en juger par vous-même? »

Heyward prit la gourde, goûta l'eau et la jeta avec des grimaces de mécontentement. Le chasseur rit de bon cœur, mais en silence, suivant son usage, et balança la tête avec une satisfaction marquée :

« Oh! vous auriez besoin d'y être habitué, il y a eu un temps où je ne m'en souciais pas plus que vous; mais je m'y suis fait, et maintenant j'aime cette eau comme un daim aime le sel. Elle est plus estimée des peaux rouges que toutes vos boissons épicées, surtout quand ils sont malades. Mais il est temps de manger, car notre voyage est long et à peine commencé. »

Interrompant le dialogue par cette brusque transition, le chasseur mit à profit les vivres qui avaient échappé à la voracité des Hurons. Les Mohicans et lui commencèrent leur humble festin avec le silence et la célérité caractéristiques d'hommes qui mangent pour se mettre en état de supporter de grandes et incessantes fatigues.

Après l'accomplissement de cette tâche agréable et utile, chacun des convives but le coup de l'étrier à cette source, alors solitaire et silencieuse, autour de laquelle, depuis cinquante ans, l'opulence, la beauté, les illustrations du Nouveau-Monde viennent chercher en foule le plaisir et la santé. Ensuite OEil-de-Faucon donna le signal du départ, les sœurs se remirent en selle; Duncan et David les suivirent à pied, armés de leurs carabines; OEil-de-Faucon se plaça à l'avant-garde, et les Mohicans fermèrent la marche. Toute la compagnie s'achemina vers le nord, laissant les eaux salutaires se déverser obscurément dans le ruisseau voisin, et les cadavres des Indiens pourrir sans sépulture sur la montagne voisine; sort trop ordinaire aux guerriers des bois, pour exciter la commisération.

CHAPITRE XIII.

La route prise par OEil-de-Faucon traversait ces plaines sablonneuses, entrecoupées de vallées et de monticules, où les captifs avaient déjà erré le matin même sous la conduite du perfide Magua. Le soleil était alors descendu presque au niveau des montagnes lointaines, et la chaleur était tempérée par les ombres d'une interminable forêt; on fit donc avant la chute du jour une bonne partie du chemin qui devait conduire au fort William-Henri.

Le chasseur, comme le sauvage qu'il avait remplacé, semblait discerner par instinct les vagues indices de la route, et la ralentissait jamais sa course pour délibérer. D'obliques regards jetés sur la mousse des arbres, un coup d'œil au soleil couchant, un examen attentif, mais passager, de la direction des nombreux cours d'eau qu'on passait à gué, suffisaient pour dissiper toute incertitude dans la marche d'OEil-de-Faucon. Cependant la forêt commençait à changer de couleur, et la verdure éclatante de ses arceaux se perdait dans ces demi-teintes qui annoncent le crépuscule.

Pendant que les voyageurs contemplaient à travers les arbres l'étincelant nimbe d'or du soleil et les raies éblouissantes qui sillonnaient l'horizon, pareilles à des colliers de topazes et de rubis, OEil-de-Faucon dit brusquement en montrant le ciel : « Voilà qui donne à l'homme le signal du repos. Il ferait bien d'écouter toujours la voix de la nature, et de prendre modèle sur les oiseaux de l'air et sur les animaux des champs! Notre nuit, pourtant, sera bientôt terminée, car nous nous lèverons avec la lune. Je me rappelle avoir combattu les Maquas dans ces environs, lorsque je vins ici pour la première fois. Pour empêcher les misérables de mettre la main sur nos crânes, nous construisîmes une forteresse de troncs d'arbres que nous devons retrouver par ici. »

Sans attendre de réponse, le chasseur entra hardiment dans un épais taillis de jeunes châtaigniers qui croissaient en tous sens, et encombraient le sol de leurs nombreux rejetons. Il écarta les branches, s'attendant à rencontrer à chaque pas ce qu'il cherchait. Ses souvenirs ne l'avaient pas trompé. Après avoir franchi un réseau presque inextricable de ronces et de broussailles, il arriva à une clairière au centre de laquelle était un tertre couronné par les ruines du blockhaus en question. Ce pauvre édifice était une de ces citadelles, qui, élevées dans un danger fortuit, sont abandonnées quand il disparaît. Oublié depuis longtemps comme les circonstances qui en avaient motivé la construction, il s'écroulait en paix dans la solitude de la forêt. Les débris du toit d'écorce s'étaient confondus avec le sol; mais les énormes madriers de pin, qui avaient été précipitamment empilés, conservaient encore leur cohérence, quoique l'inclinaison de l'un des angles menaçât déjà d'une destruction totale le reste du rustique bâtiment. Pendant qu'Heyward et ses compagnons hésitaient à s'approcher d'un abri aussi peu solide, OEil-de-Faucon et les Indiens y entrèrent, non seulement sans crainte, mais avec un intérêt évident. Le Gros-Serpent raconta à son fils, en langue delaware et avec l'orgueil d'un conquérant, l'histoire de la bataille qui s'était livrée sous ses yeux dans cette enceinte isolée. Une teinte de mélancolie se mêlant à son enthousiasme belliqueux laissait à ses accents la douceur musicale qu'ils avaient habituellement.

Les jeunes filles mirent pied à terre avec joie, et se préparèrent à jouir de la fraîcheur du soir. Elles ne songeaient plus au danger, et s'imaginaient que leur sécurité ne pouvait être troublée que par les animaux des bois, quand Duncan, plus vigilant, dit à OEil-de-Faucon : « N'aurions-nous pas été moins exposés, mon digne ami, si nous avions choisi pour lieu de repos un endroit moins connu et plus rarement visité que celui-ci?

— Il y a peu d'hommes sur terre qui sachent qu'on a élevé ce blockhaus, répliqua OEil-de-Faucon d'une voix lente et mélancolique. On ne fait pas souvent des livres sur des escarmouches du genre de celle qui eut lieu ici même entre les Mohicans et les Mohawks, dans une guerre où ils étaient seuls engagés. Je débutais et je me mis du côté de la tribu delaware, parce que je savais que c'était une race méconnue et injustement calomniée. Je traçai le plan de ce fortin et j'en dirigeai la bâtisse, étant, comme vous le savez, non pas un Indien, mais un homme de race blanche sans mélange. Les Delawares travaillèrent sous ma direction et empilèrent ces bûches, autour desquelles des coquins altérés de sang rôdèrent pendant quarante jours et quarante nuits. Nous étions dix contre vingt, mais nos forces finirent par s'égaliser; nous fîmes une sortie vigoureuse, et pas un de ces ennemis n'échappa pour aller raconter leur défaite. J'étais jeune alors et peu habitué à la vue du sang. Je fus choqué de l'idée que des créatures qui avaient une âme tout aussi bien que moi, resteraient gisantes sur la terre nue. Pauvres diables, me dis-je, ils vont être dépecés par les bêtes, ou pourriront à la pluie! et je les enterrai de mes propres mains sur ce même tertre où vous êtes : c'est un siége d'ossements humains, mais il n'en est pas plus mauvais pour cela. »

Heyward et les deux sœurs se levèrent à l'instant du sépulcre de gazon; ces dernières, malgré les terribles scènes auxquelles elles avaient assisté, ne purent réprimer un sentiment naturel d'horreur, quand elles se trouvèrent en contact presque immédiat avec les Mohawks inhumés. Les lueurs grises du soir, l'aspect sombre des buissons, au delà desquels la cime des pins semblait se confondre avec les nuages, la tranquillité funèbre de la vaste forêt, tout contribuait à accroître leur émotion. OEil-de-Faucon les rassura en faisant un geste de la main, et en disant avec un sourire mélancolique :

« Je suis partis et ne peuvent plus faire de mal à personne! Ils ne pousseront plus le cri de guerre, et ne lèveront plus le tomahawk! De tous ceux qui ont aidé à les mettre où ils sont, Chingachgook et moi sont les seuls qui survivent! Les frères et la famille du Mohican composaient notre troupe de guerre, et vous voyez devant vous tout ce qui reste de sa race. »

Les assistants cherchèrent involontairement des yeux les Indiens dont le sort lamentable leur inspirait de l'intérêt et de la compassion. On les vit tous deux s'agiter dans la sombre enceinte du blockhaus. Le fils écoutait les récits de son père avec l'attention profonde que devaient naturellement lui inspirer les sauvages vertus, la gloire et la valeur de ses proches.

« Je croyais, dit Duncan, que les Delawares étaient un peuple pacifique et qu'ils n'avaient jamais combattu personnellement; il me semble qu'ils avaient confié la défense de leur territoire à ces mêmes Mohawks que vous avez tués.

— C'est en partie vrai, reprit OEil-de-Faucon, mais d'un autre côté c'est un infâme mensonge. Les artifices diaboliques des Hollandais, qui voulaient dépouiller les plus légitimes possesseurs du sol, décidèrent les Delawares à céder aux Mohawks la garde de leur pays; mais la nation qu'on avait trompée reconnut bientôt sa folie, et, les Mohicans qui en faisaient partie, mais qui n'avaient affaire qu'aux Anglais, ne souscrivirent jamais à ce honteux traité! Vous voyez ici un chef des grands Sagamores-Mohicans; sa famille pouvait autrefois chasser le daim sur une immense étendue sans traverser une seule rivière, sans gravir une seule colline qui ne fût pas à elle. Mais qu'en reste-t-il au descendant des Sagamores? Six pieds de terre, peut-être, dont il jouira quand il plaira à Dieu, et où il pourra dormir en paix, si ses amies ami prennent la peine de lui enfoncer la tête assez bas pour que la charrue ne puisse l'atteindre! »

Heyward s'aperçut que la conversation prenait une tournure qui n'était pas susceptible de calmer les terreurs de ses compagnes; il se hâta donc d'interrompre OEil-de-Faucon. « Cessons, lui dit-il; nous avons fait un long voyage, et nous ne sommes pas doués comme vous d'une charpente qui résiste aux plus rudes fatigues.

— Il est vrai que je suis solide, dit le chasseur avec un naïf amour-propre; il y a dans les colonies des hommes plus grands et plus gros que moi, mais vous n'en verrez pas beaucoup faire cinquante milles sans prendre haleine, ou suivre les chiens pendant une chasse de plusieurs heures. Toutefois, comme ces dames sont autrement constituées, je suppose qu'elles ne demandent pas mieux que de dormir. Uncas, dégagez la source, pendant que votre père et moi allons préparer un lit de feuilles et de gazon. »

Le Cerf-Agile enleva les feuilles qui couvraient une source dont la présence avait jadis déterminé les naturels à placer leur fortification dans cet endroit, et une fontaine jaillissante répandit ses eaux cristallines sur le tertre verdoyant. Une toiture de châtaignier fut posée sur un coin de l'édifice, de manière à préserver les deux sœurs de l'abondante rosée du climat, et une couche assez moelleuse leur fut fabriquée avec des feuilles sèches et de jeunes arbrisseaux. Les jeunes filles s'y installèrent, après avoir consacré quelques instants à de ferventes prières, et, malgré la couleur lugubre de leurs souvenirs et de leurs pressentiments, elles ne tardèrent pas à tomber dans le sommeil qu'exigeait impérieusement la nature. Duncan songeait à veiller sur elles, mais le chasseur l'en empêcha.

« Le Gros-Serpent sera notre sentinelle, dit-il. Si nous étions sous les tentes blanches du 60e régiment, et en présence des Français, je vous chargerais de la garde en toute assurance; mais dans les ténèbres, au milieu d'un désert inconnu, votre vigilance ne servirait à rien. Imitez-nous donc, c'est ce que vous avez de mieux à faire. »

Là-dessus, OEil-de-Faucon se disposa à dormir. Le jeune Indien s'était déjà étendu sur le tertre, comme un homme qui comptait mettre à profit le temps du repos. David, dont la fatigue avait augmenté la fièvre, gisait anéanti près de là. Ne jugeant pas à propos de prolonger la discussion, le major feignit de se soumettre, s'appuya contre les madriers du blockhaus; mais il avait pris la résolution de ne pas fermer l'œil avant d'avoir remis à Munro son précieux dépôt. Il réussit d'abord à tenir ses sens en éveil. Il prêtait l'oreille aux sourds gémissements qui partaient du fond des bois, aux murmures des feuilles, à la douce respiration des deux sœurs: Il distinguait ses compagnons endormis, et Chingachgook droit et immobile comme un arbre. Bien tôt pourtant, il confondit le cri du courlis avec les notes plaintives du hibou; ses yeux appesantis, en cherchant les étoiles, les entrevirent à travers un voile; sa tête tomba sur sa poitrine, son corps s'affaissa; il s'assoupit, et rêva qu'il était un ancien chevalier, debout, à minuit, devant la tente d'une princesse délivrée, dont il ne désespérait pas de gagner le cœur par cette preuve de dévouement et de vigilance.

Il fut tiré de son état d'immobilité par un léger coup sur l'épaule, et se réveilla avec un souvenir confus du devoir qu'il s'était imposé.

« Qui est là? parlez, ami ou ennemi! dit-il en cherchant son épée à la place qu'elle occupait ordinairement.

— Ami, répliqua Chingachgook à voix basse; la lune se lève, et le fort de l'homme blanc est loin d'ici. Il est temps de marcher, pendant que le sommeil ferme les yeux des Français.

— Vous avez raison; appelez nos compagnons et sellez les chevaux.

— Nous sommes réveillées, dit la voix argentine d'Alice; nous sommes bien reposées; mais vous, vous avez encore veillé pour nous, après avoir supporté tant de fatigues dans cette journée pleine d'incidents!

— Dites que j'aurais dû veiller, Alice; mes paupières se sont closes malgré moi, et je me suis montré pour la seconde fois indigne de votre confiance.

— Vous essayez de me donner le change, dit Alice en souriant; mais je suis sûre que vous n'avez pas fermé l'œil. Je sais combien vous êtes inattentif pour vous-même et vigilant pour les autres. Nous devrions ne pas partir de suite, pour vous donner le temps de vous reposer tandis que Cora et moi, qui avons repris nos forces, nous resterions bravement en sentinelle. »

Duncan voyait l'instrument de mort prêt à s'abaisser sur lui, quand une balle passa en sifflant près de son oreille.

Heyward regarda Alice, qui, sortant du sombre édifice, exposait aux rayons de la lune un visage dont le repos avait rétabli tout l'éclat. Il s'imagina un moment qu'elle se moquait de lui, mais il ne vit sur cette physionomie ingénue rien qui confirmât ses soupçons. Il allait protester de nouveau de son indignité, lorsque Chingachgook fit entendre une exclamation. Son fils prit aussitôt une attitude d'attention.

« Le vent est un danger! dit OEil-de-Faucon; les Mohicans flairent un ennemi.

— Dieu nous en préserve! murmura Heyward; il y a déjà assez de sang versé!»

Toutefois le jeune officier prit sa carabine, et s'avança sur la lisière du bois, résolu d'expier son péché véniel en exposant ouvertement sa vie pour la défense de celles qu'il protégeait. Il entendit de nouveau les sons indécis qui avaient frappé Chingachgook, et dit : « Ce sont des bêtes fauves qui cherchent leur proie!

— Ce sont des hommes! repartit le chasseur; je puis même discerner le bruit des pas, quoique mes sens soient bien misérables comparativement à ceux d'un Indien. Le Renard-Subtil a rencontré sans doute quelques maraudeurs de l'armée de Montcalm, et ils sont à notre recherche. Je serais fâché moi-même d'avoir encore à ensanglanter ces lieux, mais la nécessité n'a point de loi. Uncas et vous, mes amis, entrez dans le blockhaus, et conduisez-y les chevaux. Tout délabré qu'il est, il offre un abri, et il est fait au bruit de la fusillade. »

On lui obéit en observant le plus complet silence. Les pas se rapprochèrent; on entendit des voix échanger des paroles dans un dialecte indien, que le chasseur reconnut pour celui des Hurons. Quand la bande eut atteint le fourré qui environnait le blockhaus, il fut facile de reconnaître que, ne trouvant plus les empreintes des chevaux, elle avait perdu la piste. Une vingtaine d'hommes semblaient s'être groupés dans un même endroit, et exprimer bruyamment leurs diverses opinions.

— Les lâches connaissent notre faiblesse, murmura OEil-de-Faucon en regardant par une fente de la cabane; autrement ils ne s'amuseraient pas à babiller comme des femmes. Écoutez-les! ne dirait-on pas qu'ils ont chacun deux langues? »

Duncan, brave dans le combat, n'avait pas, dans un pareil moment d'anxiété, assez de sang-froid pour répondre à la judicieuse observation du chasseur. Il se contenta de serrer plus énergiquement sa carabine, et fixa ses yeux à l'étroite ouverture avec une inquiétude toujours croissante. Il remarqua qu'une voix sonore dominait les autres, et qu'elles semblaient même se taire pour écouter ses ordres ou ses avis. Un moment après, le bruissement des rameaux et le craquement des feuilles sèches annonça que les sauvages se séparaient dans le but de continuer leurs perquisitions. Par bonheur la lune, qui répandait une douce clarté autour des ruines, n'avait pas encore des rayons assez forts pour pénétrer les sombres voûtes de la forêt. Leurs recherches furent inutiles; quelques-uns cependant se rapprochèrent de la clairière, et l'on put s'attendre à les voir franchir la ceinture de jeunes châtaigniers qui l'entourait.

« S'ils viennent, murmura Heyward en essayant de passer sa carabine entre les fentes de la masure, faisons feu sur eux!

— Tenez-vous coi, répondit le chasseur; la moindre étincelle, l'odeur même d'un grain de poudre attirerait sur nous cette horde affamée. Si Dieu veut que nous ayons à défendre nos crânes, comptez sur l'expérience d'hommes qui sont habitués aux manières des sauvages, et qui ne sont pas souvent en arrière quand le cri de guerre a retenti. »

Duncan jeta un coup d'œil derrière lui, et vit les sœurs tremblantes se blottir dans un coin, tandis que les Mohicans se tenaient dans l'ombre, prêts à fondre sur l'ennemi. Tout à coup un Huron de taille colossale s'avança sur la clairière, et la lune tombant en plein sur sa figure basanée y fit lire une expression de surprise et de curiosité. Il prononça le monosyllabe « Hugh! » indice habituel des émotions d'un Indien, et son cri attira un second individu. Les deux enfants des bois contemplèrent la forteresse en ruines, et s'entretinrent dans le langage inintelligible de leur tribu. Ils firent ensuite quelques pas en avant, mais avec une prudente lenteur, comme si la crainte eût combattu la curiosité; en ce moment le chasseur remua son couteau dans la gaîne, et abaissa le canon de sa carabine; Heyward se prépara à une lutte qui semblait inévitable, les sauvages étaient si près que le moindre mouvement de l'un des chevaux, qu'un souffle même aurait trahi les fugitifs. Mais en examinant les ruines, les Hurons venaient d'en découvrir la nature tumulaire; ils se parlèrent à voix basse et solennelle, et, sous l'influence d'un respect mêlé de terreur, ils se retirèrent lentement. Ils marchaient à reculons, les yeux fixés sur la ruine, et semblaient s'attendre à voir les ombres des morts sortir de ces murs silencieux. Sitôt qu'ils eurent disparu, OEil-de-Faucon laissa reposer à terre la crosse de sa carabine, huma l'air avec avidité et s'écria : « Ils respectent les morts, et c'est ce qui sauve leur vie et peut-être la nôtre! » Les deux Hurons rejoignirent leur bande, et firent leur rapport. La conversation qui le suivit avait un caractère grave, bien différent de l'agitation tumultueuse de la première. Le bruit devint de plus en plus faible, et se perdit enfin dans la profondeur des bois. Aussitôt qu'un signal de Chingachgook eut averti le chasseur que les ennemis s'étaient complétement retirés, celui-ci fit signe à Heyward d'amener les chevaux; toute la société sortit et pénétra dans la forêt du côté opposé à celui par lequel elle était venue.

CHAPITRE XIV.

Ce départ précipité ne laissa à aucun des fugitifs le temps de hasarder une réflexion. Le chasseur reprit son poste à l'avant-garde. Mais quand il eut mis une distance respectueuse entre lui et ses ennemis, sa marche fut ralentie par une complète ignorance des localités. N'ayant jamais parcouru cette partie du bois, il fut halte à plusieurs reprise pour consulter les Mohicans, auxquels il montrait l'écorce des arbres et la lune étincelant alors de toutes ses clartés. Pendant ces courtes pauses, Heyward et ses sœurs, dont les sens étaient surexcités par le danger, écoutaient pour s'assurer que rien ne faisait pressentir le voisinage de l'ennemi. Le pays tout entier semblait plongé dans un éternel sommeil, on eût dit que jamais créature vivante ne s'était aventurée dans ce vaste désert. Cependant le murmure d'un ruisseau frappa les guides, et fit cesser leurs incertitudes. Ils se dirigèrent aussitôt vers ce cours d'eau, qui leur était connu. Là, OEil-de-Faucon ôta ses mocassins en invitant Heyward et David la Gamme à l'imiter. Ils entrèrent dans l'eau, et marchèrent pendant près d'une heure dans le lit du ruisseau sans y laisser de traces. La lune s'était déjà cachée derrière un amas de nuages noirs qui couvraient le ciel de l'est à l'ouest, lorsqu'ils reprirent leur route à travers des plaines sablonneuses mais boisées. Le chasseur y parut plus à l'aise et mieux dirigé par son expérience. Le sentier ne tarda pas à devenir inégal, et on s'approcha insensiblement des montagnes.

« Nous ne sommes peut-être pas très-loin du fort William-Henri, dit le major à OEil-de-Faucon.

— Nous n'y arriverons pas encore de sitôt, et l'embarras est de l'aborder sans tomber dans les embuscades des troupes françaises qui le bloquent. Voyez, ajouta-t-il en désignant une petite nappe d'eau où se réfléchissaient les étoiles, voilà la Mare-du-Sang, et je suis sur un terrain que non-seulement j'ai maintes fois parcouru, mais encore où j'ai combattu l'ennemi depuis le lever jusqu'au coucher du soleil.

— Ah! j'ai entendu parler de cet étang, tombeau de bien des braves qui succombèrent dans l'engagement dont vous parlez.

... Que la fille du chef anglais consente à suivre Magua et à habiter pour toujours son wigwam.

— C'était pendant la guerre contre les Hollandais et les Français coalisés, ajouta OEil-de-Faucon moins pour répondre à son interlocuteur que pour suivre le cours de ses pensées. Le matin, nous fûmes repoussés jusqu'aux rivages du lac Horican; mais après nous être ralliés derrière nos retranchements d'arbres abattus, nous reprîmes l'avantage, et un grand nombre d'ennemis virent le jour pour la dernière fois. Le chef même, le baron Dieskau, Allemand au service de France, tomba entre nos mains, si mutilé, si criblé de blessures, qu'il fut obligé de prendre ses invalides.

— Le bruit de cette importante affaire arriva jusqu'à nous, à l'armée du Midi! s'écria Heyward avec enthousiasme.

— Elle ne se termina pas là. D'après les ordres de notre général, sir William Johnson, le major Effingham me chargea de porter au fort de l'Hudson la nouvelle de notre victoire. Chemin faisant, je rencontrai là-bas, sur cette éminence où vous voyez des arbres, un détachement qui venait à notre secours. Je le conduisis à un endroit où les Français, croyant la besogne achevée, allaient se mettre à dîner. On leur donna à peine le temps de respirer. Nous étions exaspérés par notre défaite du matin, et par les pertes que nous avions faites; et le carnage fut horrible. Les morts, et peut-être même les mourants, furent jetés dans cette mare, dont je me rappelle avoir vu les eaux rouges de sang.

— C'est une sépulture convenable et tranquille pour un soldat. Vous avez donc longtemps servi sur cette frontière?

— Moi! s'écria le chasseur en redressant sa grande taille avec une fierté militaire, il n'y a guère d'arbres de ces collines qui n'aient retenti du bruit de ma carabine; il n'y a pas un mille carré, entre le lac Horican et l'Hudson, où mon bon tueur de daims n'ait couché bas un ennemi ou un animal. Quant à cette sépulture, que vous croyez tranquille, c'est une tout autre affaire. Suivant une opinion admise dans les camps, il faut, pour qu'un soldat repose paisiblement dans sa tombe, qu'il n'ait été enterré qu'après avoir rendu le dernier soupir. Or, dans la précipitation de cette journée, les médecins n'avaient pas le temps de décider si l'on était mort ou vivant. Silence! ne voyez-vous personne marcher le long du marais?

— Il n'est pas probable que cette sinistre forêt soit fréquentée par d'autres personnes que par nous, à cette heure de nuit. »

Le chasseur s'appuya sur l'épaule d'Heyward, et l'étreignit avec tant de force, que le jeune major sentit douloureusement combien les terreurs superstitieuses dominaient cet homme, d'ordinaire inaccessible à la crainte.

— Ah! dit OEil-de-Faucon avec une émotion indicible, il y a des êtres qui rôdent par tous les temps, et les corps qui passent leur journée dans l'eau ne s'inquiètent guère de se mouiller à la rosée de la nuit. Par le ciel! voici une figure humaine, elle approche! Aux armes, mes amis! nous ne savons pas à qui nous avons affaire.

— Qui vive? dit brusquement en français une voix qui, dans ce lieu sombre et solitaire, avait l'air de venir d'un autre monde.

— Que dit-il, murmura le chasseur, il ne parle ni indien, ni anglais.

— Qui vive? répéta la même voix; et l'interrogateur prit une attitude menaçante en faisant craquer le chien de son fusil.

— France! s'écria Heyward en quittant l'ombre des arbres pour s'approcher de la sentinelle.

— D'où venez-vous? où allez-vous d'aussi bonne heure? demanda le grenadier avec l'accent d'un Français de la métropole.

— Je viens de la découverte, et je vais me coucher, répondit Heyward, auquel la langue française était familière.

— Êtes-vous officier du roi?

— Sans doute, mon camarade; me prends-tu pour un provincial! je suis capitaine de chasseurs. » Heyward s'était aperçu que la sentinelle appartenait à un régiment de ligne. « J'ai ici avec moi les filles du commandant du fort... Ah! ah! tu en as entendu parler! Je les ai faites prisonnières près de l'autre fort, et je les conduis au général.

— Ma foi! mesdames, j'en suis fâché pour vous, s'écria le jeune soldat en portant gracieusement la main à son chapeau, mais c'est la fortune de la guerre! Vous trouverez dans notre général un brave homme, bien poli avec les dames.

— C'est le caractère des gens de guerre, dit Cora en français avec une admirable présence d'esprit. Adieu, mon ami! je vous souhaiterais un devoir plus agréable à remplir.

Le soldat la remercia de sa politesse par un humble salut; et la compagnie s'avança résolument. Quand Heyward eut ajouté: « Bonne nuit, mon camarade! » la sentinelle reprit sa monotone promenade au bord de l'étang en fredonnant ces paroles que lui avaient rappelées peut-être la vue des jeunes filles et les souvenirs de sa belle et lointaine patrie:

Vive le vin! vive l'amour!
Amant et buveur tour à tour,
Je nargue la mélancolie!

A quelques pas de là, le chasseur remit son arme sous son bras, et

Avant-poste du camp français.

dit au major: « Il est heureux que vous ayez compris sa langue. J'ai deviné de suite que c'était un Français; et bien lui en a pris de nous parler amicalement, autrement il y aurait eu place pour ses os auprès de ceux de ses compatriotes. »

Il fut interrompu par un long et profond gémissement qui s'éleva de la petite flaque d'eau, comme si les âmes des morts eussent erré autour de leur sépulcre liquide.

« Assurément, il était de chair, poursuivit OEil-de-Faucon, un fantôme n'aurait pu manier un fusil avec autant de dextérité.

— Il était de chair, dit Heyward s'apercevant que Chingachgook les avait quittés ; mais je doute que le pauvre diable soit encore de ce monde ! »

Un autre gémissement plus faible que le premier fut suivi de la chute d'un corps dans l'eau, et tout rentra dans le silence. Pendant qu'ils se regardaient avec inquiétude, le Gros-Serpent se glissa sans bruit auprès d'eux. D'une main, il suspendit à sa ceinture la chevelure fumante du malheureux jeune homme ; de l'autre, il replaça son couteau et son tomahawk ensanglantés. Il reprit ensuite sa place accoutumée, de l'air d'un homme qui croit avoir fait une belle action.

Le chasseur laissa tomber sa crosse sur le sol, et, appuyant ses mains sur le canon de sa carabine, il médita silencieusement ; puis il secoua la tête avec mélancolie, et murmura : « C'eût été un acte de barbarie de la part d'un blanc, mais c'est dans le caractère d'un Indien. J'aurais souhaité pourtant que la victime fût un maudit Iroquois plutôt que ce joyeux enfant du vieux monde.

— Il suffit, dit Heward : faisons en sorte que nos compagnes ne s'aperçoivent de rien ; la chose est faite, et sans remède. Ce triste incident nous prouve que nous sommes près des avant-postes de l'ennemi. Quel parti comptez-vous prendre ?

— Il faut y réfléchir, dit OEil-de-Faucon, sortant de sa rêverie. Il est plus urgent de songer à cela qu'à cette malheureuse affaire. Je vois que les Français n'ont pas perdu de temps pour bloquer le fort, et qu'il s'agit de passer au milieu d'eux.

— Nous n'avons pas non plus de temps à perdre, ajouta Heyward en regardant le ciel.

— Eh bien, il y a deux manières de procéder, avec l'aide de la Providence, sans laquelle nos efforts seraient superflus : la première serait d'abandonner nos chevaux, d'envoyer en avant les Mohicans pour nous débarrasser des sentinelles et d'entrer dans le fort sur leurs cadavres...

— Inadmissible ! interrompit le généreux Heyward ; un soldat peut se frayer un passage de cette manière, mais jamais quand il escorte des femmes.

— Je suis de votre avis, dit le chasseur. Des pieds aussi délicats ne sont pas faits pour passer à gué dans le sang. Le second projet que j'ai à vous proposer me paraît plus acceptable. Éloignons nous de la ligne des avant-postes, tournons à l'ouest, et gagnons les montagnes, où je vous cacherai si bien que tous les chiens du diable qui sont à la solde de Montcalm ne nous déterreront pas d'ici à plusieurs mois.

— Soit ! mais agissons à l'instant.

— En marche donc ! » dit OEil-de-Faucon, et il retourna sur ses pas. La compagnie le suivit sans bruit et avec précaution, car elle pensait à chaque moment tomber dans une embuscade ou être surprise par une patrouille. En passant le long de la mare, le major et le chasseur y jetèrent un coup d'œil furtif. Ils cherchèrent vainement le jeune homme qu'ils avaient vu arpenter ses bords solitaires ; mais le clapotement régulier des eaux, qui n'étaient pas apaisées, signalait encore les dernières convulsions de la pauvre sentinelle.

OEil-de-Faucon, s'écartant de la ligne suivie, guida ses compagnons, à pas précipités, vers les montagnes qui formaient la limite occidentale de la plaine, et ils furent bientôt ensevelis dans les ombres épaisses que projetaient ces cimes hautes et escarpées. Ils eurent à gravir des rochers arides, entrecoupés de ravins ; mais, si les aspérités du terrain rendaient leur marche plus lente et plus pénible, elles leur offraient, en revanche, de nouvelles chances de sécurité. Ils arrivèrent enfin à un sentier pratiqué artistement au milieu des roches et des arbres, de manière à éviter les unes et à se servir des autres comme d'un appui. A mesure qu'ils s'élevaient sur cette rude montée, les épaisses ténèbres qui précèdent ordinairement l'approche de l'aube, commencèrent à se dissiper, et ils purent apercevoir les objets avec les couleurs dont la nature les avait revêtus. En sortant des bois rabougris qui étaient suspendus aux flancs arides de la montagne, ils virent, du haut d'un plateau couvert de mousse, les lueurs rougeâtres du matin sillonner l'horizon au dessus des pins semi qui couronnaient une colline, située du côté opposé, du vallon de l'Horican.

Le chasseur dit aux jeunes filles de descendre ; il ôta aux chevaux harassés la selle et la bride, et les laissa à leur guise chercher leur nourriture au milieu des broussailles et des maigres herbages de cette région élevée.

« Allez, dit-il ; tâchez de profiter de la subsistance que vous donnera la nature, et d'éviter d'être vous-mêmes la proie des loups dévorants.

— N'en avons nous besoin ? demanda Heward.

— Jugez-en par vos propres yeux. Si l'on lisait dans le cœur de l'homme aussi aisément qu'on peut voir d'ici le camp de Montcalm, les hypocrites deviendraient rares et les artifices des Iroquois échoueraient contre la probité des Delawares. »

En effet, il conduisit toute la compagnie au versant occidental de la montagne, et ils purent apprécier la sagacité avec laquelle OEil-de-Faucon avait choisi cette position dominante. La montagne sur laquelle ils étaient était un cône élevé d'environ huit cents pieds, en avant de la chaîne qui s'étend le long de la rive occidentale du lac Horican. Sous leurs pieds, la rive méridionale devenait un large demi-cercle. Au nord s'allongeait le célèbre lac, dentelé de baies, embelli de caps pittoresques et parsemé d'innombrables îles. A la distance de quelques lieues, le lit des eaux, enveloppé de masses de vapeurs qui roulaient lentement devant la brise du matin, disparaissait entre les collines ; mais l'on distinguait l'étroit canal par lequel il allait se réunir au lac Champlain. Au sud s'étendait la plaine montueuse dont nos voyageurs avaient parcouru la partie inférieure. Le long des collines qui bordaient le lac et le vallon, de légers nuages de vapeurs, qui semblaient être les fumées de chaumières cachées dans les bois, montaient en tortueuses spirales ou descendaient les pentes pour s'unir aux brouillards des bas-fonds. Un seul nuage blanc flottait au-dessus du vallon et indiquait la place où dormaient les eaux de la Mare-de-Sang.

Sur le bord du lac, du côté de l'ouest, étaient les vastes remparts de terre et les bâtiments du fort William-Henri. Deux des bastions semblaient sortir de l'eau qui en baignait la base ; les autres côtés étaient défendus par des fossés profonds et de grands marécages. On apercevait à l'intérieur des soldats, encore fatigués d'une nuit de veille, et de nombreuses sentinelles montaient la garde tout autour. Au sud-est, sur une éminence de rocher, s'adossait un camp retranché, où était installé le détachement envoyé par le général Webb. Le camp français était établi sur une langue de terre, entre les rives de l'Horican et la montagne, d'où nos aventuriers contemplaient ce spectacle. Dans cet étroit espace étaient les tentes blanches et les machines de guerre d'une armée de dix mille hommes ; des batteries en défendaient le front, et elles commencèrent à tonner.

« Le jour arrive, dit le chasseur, et l'on réveille les dormeurs au son du canon. Nous sommes de quelques heures en retard. Montcalm a déjà rempli les bois de ses maudits Iroquois.

En effet une noire fumée, qu'il était facile de distinguer des exhalaisons plus pures des fontaines, s'élevait des bois du côté du sud et indiquait que l'ennemi était en force dans cette direction.

« La place est investie, dit Heyward ; mais n'y a-t-il pas moyen d'y entrer ? Il vaudrait mieux risquer d'être pris par les Français que de tomber entre les mains des Indiens.

— Voyez ! s'écria le chasseur en indiquant étourdiment à Cora la demeure de son père, comme ce boulet a fait voler les pierres de la maison du commandant ! Elle est bien solide, mais ces Français la démoliront plus vite qu'elle n'a été construite.

— Heyward ! dit la jeune fille, dont les alarmes ne diminuaient pas l'intrépidité, je me meurs à la vue d'un danger que je ne puis partager. Allons trouver Montcalm, et demandons-lui à entrer dans le fort ! il n'osera se refuser à la prière d'une mère.

— Il vous serait difficile, reprit le chasseur, d'arriver à la tente du général français avec tous vos cheveux sur la tête. Si j'avais seulement un des mille bateaux qui sont amarrés le long du rivage, je pourrais me charger de vous conduire. Ah ! le feu va finir, car voici un brouillard qui va faire du jour la nuit et rendra l'œil d'un Indien plus dangereuse que l'artillerie. Maintenant, si vous avez le courage de me suivre, nous allons pousser une reconnaissance. Je brûle de descendre dans ce camp, ne fut-ce que pour disperser quelques chiens d'Iroquois que je vois rôder sous les bouleaux.

— Nous sommes prêtes, » dit Cora avec fermeté.

OEil-de-Faucon lui adressa un sourire d'approbation cordiale et répondit :

« Je voudrais avoir dix mille hommes solides qui n'eussent pas plus peur de la mort que vous ; je ne demanderais qu'une semaine pour renvoyer ces jacasses de Français au fond du Canada. Mais partons, le brouillard s'avance si vite que nous avons juste le temps de nous rencontrer dans la plaine. Rappelez-vous, s'il m'arrive quelque accident, qu'il faut marcher de manière à avoir le vent sur votre joue gauche, ou plutôt suivez les Mohicans : ils connaissent la route au flair le jour comme la nuit. »

Il se jeta le premier le long du versant escarpé, sans crainte, mais avec précaution. Le major aida les sœurs à descendre, et, en quelques minutes, ils se trouvèrent au bas de la montagne qu'ils avaient gravie avec tant de fatigue. Le chemin suivi par OEil-de-Faucon les conduisit en face d'une poterne qui s'ouvrait dans la courtine occidentale du fort. Ce dernier n'était qu'à un demi-mille du point où OEil-de-Faucon s'arrêta pour donner à Duncan le temps de le rejoindre avec les deux femmes et le maître de chant. Dans leur empressement et favorisés par la nature du terrain, ils avaient devancé le brouillard ; et il devint nécessaire de faire halte, en attendant que les vapeurs eussent enveloppé le camp ennemi. Les Mohicans profitèrent de ce délai pour examiner les environs. Ils furent suivis de loin par le chasseur, qui revint bientôt, la face rouge de dépit, et exprima son mécontentement en ces termes :

« Les rusés Français ont mis juste sur notre chemin un piquet de peaux rouges et de blancs, et pendant le brouillard nous sommes exposés à tomber au milieu d'eux.

— Ne pouvons-nous faire un détour pour éviter le danger ? demanda Heyward.

— Quiconque s'écarte de la bonne voie dans un cas semblable, ne peut dire quand il la retrouvera. Les brouillards de l'Horican ne sont pas comme la fumée d'une pipe. »

Il parlait encore, lorsqu'il entendit un bruit éclatant : un boulet de canon entra dans le taillis où ils étaient, frappa le tronc d'un jeune arbre et rebondit à terre ; sa force ayant été épuisée par les obstacles qu'il avait rencontrés précédemment. Les Indiens suivirent des yeux le terrible projectile, et Uncas prit la parole avec vivacité en langue delaware.

« C'est possible, murmura le chasseur après l'avoir écouté ; une fièvre chaude ne peut se traiter comme un mal de dents. En route ! le brouillard tombe !

— Expliquez-vous d'abord ! s'écria Heyward.

— Ce sera bientôt fait, ajouta Œil-de-Faucon en poussant du pied la masse de fer inoffensive ; le boulet que vous voyez a labouré la terre en venant des bastions anglais et, à défaut d'autres termes, nous suivrons les sillons qu'il a creusés. Pas un mot de plus ! dépêchons-nous, ou le brouillard nous laisserait en route exposés au feu des deux armées. »

Le major reconnaissant en effet qu'il importait d'agir, se plaça entre les deux sœurs et les entraîna rapidement sur les pas d'Œil-de-Faucon. Celui-ci n'avait pas exagéré l'intensité du brouillard, car, avant d'avoir fait trente pas, il leur fut difficile de s'apercevoir les uns les autres à travers le nuage de vapeurs.

Ils avaient tourné à gauche, et inclinaient de nouveau vers la droite ; Heyward supposait qu'ils devaient être à moitié chemin des retranchements anglais, quand il entendit crier à vingt pas de lui : « Qui va là ?

— Avançons ! murmura le chasseur en se rejetant à gauche.

— Avançons ! » répéta Heyward, qui portait plutôt qu'il ne soutenait ses compagnes. »

Plusieurs voix menaçantes répétèrent l'interrogation : « Qui va là ?

— C'est moi, cria Duncan en français.

— Bête ! qui, moi ?

— Ami de la France !

— Tu m'as plutôt l'air d'un ennemi de la France. Arrête ! ou, par Dieu ! je te ferai l'ami du diable !... Tu ne réponds pas ! feu, camarades ! feu !... »

L'ordre fut aussitôt exécuté, et le brouillard ondula agité par l'explosion de cinquante fusils. Heureusement, les coups étaient mal dirigés : les balles n'atteignirent aucun des fugitifs, mais elles passèrent si près d'eux que leur sifflement tinta aux oreilles peu exercées de David et des deux femmes. Les cris d'alarme se renouvelèrent ; des ordres furent donnés pour recharger les armes et se mettre à la poursuite des intrus. Quand Heyward eut brièvement expliqué à Œil-de-Faucon le sens des paroles qu'ils entendaient, celui-ci dit d'un ton résolu : « Ripostons ! l'ennemi croira à une sortie, et attendra des renforts pour agir. »

Ce plan était habilement conçu, mais il manqua son effet. Dès que les Français entendirent la détonation, toute la plaine fut en rumeur ; le bruit des fusils retentit depuis les bords du lac jusqu'aux extrêmes limites des bois.

« Nous allons avoir sur le dos l'armée entière, dit Duncan ; guidez-nous, mon ami, il s'agit de votre vie et de la nôtre. »

Le chasseur sentait l'imminence du péril ; mais en changeant précipitamment de position, il avait perdu la direction du fort. Il exposa inutilement chacune de ses deux joues à l'air que la brise n'agitait plus. Œil-de-Faucon lui indiqua les traces que le boulet avait laissées en passant sur trois fourmilières contiguës.

« Voyons ! » dit le chasseur en se penchant, et il se remit en marche après un rapide examen. Les cris, les jurons, les explosions retentissaient de toutes parts, et se succédaient sans interruption. Soudain, une forte clarté illumina la plaine ; le brouillard ébranlé tourbillonna, un grondement sourd fut répété par l'écho des montagnes, et plusieurs boulets de canon balayèrent le sol.

« C'est du fort ! s'écria Œil-de-Faucon en faisant subitement volte-face ; et nous courons comme des fous vers les bois, pour nous mettre sous le couteau des Maquas ! »

On se hâta de réparer cette funeste erreur. Duncan céda volontiers à Uncas le soin de soutenir Cora, et celle-ci accepta avec empressement l'assistance du jeune sauvage. Il était évident qu'on les poursuivait avec autant d'ardeur que d'irritation, et que chaque instant les menaçait de mort ou de captivité.

« Point de quartier aux coquins ! s'écria celui qui paraissait diriger les opérations de l'ennemi.

— Tenez ferme, mon brave soixantième ! dit à l'improviste une voix qui retentit au-dessus de leur tête ; attendez que vous puissiez voir l'ennemi, tirez bas et balayez le glacis. »

Un cri perçant s'éleva du milieu du brouillard : « Mon père, mon père ! c'est moi, c'est Alice ! sauvez, sauvez vos filles !

— Arrêtez ! répondit Munro en entendant cette voix bien-aimée. Dieu m'a rendu mes enfants ! ce sont elles ! Soldats, une sortie ! Ne brûlez pas une amorce, de peur de tuer mes filles chéries ! Combattez à l'arme blanche ! »

Les accents du père éploré résonnèrent avec tant d'éclat, qu'un écho solennel se prolongea jusque dans les bois. Duncan entendit le grincement des gonds rouillés, et vit défiler rapidement une longue ligne de soldats habillés de rouge. Il reconnut son bataillon, et courut se mettre à la tête des siens pour repousser l'ennemi.

Cet abandon inattendu jeta Cora et Alice dans la stupeur ; mais avant qu'elles eussent eu le temps de parler, ou même de réfléchir, un officier de haute stature, dont les cheveux étaient blanchis par l'âge et les services, mais dont l'air de grandeur militaire avait été plutôt tempéré qu'amoindri par le temps, se précipita à leur rencontre. Il les pressa contre son cœur, de grosses larmes roulèrent brûlantes sur son visage pâle et ridé, et il s'écria avec un accent écossais :

« Je te remercie, Seigneur ! viennent les dangers, ton serviteur y est préparé ! »

CHAPITRE XV.

Les jours suivants se passèrent au milieu des privations, du tumulte et des périls du siége, qui était vigoureusement pressé par des forces supérieures. Il semblait que Webb et son armée se fussent endormis sur les rives de l'Hudson et qu'ils eussent complètement oublié la triste extrémité à laquelle leurs compatriotes étaient réduits. Montcalm avait rempli les bois de ses sauvages, dont les cris de guerre parvenaient jusqu'au fort Édouard et glaçaient le courage des soldats déjà trop disposés à s'exagérer le danger.

Cependant les assiégés, animés par les paroles et stimulés par l'exemple de leur chef, résistaient avec un zèle héroïque. Montcalm avait négligé de s'emparer des hauteurs, mais il avait établi dans la plaine des batteries, habilement disposées et servies avec précision, qui ruinaient les ouvrages imparfaits de la forteresse.

Dans l'après-midi du cinquième jour du siége, le major Heyward profita d'un armistice pour se promener sur les remparts d'un des bastions qui dominaient le lac, et y respirer un air frais, et contempler les progrès du siége. La soirée était d'un calme délicieux, on eût dit que, se reposant du bruit de l'artillerie et du désordre de la guerre, la nature avait aussi profité de la suspension d'armes pour revêtir sa forme la plus douce et la plus séduisante. Le soleil versait ses derniers rayons sur le paysage ; les montagnes paraissaient vertes, fraîches et riantes. Parmi les nombreuses îles qui couvraient le lac Horican, les unes, plates et basses, paraissaient s'enfoncer sous les vagues, les autres se dressaient en petites éminences d'un vert velouté. Les pêcheurs de l'armée assiégeante dirigeaient paisiblement leurs esquifs, ou les laissaient flotter au hasard. Une centaine de joyeux et insouciants jeunes gens tiraient un filet sur la plage, à portée des canons silencieux du fort. D'autres accouraient à la hâte pour être témoins de ces débats aquatiques, ou se dirigeaient vers les collines voisines pour satisfaire l'inquiète curiosité de leur nation. Çà et là des groupes s'étaient formés, et dansaient, au bruit des chansons, entourés de sauvages poudreux que la nouveauté du spectacle avait attirés. Les sentinelles en faction et les assiégés eux-mêmes prenaient passivement part à ces délassements.

Duncan rêvait en jouissant du coup d'œil, quand il vit Œil-de-Faucon s'avancer vers la place sous la garde d'un officier français. Le chasseur était triste et abattu ; il avait les bras liés derrière le dos avec des lanières de peau de daim, et paraissait profondément humilié d'être tombé au pouvoir de l'ennemi. En voyant son ami dans cette position critique, le major se hâta de rentrer dans le fort pour s'informer des circonstances qui l'avaient amenée. Chemin faisant, il rencontra les deux sœurs, qui se promenaient le long des parapets, en cherchant comme lui l'air et la liberté. Il ne les avait pas revues depuis le pénible moment où il les avait abandonnées dans la plaine, dans le seul but de mieux assurer leur salut. Il les avait quittées accablées de soucis et harassées de fatigue ; il les retrouvait fraîches et radieuses ; quoique craintives et inquiètes : il était donc naturel que le jeune homme oubliât un moment le vieux chasseur, pour ne songer qu'à ses douces compagnes.

« Ah ! vous voilà, mécréant ! lui cria de loin Alice, chevalier infidèle, qui délaissez les demoiselles au milieu de la lice ! Il y a des jours, je dirai même des siècles que nous espérons vous voir à nos pieds, implorer pardon et merci pour votre retraite précipitée.

— Nous désirions au contraire vous exprimer notre reconnaissance, reprit Cora plus grave et plus réfléchie ; mais, à la vérité, nous avons été un peu étonnées que vous ayez si vite disparu, au moment où les bénédictions d'un père allaient se mêler aux remerciements de ses filles. Pourquoi ne vous a-t-on pas revu depuis ?

— Votre père lui-même pourrait vous dire que, malgré mon absence, je n'ai cessé de m'occuper de votre sûreté. Depuis notre séparation, j'ai passé les jours et les nuits dans le camp retranché qu'occupait mon bataillon. La possession en a été chaudement disputée ; et je pense avoir contribué honorablement à la défense de ce point, qui est la clef du fort William. Mais, ajouta-t-il avec un chagrin qu'il essaya vainement de dissimuler, si j'avais deviné que la conduite d'un soldat serait si malicieusement interprétée, le dépit aurait suffi pour me retenir loin de vous.

— Heyward Duncan ! s'écria Alice, se peut-il que mes vaines paroles vous aient causé de la peine ? Cora peut vous dire si nous rendons justice à votre dévouement ! »

La jeune fille, en disant ces mots, s'inclina pour regarder Duncan, qui détournait la tête à demi ; une boucle de ses cheveux dorés tomba sur sa joue vivement colorée, et y essuya une larme. Le nuage qui assombrissait les traits de Duncan se dissipa instantanément.

« Cora attestera-t-elle la vérité de ce que vous avancez, dit le major avec un sourire de plaisir, trouvera-t-elle dans les devoirs du soldat de quoi excuser la négligence du chevalier ? »

Cora ne répondit point ; elle était absorbée dans une douloureuse méditation. En contemplant les nombreuses tentes des Français, les progrès qu'ils avaient faits, leurs dispositions savantes, elle n'avait pu s'empêcher de songer à la situation désespérée de son père, et ses traits pâles décelaient de pénibles appréhensions.

« Vous n'êtes pas bien, ma chère Cora ! dit Duncan ; nous plaisantons tandis que vous souffrez ?

— Ce n'est rien, répliqua-t-elle ; mais je ne puis, comme ma chère sœur, cette jeune innocente enthousiaste, voir toujours le beau côté du tableau de la vie. C'est la faute de mon expérience, et peut-être le malheur de ma nature. Regardez autour de vous, major Heyward, et dites-moi si contemplant cette perspective est faite pour plaire à la fille d'un soldat, dont le plus grand bonheur est l'honneur et la réputation de son père ?

— Ni l'un ni l'autre ne seront flétris par des circonstances dont il n'est pas maître, repartit Duncan avec chaleur ; mais vos paroles me rappellent à mon devoir. Je vais trouver votre père, et savoir quelle résolution il a prise sur des points essentiels de la défense. Dieu bénira, noble Cora ! je sais que, dans la bonne ou la mauvaise fortune, vous serez toujours l'ornement et l'honneur de votre sexe. »

Il lui serra la main, qu'elle lui tendit cordialement ; puis l'expression de l'admiration fit place dans ses accents à celle de la tendresse, et il ajouta en s'adressant à Alice : — Adieu, Alice ! nous nous retrouverons bientôt, et, si mes espérances ne m'abusent pas, au milieu des réjouissances et de la richesse ! »

Sans attendre de réponse, le jeune homme descendit les marches de gazon du bastion, traversa rapidement la place d'armes, et entra chez le commandant Munro. Celui-ci se promenait à grands pas dans son étroit appartement, et semblait en proie à une vive agitation.

« Vous avez prévenu mes désirs, major Heyward, dit-il, j'allais vous faire demander.

— Je suis fâché, monsieur, que le messager que je vous avais si chaudement recommandé vous ait été ramené par les Français. Je souhaite que vous n'ayez aucune raison de soupçonner sa fidélité.

— La fidélité de la Longue-Carabine m'est bien connue, répondit Munro, et elle est à l'abri de tout soupçon ; mais sa bonne fortune ordinaire semble l'avoir un instant abandonné. Montcalm l'a fait prisonnier ; et, avec la maudite politesse de sa nation, il me l'a renvoyé en me faisant dire expressément qu'il savait combien j'estimais cet homme, et qu'il ne pouvait avoir l'idée de m'en priver. C'est une manière jésuitique, major, de faire sentir à un homme son infortune !

— Mais le général Webb, et ses troupes de renfort !

— Les avez-vous vus venir ! dit le vieux soldat avec un rire amer. Vous n'avez pas de patience, et vous ne laissez pas à ces messieurs le temps d'arriver.

— Ils viennent donc, votre éclaireur vous l'a annoncé !

— Quand, et par quel chemin, c'est ce qu'il a oublié de me dire. Il était porteur d'une lettre qui m'en aurait appris davantage, mais qui a été confisquée. A en juger par les égards ordinaires de ce marquis de Montcalm de Saint-Véran, je suppose que si la lettre avait contenu de mauvaises nouvelles, la civilité de ce monsieur lui aurait fait un devoir de me la communiquer.

— Mais, à défaut de lettre, vous avez dû entendre le rapport verbal de votre éclaireur ; il a une langue, des yeux, des oreilles ; quel a été le résultat de ses observations ?

— Oh ! il n'a perdu aucun des organes dont la nature l'a doué, mais tout ce qu'il a découvert en les employant, c'est qu'il y a sur les rives de l'Hudson un fort anglais, appelé Édouard, en l'honneur de son altesse le duc d'York, et que ce fort a une garnison. Croyez-vous qu'il soit facile de se procurer de l'artillerie au milieu d'un désert, à trois mille milles de la Grande-Bretagne ?

— Et aucun mouvement n'annonçait qu'elle se préparât à nous porter secours ?

— Il y avait des parades du matin, des parades du soir ; et la poudre s'y enflammait quand on en laissait tomber sur les charbons... et pourtant, ajouta-t-il en passant brusquement d'une expression d'ironie à un ton plus grave, il devait y avoir dans cette lettre quelque nouvelle importante !

— Quoique nous l'ignorions, il importe de prendre promptement un parti. Je ne puis vous cacher, monsieur, que le camp retranché ne sera pas longtemps tenable ; et j'ajoute avec regret que le fort ne me paraît pas en meilleur état : plus de la moitié de nos canons est crevé.

— Et, comment en serait-il autrement ! les uns ont été pêchés dans le lac, les autres se rouillent dans les bois depuis la découverte du pays ; quelques-uns même étaient de ces canons. Croyez-vous qu'il soit facile de se procurer de l'artillerie au milieu d'un désert, à trois mille milles de la Grande-Bretagne ?

— Les murailles croulent autour de nous, poursuivit Heyward sans prendre garde à ce nouvel accès d'indignation ; les provisions commencent à nous manquer, les hommes mêmes donnent des signes d'alarme et de mécontentement.

— Major Heyward, dit Munro avec la dignité que lui donnait la supériorité de son âge et de son rang, j'aurais en vain gagné ces cheveux gris au service, si j'ignorais ces tristes détails. Toutefois, malgré notre détresse, il faut faire ce qu'exigent notre honneur et celui du roi d'Angleterre. Tant qu'il y aura espoir d'un secours cette forteresse se défendra, ne fût-ce qu'avec des cailloux ramassés sur les bords du lac. Mais cette lettre ! cette lettre ! il serait essentiel d'en prendre connaissance !

— Et que puis-je faire pour vous en cette occasion ?

— Beaucoup ! Le marquis de Montcalm, par surcroît de politesse, m'a invité à une entrevue personnelle, pour me faire, dit-il, de nouvelles communications. Or je crois qu'il ne faut pas témoigner une extrême envie de le voir, et je vous passe ma procuration. »

Le vétéran fit suivre ces paroles d'instructions longues et confidentielles, sur les devoirs qu'il avait à remplir en qualité de représentant du commandant. Dix minutes après, Duncan prit congé de Munro. Les délais de l'armistice n'étaient pas encore épuisés. Le major fit faire un roulement, et déploya un petit pavillon blanc ; puis il sortit par la poterne et fut reçu avec les formalités ordinaires par un officier français, et conduit immédiatement au célèbre guerrier qui dirigeait les forces françaises dans l'Amérique septentrionale.

Le général français le reçut au milieu de ses principaux officiers et des chefs indigènes dont les tribus faisaient la campagne avec les Français. Heyward s'arrêta tout court lorsque ses yeux, errant sur le groupe sombre, y reconnurent la malicieuse figure de Magua, qui le regardait avec cette attention calme et morne qui lui était particulière. Un léger cri de surprise s'échappa encore des lèvres du jeune major ; mais, se rappelant aussitôt de quel message il était chargé, et en présence de qui il était, il comprima ses émotions, et s'approcha du chef ennemi, qui s'était avancé pour le recevoir.

Né en 1812, le marquis de Montcalm était alors, en 1757, à la fleur de l'âge et à l'apogée de sa fortune. Sa haute position n'ôtait rien à son affabilité, et il était aussi distingué par la courtoisie que par ce courage chevaleresque qui, deux ans après, lui fit chercher la mort sous les murs de Québec. Les regards de Duncan, se détournant du visage repoussant du Renard-Subtil, s'arrêtèrent avec plaisir sur les traits nobles et gracieux du général français.

« Bonjour, dit celui-ci, j'ai beaucoup de plaisir à... Mais où est donc l'interprète ?

— Je crois, monsieur, qu'il ne sera pas nécessaire ; je parle un peu français.

— Ah ! j'en suis bien aise, dit Montcalm entraînant familièrement Duncan par le bras au bout de la tente, hors de la portée des assistants. Je déteste ces fripons-là ; on ne sait jamais sur quel pied on est avec eux. Eh bien ! monsieur, quoique j'eusse été fier de recevoir votre commandant, je suis bien heureux qu'il ait jugé à propos d'employer un officier aussi distingué et aussi aimable que vous me paraissez l'être. »

Duncan avait pris la résolution héroïque de ne se laisser séduire par aucun artifice ; néanmoins il fut satisfait du compliment, et y répondit par une profonde inclination. Après un moment de silence, que Montcalm parut employer à recueillir ses idées, le général poursuivit en ces termes :

« Votre commandant est un brave homme, un digne adversaire ; mais, monsieur, n'est-il pas temps de prendre un peu moins conseil du courage et un plus de l'humanité ? Ces deux qualités caractérisent également le héros.

— Nous les considérons comme inséparables, répondit le major en souriant ; mais tandis que nous trouvons dans l'énergie de Votre Excellence un stimulant pour la première, nous ne voyons en ce moment aucun motif de pratiquer la seconde. »

Montcalm à son tour s'inclina légèrement, mais de l'air d'un homme trop expérimenté pour se laisser prendre à la flatterie.

« Il est possible, ajouta-t-il, que ma longue-vue m'ait trompé, et que vos ouvrages aient résisté à notre artillerie mieux que je ne le supposé. Vous connaissez notre force ?

— Approximativement, dit Duncan avec insouciance ; nous l'évaluons au plus haut à vingt mille hommes. »

Le Français se mordit les lèvres et fixa les yeux sur son interlocuteur, comme pour pénétrer le fond des pensées du major. Avec la conception rapide qui lui était particulière, il feignit d'accepter comme vraie une évaluation qui doublait son armée.

« Cela ne fait pas l'éloge de notre vigilance, monsieur ! poursuivit-il ; mais, nous avons beau faire, nous ne pouvons cacher notre nombre, même à la faveur des montagnes et des bois. Au reste, si vous pensez qu'il soit encore trop tôt pour écouter la voix de l'humanité, un jeune homme comme vous prêtera sans doute l'oreille à celle de la galanterie. Les filles du commandant, m'a-t-on dit, sont entrées dans le fort depuis qu'il est investi.

— C'est vrai, monsieur ; mais, loin de nous affaiblir, elles nous donnent l'exemple du courage. S'il ne fallait que de la résolution pour repousser un militaire aussi accompli que monsieur de Montcalm, je confierais volontiers la défense du fort à l'aînée de ces dames.

— La loi salique a sagement ordonné que la couronne de France ne tomberait jamais en quenouille, » dit Montcalm sèchement et avec un peu de hauteur; mais il reprit son air de franchise et d'aisance, pour ajouter : « Je vous crois sans peine, car Munro doit avoir transmis ses nobles qualités à ses filles; mais, comme je vous l'ai fait observer, le courage a ses limites, et je présume qu'avant de venir ici vous aviez été autorisé à traiter de la reddition de la place?

— Votre Excellence trouve-t-elle que nous nous défendions assez mollement pour rendre cette mesure indispensable?

— Je serais fâché que la défense se prolongeât de manière à irriter mes amis les peaux-rouges, poursuivit Montcalm en jetant un coup d'œil sur le groupe des Indiens graves et attentifs; je trouve difficile, même à présent, de leur faire respecter les usages de la guerre. »

Heyward garda le silence, troublé par le terrible souvenir auquel il avait si récemment échappé et par l'image des êtres sans défense qui avaient partagé toutes ses angoisses. Montcalm s'aperçut de l'avantage qu'il avait obtenu, et se hâta d'en profiter.

— Ces messieurs les peaux-rouges, dit-il, sont formidables quand on les fait languir, et il n'est pas nécessaire de vous dire avec quelle difficulté on les retient dans leur colère. Eh bien! monsieur, parlerons-nous des conditions de la capitulation?

— Je crains que Votre Excellence ne se soit trompée sur la force de William-Henri et les ressources de sa garnison.

— Je ne suis pas devant Québec, mais devant des remparts de terre qui sont défendus par deux mille trois cents braves soldats.

— Certes, nos fortifications ne sont pas solidement construites; mais elles sont sur cette rive qui a été si fatale au baron Dieskau et à son armée. Il y a aussi, à quelques lieues de nous, des forces imposantes, dont nous devons tenir compte.

— Oui, reprit Montcalm avec une superbe indifférence, environ six ou huit mille hommes, que leurs chefs croient, avec raison, plus en sûreté dans leurs murailles qu'en rase campagne. »

Ce fut au tour d'Heyward à se mordre les lèvres, en entendant le général faire si froidement une évaluation que le jeune homme savait être très-exagérée. Tous deux rêvèrent quelque temps en silence, et Montcalm reprit la conversation de manière à prouver qu'il croyait que la visite de son hôte avait pour unique but de traiter d'une capitulation. De son côté, Heyward essaya de sonder le général français, et d'en tirer des éclaircissements sur le contenu de la lettre interceptée. Ces curiosités réciproques furent inutiles. Après une longue entrevue sans résultat le major se retira emportant une opinion favorable de la courtoisie et des talents du marquis, mais aussi ignorant de ce qu'il voulait savoir que lorsqu'il était arrivé. Montcalm le reconduisit jusqu'à la porte de sa tente, et le pria de nouveau d'inviter le commandant du fort à lui accorder immédiatement une entrevue sur le terrain situé entre les deux armées. Ils se séparèrent ensuite, et Duncan, accompagné d'un officier, reprit la route du fort William-Henri.

CHAPITRE XVI

Le major Heyward trouva Munro seul avec ses filles. Sur ses genoux était assise Alice, dont les doigts délicats séparaient les cheveux gris qui couvraient le front du vieillard. Toutes les fois qu'il donnait quelque signe d'impatience, elle l'apaisait en appuyant ses lèvres, vermeilles sur les rides de ce front austère. Assise auprès d'eux, Cora contemplait les mouvements enfantins de sa jeune sœur avec cet espèce d'amour maternel qu'elle éprouvait pour Alice. La douceur de cette scène de famille faisait oublier au vétéran ses soucis, ses inquiétudes, et aux jeunes filles le souvenir des dangers qu'elles avaient courus. Duncan, qui, pressé de faire son rapport, était entré sans être annoncé, ne fut pas aperçu d'abord; mais son visage réfléchi dans une glace, ne tarda pas à frapper les yeux d'Alice. Elle se leva en rougissant, et s'écria : « Le major Heyward! — Pourquoi m'en parlez-vous? demanda le commandant; il est allé causer quelques instants avec le Français... Ah! vous voilà, monsieur! vous avez toute l'agilité de la jeunesse... Allez-vous-en, petites! j'ai assez d'occupations pour ne pas tenir à garder dans mon camp des babillardes comme vous! » Alice suivit en riant sa sœur, qui s'empressa de sortir dès qu'elle vit qu'on ne désirait plus sa présence. Munro, au lieu de demander au jeune homme le résultat de sa mission, se promena de long en large dans la chambre les mains derrière le dos et la tête penchée. Enfin il leva des yeux où brillait la tendresse paternelle, et s'écria :

« Ce sont deux excellentes filles, Heyward! et on peut en être fier avec juste raison.

— Vous savez quelle est mon opinion sur leur compte, colonel Munro?

— Oui, oui, interrompit le vieillard, vous m'avez ouvert votre cœur à ce sujet le jour même de votre arrivée. Je n'ai pas cru convenable de parler de mariage et de noce, dans un moment où les ennemis de l'Angleterre pouvaient se présenter à la fête sans invitation; mais j'ai eu tort, mon ami, et je suis prêt à entendre ce que vous avez à me dire.

— Malgré le plaisir que me donne cette assurance, mon cher monsieur, je désirerais vous communiquer un message de Montcalm.

— Au diable le général français! s'écria le vétéran avec emportement, il n'est encore maître du fort William-Henri, et ne le sera jamais, pourvu que Webb fasse son devoir. Dieu merci! Munro n'est pas encore réduit à une telle extrémité qu'il ne puisse s'occuper un moment de sa famille, et mettre en ordre ses affaires domestiques. Votre mère, Duncan, était la fille unique de mon meilleur ami, et je vous donnerais audience quand même tous les chevaliers de Saint-Louis viendraient en masse à la poterne, ayant leur saint François à leur tête, pour me demander un moment d'entretien. »

Heyward s'aperçut que le commandant prenait plaisir à témoigner du mépris pour le message du général français; il se décida donc à entrer dans ses vues momentanées; et sans s'occuper davantage de ce qui s'était passé dans son entrevue :

« Puisque vous consentez à m'écouter, reprit-il, je vous rappellerai que j'aspire à l'honneur d'être votre fils.

— Je le sais, mon garçon! vous vous êtes parfaitement fait comprendre; mais permettez-moi de vous demander si vous en avez dit un mot à ma fille?

— Non, sur mon honneur! s'écria Duncan; c'eût été abuser de votre confiance que de profiter de ma position pour leur parler d'amour.

— Ces idées sont celles d'un honnête homme; mais Cora Munro a trop de prudence et d'élévation dans l'esprit pour avoir besoin de la surveillance même d'un père.

— Cora!

— Oui, Cora! Ne s'agit-il pas de vos prétentions à la main de miss Munro?

— Je... je... je... ne croyais pas avoir prononcé ce nom, balbutia le major.

— Et pour quel mariage me demandez-vous mon consentement! major Heyward? demanda le vieux soldat en se redressant d'un air de dignité blessée.

— Vous avez une autre et non moins aimable fille...

— Alice! » s'écria le père dans un étonnement pareil à celui avec lequel Duncan avait répété le nom de sa sœur aînée.

Le jeune homme attendit en silence le résultat de l'effet extraordinaire produit par une communication qui semblait si inattendue. Pendant plusieurs minutes, Munro arpenta la chambre d'un pas rapide; ses traits s'agitaient convulsivement; il était absorbé dans une rêverie profonde; enfin il s'arrêta droit en face d'Heyward, fixa les yeux sur lui, et ses lèvres tremblantes laissèrent tomber ces mots :

« Duncan Heyward, je vous ai aimé à cause de celui dont le sang coule dans vos veines; je vous ai aimé à cause de vos bonnes qualités, et parce que je pensais que vous contribueriez au bonheur de mon enfant. Mais toute cette affection se changerait en haine, si mes appréhensions se vérifiaient.

— Dieu me garde d'avoir la moindre pensée qui puisse amener un pareil changement! » s'écria le jeune homme.

Le commandant ne songeait pas qu'il était impossible à son interlocuteur de comprendre les sentiments cachés dans son sein. Toutefois l'inaltérable fermeté avec laquelle Duncan soutint les regards pénétrants du vieillard désarma ce dernier, qui reprit d'une voix sensiblement adoucie :

« Vous désirez être mon fils, et vous ignorez l'histoire d'un homme que vous voulez appeler votre père. Asseyez-vous, jeune homme, et peu de mots vous suffiront pour mettre à nu les blessures d'un cœur desséché. »

En ce moment l'invitation de Montcalm était oubliée par celui qui s'était chargé de la transmettre, aussi bien que par l'homme auquel elle était destinée. Chacun d'eux prit une chaise. Le major, contenant son impatience, se tint dans une attitude de respectueuse attention; et, après quelques instants d'une méditation qui paraissait pénible, Munro commença en ces termes :

« Vous savez déjà, major Heyward, que ma famille est ancienne et honorable, bien qu'il n'ait jamais été dans une position de fortune correspondant à sa noblesse. J'avais à peu près votre âge lorsque je me fiançai avec Alice Graham, fille d'un assez riche seigneur des environs. Il s'opposa à notre union par divers motifs, dont le principal était ma pauvreté. Je fis donc ce que doit faire un honnête homme; je rendis à la jeune fille sa parole, et je quittai le pays pour m'enrôler. J'avais vu bien des contrées, j'avais versé mon sang dans différentes parties du monde, lorsque mon devoir m'appela dans les îles des Grandes-Indes. Là, mon sort voulut que je contractasse une liaison avec une jeune personne, que je finis par épouser, et qui devint mère de Cora. C'était la fille d'un estimable colon; mais sa mère avait le malheur de descendre, à un degré éloigné, de cette classe avilie qu'on réduit en esclavage pour satisfaire les besoins de notre luxe. Il y a contre elle un préjugé terrible; mais, si je trouvais un homme qui osât rendre ma fille responsable de cette fatale parenté, il sentirait tout le poids de ma colère! Ah! major Heyward, vous êtes né vous-même dans la province du sud, où les pauvres noirs sont considérés comme une race inférieure à la nôtre?

— C'est malheureusement vrai! dit Duncan, qui ne put s'empêcher de baisser les yeux avec embarras.

— Et vous faites à mon enfant un sujet de reproche de son origine, vous dédaignez de mêler le sang des Heyward avec un sang aussi dégradé? » demanda fièrement le père courroucé.

Le préjugé de la couleur était si profondément enraciné dans l'âme du jeune homme, qu'il en était devenu partie intégrante. Toutefois, pour ne pas irriter davantage le vieillard, il s'écria : « Le ciel me garde d'idées aussi indignes de ma raison ! La douceur, la beauté, les grâces séduisantes de votre fille cadette suffisent pour expliquer mon choix, sans qu'il soit nécessaire de m'accuser d'une injustice.

— Vous avez raison, repartit Munro, en tempérant encore le son de sa voix ; Alice est l'image de sa mère jeune encore, et encore étrangère aux chagrins. Lorsque la mort m'eut privé de ma femme, je retournai en Écosse, enrichi par mon premier mariage ; et.... l'aurais-je deviné, Duncan ! l'ange de mes premières amours était restée fille, seule et sans appui, pendant vingt longues années ! Elle s'était condamnée au célibat pour l'homme qui avait pu l'oublier ! Elle fit plus, monsieur, elle passa par-dessus mon manque de foi, et m'accepta pour époux.

— Et elle devint mère d'Alice ! » s'écria le major avec un empressement qui décelait la joie qu'il éprouvait en apprenant qu'Alice n'était pas de sang mêlé.

Heureusement le vieillard était trop absorbé pour s'apercevoir de ce mouvement.

« Oui, dit-il ; elle paya de sa vie le doux présent qu'elle me fit. Mais c'est une sainte dans le ciel ; et il conviendrait mal à un homme qui a un pied dans la tombe de gémir d'une aussi heureuse destinée. Je ne fus uni à elle que pendant une année, courte espace de bonheur pour une femme qui avait vu toute sa jeunesse se flétrir dans une pénible attente. »

Il y avait quelque chose de si imposant dans la douleur du vieillard, qu'Heyward n'osa pas hasarder un seul mot de consolation. Sans prendre garde à la présence d'un étranger, Munro s'assit en inclinant son visage altéré par de poignants souvenirs. Des larmes involontaires coulèrent de ses yeux et tombèrent de ses joues sur le parquet. Tout à coup, revenant à lui, il se releva, fit un tour dans la chambre et s'approcha de son compagnon d'un air martial, en lui disant :

« N'avez-vous pas, major Heyward, quelque communication à me faire de la part du marquis de Montcalm ? »

Duncan tressaillit à son tour et commença d'une voix embarrassée le rapport qu'il avait presque perdu de vue. À mesure que Munro l'écoutait, ses sentiments paternels disparaissaient devant les obligations de son poste ; et, à la fin du récit, Heyward n'eut devant lui que le vétéran blessé dans son honneur de soldat.

« Vous m'en avez assez dit, major, s'écria-t-il avec colère, il y aurait de quoi faire un volume de commentaires sur la civilité française. Ce général m'avait invité à une conférence, et, lorsque je lui envoie un remplaçant capable et distingué, il me répond par des énigmes.

— Il a pu concevoir de moi une opinion moins favorable, mon cher monsieur ; et n'oubliez pas que l'invitation qu'il réitère maintenant était adressée au commandant du fort, et non pas à son second.

— Eh bien ! monsieur, un fondé de pouvoir n'est-il pas investi de toute l'autorité de celui dont il accomplit le message ?... Il vient s'entretenir avec Munro ! Ma foi, j'ai envie d'y consentir, ne fût-ce que pour montrer à ce Montcalm l'attitude que nous conservons, en dépit de ses forces et de ses sommations. Ce ne serait peut-être pas impolitique, jeune homme. »

Duncan se hâta d'encourager cette idée, car il pensait que le commandant obtiendrait promptement connaissance de la lettre qu'on avait enlevée à l'éclaireur.

« Assurément, dit-il, notre air indifférent ne lui donnera aucune espérance de succès.

— Vous n'avez jamais rien dit de plus vrai ; je voudrais qu'il visitât nos fortifications en plein jour, en nous donnant l'assaut. C'est la plus sûre manière d'éprouver la contenance d'un ennemi, et je la trouve bien préférable au système de batteries qu'il a adopté. La mâle beauté de la guerre a été complètement défigurée par les inventions de notre M. Vauban. Nos ancêtres étaient au-dessus de cette lâcheté scientifique.

— C'est possible, monsieur ; mais nous sommes obligés de repousser l'art par l'art. Qu'avez-vous décidé relativement à l'entrevue ?

— J'irai trouver le Français, sans crainte et sans délai, comme il convient à un fidèle serviteur de Georges II. Allez, major Heyward, faites sonner la trompette, et envoyez un parlementaire. Vous serez accompagné d'une escorte, c'est un honneur qui est dû au roi que je représente ; et, d'ailleurs, ajouta-t-il à voix basse lorsqu'ils furent seuls, la prudence veut que nous ayons quelque secours à proximité, dans le cas où tous ces pourparlers cacheraient une perfidie. »

Le jeune homme quitta l'appartement, et, comme le tirait à sa fin, il se hâta de faire les préparatifs nécessaires. Un officier d'ordonnance partit avec un pavillon blanc ; le peloton commandé fut conduit par Duncan à la poterne, où l'attendait le commandant. Dès que le cérémonial ordinaire d'un départ militaire eut été mis en pratique, le vétéran et son jeune compagnon sortirent du fort suivis de leur escorte. Ils n'étaient qu'à cent pas des glacis, lorsque la petite troupe qui accompagnait le général français quitta le chemin creux formé par le lit d'un ruisseau qui coulait entre le fort et les batteries des assiégeants. Du moment que Munro fut dans le camp des Français,

il marcha d'un pas ferme, et prit l'attitude noble et imposante d'un soldat. Aussitôt qu'il eut entrevu la plume blanche qui flottait sur le chapeau de Montcalm, les yeux du vieillard s'allumèrent, et l'âge ne parut plus avoir aucune influence sur sa charpente forte et musculeuse.

« Recommandez à nos hommes d'être sur leurs gardes, murmura-t-il à l'oreille de Duncan, car on ne sait jamais à quoi s'en tenir avec un serviteur des Bourbons. En même temps, affections la plus parfaite sécurité. Vous me comprenez, major Heyward ! »

Il fut interrompu par un roulement de tambours qui annonçait l'approche des Français, les Anglais y répondirent par un ban ; de chaque côté s'avança une ordonnance portant un drapeau blanc, et le prudent Écossais fit halte sans se séparer de son escorte. Montcalm vint à lui d'un pas rapide mais plein de grâce, se découvrit devant le vétéran et fit un salut si profond que son panache blanc alla balayer la terre. Si la tenue de Munro était plus mâle et plus imposante, le Français l'emportait par l'aisance de ses manières insinuantes. Tous deux se regardèrent quelques instants, sans parler, avec intérêt et curiosité. En raison de son rang supérieur et de la nature de l'entrevue, Montcalm rompit le premier le silence. Après quelques phrases banales, qu'il prononça en français, il s'adressa à Duncan et lui dit : « Je suis charmé, monsieur, de vous revoir en cette occasion. Il sera inutile d'avoir recours à un interprète de profession, car je suis sûr qu'en passant par votre bouche, mes paroles seront aussi fidèlement rendues que si je m'exprimais dans votre langue. »

Heyward s'inclina. Le général français, que son escorte serrait de près, à l'exemple de celle de Munro, se retourna vers les siens et leur dit : « En arrière, mes enfants, il fait chaud, retirez-vous un peu. »

Avant de donner la même preuve de confiance, le major Heyward jeta un coup d'œil autour de la plaine et vit avec inquiétude les nombreux groupes de sauvages qui, de la lisière des bois voisins, assistaient à l'entrevue.

« Monsieur de Montcalm appréciera la différence de notre situation, dit-il avec un certain embarras ; si nous renvoyions notre garde, nous serions à la merci de ces sauvages.

— Monsieur ! répondit Montcalm en posant la main sur son cœur, vous avez la parole d'un gentilhomme français, cela doit suffire.

— Cela suffira. »

Duncan se tourna vers l'officier qui commandait l'escorte, et lui dit : « Retirez-vous, monsieur ; tenez-vous hors de la portée de la voix et attendez des ordres. »

Munro vit ce mouvement avec un déplaisir manifeste, et ne manqua pas d'en demander aussitôt l'explication.

« N'est-il pas de notre intérêt, répondit Duncan, de ne témoigner aucune défiance ? Monsieur de Montcalm promet sur sa parole que nous n'avons rien à craindre, et j'ai ordonné à mes gens de s'éloigner un peu pour prouver que nous comptons sur son serment.

— Vous pouvez avoir raison, monsieur ; mais je n'ai pas une fameuse idée de la bonne foi de ce marquis : les lettres de noblesse sont trop communes en France pour qu'on soit certain qu'elles portent le sceau du véritable honneur.

— Vous oubliez, mon cher monsieur, que nous avons affaire à un capitaine aussi estimé en Europe qu'en Amérique, un militaire de sa réputation ne peut méditer une perfidie. »

Le vieillard fit un geste de résignation ; mais ses traits sévères trahissaient une opiniâtre défiance, qui provenait moins des circonstances actuelles que d'une espèce de préjugé héréditaire. Montcalm attendit patiemment la fin de cet aparté, puis il se rapprocha et entama le sujet de la conférence.

« Monsieur, dit-il à Heyward, j'ai sollicité une entrevue de votre commandant, c'est pour le convaincre qu'il a fait tout ce qu'exigeait l'honneur. J'attesterai le premier que sa résistance a été héroïque et prolongée aussi longtemps que possible. »

Quand on eut transmis cette nouvelle à Munro, il répondit poliment mais avec dignité : « Bien qu'un pareil témoignage ait du prix pour moi de la part de monsieur de Montcalm, il en aura plus encore lorsqu'il sera mieux mérité. »

Le général français sourit lorsque Duncan lui eut fait part de cette réponse, et il ajouta :

« Ce qu'on accorde volontiers au courage peut être refusé à une inutile obstination. Monsieur désire-t-il voir mon camp et s'assurer par lui-même de nos forces et de l'impossibilité de les combattre avec succès ? »

Dès qu'Heyward lui eut rendu cette phrase, l'inflexible Écossais reprit :

« Je sais que le roi de France est bien servi, mais mon royal maître a des troupes aussi nombreuses et aussi fidèles.

— Qui, malheureusement pour vous, ne sont pas là ! s'écria Montcalm avec vivacité, dans son ardeur, d'avoir recours à l'interprète. Il y a dans la guerre une destinée à laquelle un brave homme sait se soumettre même avec le même courage qu'il déploie devant l'ennemi.

— Si j'avais su que monsieur de Montcalm entendît si bien l'anglais, je me serais épargné la peine de la traduction ! dit sèchement le major mécontent et se rappelant sa récente conversation avec Munro.

Une légère rougeur colora les joues basanées du général français ;

« Pardonnez, monsieur, dit-il, il y a une énorme différence entre comprendre et parler une langue étrangère ; je vous prierai donc de me continuer votre concours. »

Il ajouta après un moment de silence : « Ces collines, messieurs, nous procurent toutes facilités pour reconnaître vos remparts, et je suis instruit aussi bien que vous de leur délabrement.

— Demandez au général français, dit fièrement Munro, si ses longues-vues lui permettent de voir les bords de l'Hudson, et s'il sait quand l'armée de Webb doit se mettre en route.

— Le général Webb se chargera de répondre, dit l'adroit Montcalm en présentant tout à coup à Munro une lettre ouverte ; vous allez apprendre, monsieur, que ses mouvements ne sont pas compromettants pour mon armée. »

Sans attendre que Duncan lui traduisît ces mots, le vétéran saisit le papier qu'on lui présentait avec un empressement qui montra quelle importance il y attachait. En le parcourant, il changea de visage ; l'expression de la fierté martiale fit place à celle d'un profond chagrin ; ses lèvres tremblèrent ; la lettre lui échappa des mains, et il pencha la tête comme un homme accablé, anéanti, dont un seul coup a détruit toutes les espérances. Duncan ramassa la lettre, et, sans s'excuser de la liberté qu'il prenait, il en dévora le contenu. Le général Webb, loin de les engager à résister, leur conseillait de se rendre au plus vite, et il alléguait comme raison péremptoire qu'il lui était absolument impossible d'envoyer un seul homme à leur secours.

« Il n'y a point de déception, s'écria Duncan en examinant le billet dans tous les sens, c'est bien la lettre interceptée revêtue de la signature de Webb.

— Cet homme m'a trahi ! dit Munro avec amertume ; il a introduit la honte dans une maison où elle n'était jamais entrée, il a amassé le déshonneur sur mes cheveux blancs !

— Ne parlez pas ainsi, interrompit Duncan, nous sommes encore maîtres du fort, vendons chèrement notre vie !

— Je te remercie, enfant ! s'écria l'Écossais sorti de sa stupeur, tu as rappelé à Munro son devoir, retournons aux remparts et ensevelissons nous sous leurs décombres !

— Messieurs, dit Montcalm avec une généreuse émotion, vous connaissez peu Louis-Joseph de Saint-Véran si vous le croyez capable de profiter de cette lettre pour humilier de braves gens au prix de sa propre réputation. Avant de nous quitter écoutez mes conditions.

— Que dit le Français ? demanda le vétéran d'un ton sévère. Se fait-il un mérite d'avoir fait prisonnier un batteur d'estrade avec une lettre du quartier général ! S'il compte effrayer l'ennemi par des paroles, qu'il lève le siège et qu'il aille camper devant le fort Édouard. »

Duncan expliqua ce qu'avait dit le marquis.

« Monsieur de Montcalm, nous vous écoutons ! reprit Munro avec plus de calme.

— Garder le fort est maintenant impossible, dit le bienveillant vainqueur ; il est indispensable aux intérêts de la France qu'il soit détruit. Quant à vous et à vos braves camarades, vous avez droit à tous les avantages auxquels tiennent les soldats.

— Nos drapeaux ? demanda Heyward.

— Vous les emporterez en Angleterre pour les montrer à votre roi.

— Nos armes ?

— Vous les garderez : on ne saurait mieux s'en servir.

— Notre sortie ? demanda la reddition de la place ?

— Tout sera fait de la manière la plus honorable pour vous. »

Duncan se tourna vers Munro et lui expliqua ces propositions. Le vieil Écossais les écouta avec étonnement, et fut vivement touché d'une générosité si rare et si inattendue.

« Allez, Duncan, dit-il, allez avec le marquis, c'est un véritable marquis ; passez dans sa tente et arrangez l'affaire. J'ai vécu pour voir dans ma vieillesse deux choses que je n'aurais jamais pressenties : un Anglais craignant de s'exposer pour un ami, et un Français trop honnête pour profiter de ses avantages. »

En disant ces mots, le vétéran pencha de nouveau la tête et retourna lentement au fort. La garnison, inquiète, devina, à l'air d'abattement du commandant, qu'il apportait de mauvaises nouvelles. Cet abattement était si profond que le caractère fier et hautain de Munro ne s'en remit jamais.

Le major resta avec Montcalm pour régler les articles de la capitulation. Il rentra au fort dans la soirée, eut un entretien secret avec le commandant, et revint au camp français. On annonça alors publiquement que les hostilités avaient cessé. Munro signa un traité en vertu duquel la place devait être rendue le lendemain. La garnison conservait ses armes, ses drapeaux, ses bagages, et par conséquent suivant les idées militaires son honneur dans toute son intégrité.

CHAPITRE XVII.

Les armées ennemies qui campaient dans les déserts de l'Horican, passèrent la soirée du 9 août 1757 de la même manière que si elles eussent été sur le plus beau champ de bataille de l'Europe. Les vaincus étaient mornes et silencieux ; les vainqueurs entonnaient des chants de triomphe. Mais la douleur et la joie ont des bornes, et longtemps avant l'aube le calme des bois était rétabli. Il n'était troublé que par quelques jeunes Français qui se divertissaient aux avant-postes et par les sentinelles du fort, qui en interdisaient rigoureusement l'approche avant l'instant fixé pour la capitulation. Leurs cris de menace cessèrent même de se faire entendre pendant cette heure sombre qui précède le jour, et l'on aurait vainement cherché le moindre indice de la présence des troupes qui sommeillaient sur les rives du Saint-Lac.

Pendant ces moments de calme, le rideau qui couvrait l'entrée d'une vaste tente du camp français s'écarta tout à coup ; et un homme, en sortant, laissa retomber derrière lui les plis de la draperie. Il était enveloppé d'un manteau destiné autant à cacher sa personne qu'à le garantir de l'humidité glacée des bois. Le grenadier qui veillait sur le sommeil du général français fit au promeneur le salut militaire, et le laissa se diriger sans obstacle vers le fort William-Henri. L'inconnu répondait vivement et d'une façon satisfaisante aux *qui-vive* des nombreuses sentinelles qu'il rencontrait. Il s'avança ainsi jusqu'à l'extrême limite des lignes françaises. Arrivé auprès du soldat qui était le plus rapproché des fortifications anglaises, il fut accueilli par la question ordinaire :

« Qui vive ?

— France.

— Le mot d'ordre ?

— Victoire, dit l'inconnu à l'oreille de la sentinelle.

— C'est bien, reprit la sentinelle en remettant son fusil sur son épaule ; vous vous promenez bien matin, monsieur ?

— Il est nécessaire d'être vigilant, mon enfant, » dit l'autre ; et il entr'ouvrit son manteau et regarda fixement le soldat, tout en continuant sa route vers la citadelle. La sentinelle tressaillit ; il présenta respectueusement les armes, et murmura entre ses dents : « Il faut être vigilant, en vérité ! Je crois que nous avons là un caporal qui ne dort jamais ! »

L'officier fit semblant de n'avoir pas entendu ses paroles et ne s'arrêta que sur le sable du rivage, assez près du bastion occidental du fort pour n'être pas très en sûreté. La lumière de la lune, obscurcie par les nuages, suffisait à peine pour rendre visibles les contours des objets. Il prit la précaution de se placer contre le tronc d'un arbre, où il s'appuya, et parut contempler les sombres et silencieux ouvrages du fort avec une attention profonde. Cette contemplation n'était point celle d'un curieux vulgaire ; mais elle décelait un homme expérimenté, qui étudiait en connaisseur la disposition des travaux. Après un long examen, il regarda avec impatience le sommet des montagnes situées à l'orient, comme s'il eût voulu hâter le lever du soleil. Il allait retourner sur ses pas, quand il entendit à l'angle du bastion le plus voisin un léger bruit qui le décida à rester. Un homme s'approcha du bord du fossé, et contempla de son côté les tentes lointaines du camp français. Il tourna aussi la tête vers l'orient, comme s'il eût attendu l'aurore avec anxiété, puis il s'appuya sur le rempart, et promena les yeux sur la surface cristalline des eaux, qui, comme un firmament sous-marin, étincelait des clartés de mille étoiles reflétées. L'air mélancolique, la haute taille de l'homme qui rêvait à cette heure sur le bastion anglais, ne laissèrent aucun doute sur son identité à celui qui l'observait.

La délicatesse, non moins que la prudence, imposait au promeneur français l'obligation de se retirer. Dans l'intention de s'éloigner, il fit avec précaution le tour de l'arbre qui le masquait ; mais un nouveau bruit l'arrêta encore net pas : c'était un clapotement presque insensible de l'eau, et il fut suivi du choc des galets qui roulaient sous les pieds d'un homme. Cet homme, sorti du sein du lac, fit quelques pas sur le rivage, et abaissa lentement une carabine en prenant la haute pour point de mire. Il allait tirer, quand l'officier français mit brusquement la main sur le chien.

« Hugh ! » s'écria le sauvage dont le coup perfide était si singulièrement prévenu.

Le Français, sans prononcer un mot, mit la main sur l'épaule de l'Indien, et le conduisit à quelque distance de cet endroit où ils étaient exposés et où l'un d'eux venait chercher une victime. Puis, rejetant son manteau en arrière, et laissant voir son uniforme et la croix de Saint-Louis suspendue sur sa poitrine, Montcalm dit d'un ton sévère :

« Que signifie cela ? Mon fils ne sait-il pas que la hache de guerre est enterrée entre les Anglais et son père canadien ?

— Que peuvent faire les Hurons ? répondit le sauvage en mauvais français ; pas un guerrier n'a de chevelures et les visages pâles se réconcilient !

— Ah ! c'est le Renard-Subtil ! Il me semble que c'est un excès de zèle de la part d'un ami qui était naguère encore notre ennemi ! Combien y a-t-il de soleils que le Renard a frappé le poteau de guerre des Anglais ?

— Qu'importe le soleil ? demanda le farouche Indien. Il fait froid, il fait noir, parce que le soleil est derrière la colline ; mais, quand il reviendra, il ramènera la lumière et la chaleur. Le Renard-Subtil est le soleil de sa tribu. Il y a eu des nuages et des montagnes entre lui et sa nation ; mais maintenant il brille, et le ciel est clair !

— Je sais que le Renard a du pouvoir sur sa tribu, dit Montcalm, hier il poursuivait les siens pour les scalper ; aujourd'hui ils l'écoutent autour du feu du conseil.

— Magua est un grand chef.
— Qu'il le prouve en apprenant à sa nation à respecter nos nouveaux amis!
— Pourquoi le chef des Canadas a-t-il amené ces jeunes gens dans les bois, et a-t-il fait tirer le canon contre la maison de terre?
— Pour la réduire. Mon maître possède ce pays, et votre père a reçu l'ordre d'en chasser les Anglais. Ils ont consenti à se retirer, et maintenant nous sommes réconciliés avec eux.
— C'est bien. Magua a pris la hache de guerre pour la teindre de sang. Elle reluit encore; quand elle sera rouge, il l'enterrera.

Le marquis de MONTCALM.

— Mais Magua est tenu de ne pas souiller les lis de France. Les ennemis du grand roi qui demeure au delà du grand lac salé sont les ennemis des Hurons; ses amis sont leurs amis.
— Amis! répéta l'Indien avec mépris; que le père de Magua lui donne la main. »
Montcalm, qui sentait qu'il fallait conserver par des concessions l'influence qu'il avait acquise sur les tribus belliqueuses, y consentit, quoique avec répugnance. Le sauvage plaça les doigts du général français sur une profonde cicatrice qu'il portait au sein, et dit avec orgueil :
« Mon père connaît-il cela?
— Quel est le soldat qui ne reconnaît pas la trace d'une balle?
— Et cela? poursuivit l'Indien en montrant son dos nu.
— Cela! Mon fils a été cruellement maltraité. Par qui?
— Par les Anglais! Magua a couché dans leurs wigwams, et les coups ont laissé cette trace ! dit le sauvage avec un rire sarcastique, empreint du fier ressentiment qui le suffoquait. Puis, revenant brusquement à sa dignité d'indigène, il ajouta : « Allez dire à vos jeunes gens que nous sommes en paix. Le Renard-Subtil sait comment il doit parler aux guerriers hurons. »
Sans attendre une réponse, il mit sa carabine sous son bras, et s'avança en silence à travers le camp, vers les bois où se tenait sa tribu. Accueilli de distance en distance par les qui-vive des sentinelles, il ne daigna pas y répondre; et les soldats ne l'épargnèrent que parce qu'ils connaissaient les manières bizarres et l'entêtement téméraire des Indiens.
Montcalm erra longtemps sur la plage où son compagnon l'avait laissé, en réfléchissant sur le caractère de son indomptable allié. La brillante réputation du général avait déjà été ternie par un horrible massacre survenu à la suite de circonstances trop semblables à celles qui se présentaient actuellement. Il songeait avec terreur à la responsabilité qu'encourent les hommes aux yeux desquels la fin justifie les moyens, et au danger d'employer un instrument qu'on n'a pas la puissance de maîtriser. Rompant le cours de réflexions qu'il regardait comme une faiblesse en un jour de victoire, il regagna sa tente et donna le premier l'ordre de battre la diane.
Le premier coup de tambour trouva un écho immédiat dans la forteresse, et la vallée fut remplie des accords vifs et retentissants de la musique militaire. Les trompettes des vainqueurs sonnèrent de joyeuses fanfares, jusqu'à ce que le dernier traînard du camp fut à son poste; mais, après avoir donné le signal, les fifres anglais cessèrent presque aussitôt de faire entendre leurs sons aigus. Le jour avait grandi, et, quand l'armée française fut en ligne, les rayons d'un brillant soleil scintillaient sur l'acier des armes. Le succès, qui était déjà si connu, fut annoncé officiellement; le détachement d'élite qu'on avait désigné pour garder les portes du fort défila devant le général, et les préparatifs ordinaires d'un changement de maître s'effectuèrent sous le canon des fortifications contestées.

Dans l'armée anglo-américaine, les choses se passaient différemment. Dès le premier signal, elle avait été livrée au désordre et à la précipitation d'un départ forcé. Les soldats épaulèrent leurs fusils vides, et vinrent tristement prendre place à leur rang. On voyait à leur air morne qu'ils avaient eu le sang échauffé par la lutte, et qu'ils désiraient l'occasion de se venger d'un affront dont leur fierté saignait encore, quoiqu'il eût été adouci par toutes les formalités de l'étiquette militaire. Autour d'eux erraient les femmes et les enfants, portant les restes chétifs de leurs bagages, ou cherchant dans la foule ceux qui devaient les protéger.

Munro, ferme, mais abattu, parut au milieu de ses troupes silencieuses. Il était évidemment frappé au cœur, quoiqu'il fît ses efforts pour soutenir virilement son infortune. L'expression calme et touchante de sa douleur impressionna vivement Duncan, qui, après s'être acquitté de ses devoirs, se mit à côté du vieillard, et lui demanda en quoi il pouvait lui être utile.

« Mes filles! telle fut la réponse brève et expressive de Munro.
— Grand Dieu ! n'a-t-on encore fait aucune disposition pour elles?
— Aujourd'hui, je ne suis qu'un soldat, major Heyward, tous ceux que vous voyez ici peuvent se dire mes enfants. »

Duncan en avait assez entendu. Sans perdre un seul de ces moments qui devenaient si précieux, il courut au logement de Munro. Il trouva les deux sœurs sur le seuil de la porte, déjà prêtes à partir et entourées d'un groupe bruyant et éploré de personnes de leur sexe, qui avaient eu instinctivement l'idée que le nom du chef était la plus sûre des garanties. Cora, quoique pâle et inquiète, n'avait rien perdu de sa résolution ; mais les paupières enflammées d'Alice annonçaient

Munro était seul avec ses deux filles, quand le major entra dans son appartement.

qu'elle avait répandu d'amères et abondantes larmes. Toutes deux reçurent le jeune homme avec un plaisir sincère; et l'aînée, contre son ordinaire, fut la première à lui adresser la parole.

« La place est rendue, dit-elle avec un sourire mélancolique, mais notre réputation est intacte.
— Plus brillante que jamais, répondit Heyward. Mais, ma chère miss Munro, il est temps de vous occuper moins des autres et de songer davantage à vous-même. Les usages militaires, l'honneur, cet honneur

dont vous faites tant de cas, exigent que votre père et moi marchions pendant quelque temps à la tête de nos colonnes. Où trouver quelqu'un qui vous protège contre les dangers et le désordre du départ?

— Nous n'avons besoin de personne, reprit Cora; qui oserait, en pareille circonstance, insulter les filles d'un tel père?

— Je ne vous laisserai pas seules, poursuivit le jeune homme en jetant autour de lui des regards inquiets. Non! je ne vous laisserai pas seules, quand même on me donnerait le commandement du meilleur de nos régiments. Rappelez-vous qu'Alice n'est pas douée de votre fermeté, et Dieu sait les terreurs auxquelles elle est exposée!

— Vous pouvez avoir raison, repartit Cora souriant encore, mais plus tristement que la première fois. Écoutez! le hasard nous a déjà envoyé un ami quand nous en avions besoin. »

Duncan écouta et entendit des chants sacrés qui l'attirèrent immédiatement dans l'appartement d'où ils partaient : il y trouva David exprimant à sa manière ses pieux sentiments. Le major attendit que l'homonyme du prophète eût fini de balancer la main, et lui frappa légèrement sur l'épaule, puis il lui proposa de prendre les jeunes filles sous sa garde.

« Assurément, répondit le simple disciple du roi d'Israël, j'ai trouvé ces jeunes personnes pleines de convenance et de goût, et il est juste qu'après avoir partagé tant de dangers nous nous retirions ensemble en paix. Je les accompagnerai quand j'aurai achevé mes prières du matin. Voulez-vous faire votre partie, mon ami? »

Là-dessus, David lui présenta le petit volume, lui donna le ton, et recommença ses modulations avec une persistance qu'il n'était pas facile de dérouter. Heyward fut forcé d'écouter la fin de la psalmodie; lorsqu'il eut vu David ôter ses lunettes et remettre dans sa poche ses *hymnes* et *chants spirituels*, il reprit :

« Vous veillerez à ce que personne n'approche de ces dames pour les injurier ou faire quelque grossière allusion au malheur de leur brave père. Vous serez assisté dans cette tâche par les domestiques de leur maison.

— Assurément.

— Il est possible que vous soyez harcelé par des Indiens ou par des maraudeurs; en ce cas, vous leur rappellerez les termes de la capitulation, et les menacerez de faire à Montcalm un rapport sur leur conduite. Un mot suffira.

— S'il ne suffisait pas, reprit David, d'un ton de douceur et de confiance, j'ai là de quoi les confondre. Voici des paroles, qui, entonnées d'une voix forte avec l'énergie convenable et en mesure, adouciraient le caractère le plus indomptable :

D'où vient, païens, que votre rage
Se déchaîne comme un orage?
D'où vient...

— Il suffit, dit Heyward, coupant court à cette invocation musicale. Nous nous comprenons; il est temps de vaquer à nos devoirs respectifs. »

David La Gamme l'accompagna auprès des jeunes filles. L'aînée reçut poliment ce singulier protecteur, et les traits pâles d'Alice elle-même recouvrèrent leur expression de malicieuse ironie quand elle remercia le major de ses attentions.

« Nous faisons, dit Duncan, tout ce que les circonstances peuvent nous permettre, et le cavalier auquel je vous confie suffira pour vous mettre à l'abri des insultes. Il n'y a aucun danger réel; je compte d'ailleurs vous rejoindre dès que nous aurons fait quelques milles sur la route du fort Édouard. »

À ces mots, il prit congé d'elles. Le signal du départ venait d'être donné, et la tête de la colonne anglaise était en mouvement. Les sœurs tressaillirent en voyant les uniformes blancs des grenadiers français qui avaient déjà pris possession des portes du fort. Il leur sembla tout à coup qu'un nuage passait sur leurs têtes; et en levant les yeux, elles reconnurent qu'elles étaient sous les larges plis de l'étendard de la France.

« Partons, dit Cora, ce n'est plus un séjour convenable pour les enfants d'un officier anglais. »

Alice se cramponna au bras de sa sœur, et toutes deux quittèrent la place d'armes accompagnées d'une foule tumultueuse. Les officiers français qu'elles rencontrèrent aux portes les saluèrent avec le respect dû à leur rang, mais ils s'abstinrent d'attentions qu'ils jugeaient, avec leur tact particulier, ne pouvoir être qu'importunes. Comme les voitures et les bêtes de somme étaient toutes réservées aux malades et aux blessés, Cora avait résolu de faire la route à pied plutôt que de gêner ces pauvres gens. Faute de moyens de transport, il y avait plus d'un soldat faible et infirme qui était contraint de traîner ses membres mutilés en arrière de la colonne.

Tout le monde se mit en marche; les blessés en poussant des gémissements; les hommes valides, mornes et silencieux; les femmes et les enfants, avec une inexplicable terreur. Environ trois mille Anglais traversèrent la plaine par pelotons, pour se réunir à un point indiqué par un bouquet de grands arbres où la route de l'Hudson entrait dans la forêt. L'armée française, massée par les ordres de Montcalm, était rangée sur la droite. Muette spectatrice des mouvements des vaincus, elle ne se permettait à leur égard ni bravades ni outrages, et leur accordait strictement les honneurs militaires stipulés. Sur la lisière des bois, les sauvages rôdaient comme des vautours que la présence de forces supérieures empêchait de fondre sur leur proie. Quelques-uns s'étaient glissés au milieu des colonnes anglaises, où ils témoignaient leur mécontentement par leur sombre et taciturne maintien.

L'avant-garde, conduite par Heyward, avait déjà atteint le défilé, lorsque l'attention de Cora fut attirée vers une bande de traînards par le bruit d'une contestation. Un soldat de la milice provinciale, qui avait quitté son rang afin de mieux veiller à la sûreté de ses bagages, était attaqué par des pillards indiens. Homme robuste et trop avare pour céder sans résistance ce qu'il possédait, il se débattit avec énergie. Plusieurs individus intervinrent, les uns pour favoriser le vol, les autres pour s'y opposer. La dispute s'échauffa et une centaine de sauvages parurent à l'improviste au secours de leurs camarades; ce fut alors que Cora vit le Renard-Subtil se glisser au milieu des peaux rouges et leur parler avec sa fatale et artificieuse éloquence. La masse des femmes et des enfants s'arrêta et erra de côté et d'autre, comme une volée d'oiseaux effarouchés. Mais lorsque les Indiens eurent assouvi leur cupidité au détriment du malheureux provincial, tout parut rentrer dans l'ordre.

Les sauvages avaient reculé et semblaient consentir à laisser aller leurs ennemis sans les inquiéter davantage. Mais, lorsque la troupe des femmes approcha, les brillantes couleurs d'un châle attirèrent les yeux d'un Huron, qui, sans plus de cérémonie, se mit en devoir de s'emparer de cette parure. Moins pour se défendre que par un mouvement de terreur, la femme qui portait le châle en enveloppa son enfant qu'elle serra étroitement contre son sein. Cora allait prendre la parole pour lui conseiller d'abandonner l'objet convoité, quand le sauvage se précipita brusquement sur la malheureuse mère et lui arracha l'enfant des bras. Oubliant tout pour le reprendre et se laissant dépouiller par les Indiens qui l'environnaient, elle s'élança vers le sauvage qui grimaçait en lui tendant la main, comme pour lui proposer un échange. De l'autre main il tenait l'enfant par les pieds et le brandissait au-dessus de sa tête, afin de mieux faire apprécier l'urgence d'une rançon.

« Voilà, voilà, prenez tout! s'écria la femme hors d'haleine en arrachant d'une main mal assurée tous les objets qui composaient sa toilette, prenez tout et rendez-moi mon enfant. »

Le sauvage dédaigna ces lambeaux sans valeur, et quand il s'aperçut que le châle était devenu la proie d'un autre Indien, son sourire

La grande taille de David se redressa, et il se prit à chanter un de ses psaumes favoris, d'une voix qui dominait le tumulte du combat.

...ais sombre se changea en une expression de férocité; il brisa la tête de l'enfant contre un rocher, et jeta aux pieds de la mère les restes palpitants. Celle-ci resta un moment immobile comme une statue du Désespoir, fixant les yeux hagards sur l'objet informe qui tout à l'heure reposait souriant sur son sein. Elle leva ensuite ses mains au ciel, comme pour appeler sur l'assassin la malédiction de Dieu; mais sa prière ne fut pas longue: excité par la vue du sang, le Huron la renversa d'un coup de tomahawk; elle tomba sur l'enfant qu'elle étreignit en mourant avec l'amour ardent qu'elle lui avait témoigné pendant la vie.

Dans ce moment Magua porta ses mains à sa bouche et poussa le terrible cri de guerre. Les Indiens, épars dans la plaine, tressaillirent à ces sons bien connus, comme des coursiers qui attendent le signal pour quitter la barrière, et il s'éleva de toutes parts des hurlements tels qu'il en est rarement sorti des lèvres humaines. Ceux qui les entendirent furent glacés d'une terreur presque égale à celle qu'excite-ront les trompettes du dernier jugement. Plus de deux mille sauvages, guidés par leurs cruels instincts, se ruèrent hors de la forêt. Nous ne nous étendrons pas sur les horreurs les plus terribles et les plus hideuses. La résistance ne servait qu'à irriter les meurtriers qui frappaient avec fureur les victimes longtemps encore après leur avoir arraché la vie. Le sang débordait comme un torrent, et plusieurs des indigènes, échauffés par le carnage, poussèrent le délire jusqu'à se pencher vers la terre, et à savourer à longs traits cette boisson de cannibale.

Les soldats de l'arrière-garde se massèrent promptement pour tenir en échec les assaillants en leur présentant une ligne infranchissable. Ils y réussirent, quoiqu'un assez grand nombre se laissassent arracher leurs fusils déchargés dans le vain espoir d'apaiser les sauvages. Au milieu de ces affreuses scènes, Alice et Cora restèrent au milieu de leurs compagnes éplorées; cernées de toutes parts, la fuite leur fut impossible, et au bout de dix minutes qui leur parurent un siècle, la mort ou la crainte ayant dispersé leur entourage, elles virent ouvert devant elles un passage qui les conduisait sous les tomahawks de leurs ennemis. De toutes parts retentissaient des cris, des gémissements, des malédictions. Alice aperçut de loin son père, qui traversait la plaine dans la direction de l'armée française, pour demander hardiment à Montcalm la sûreté qui avait été stipulée. Cinquante haches étincelantes, cinquante piques à crochets furent levées sur la tête du vieillard dont cependant les sauvages respectèrent le rang et l'héroïque sang-froid. Les armes fatales furent écartées par le bras encore vigoureux du vétéran, ou bien elles s'abaissèrent d'elles-mêmes après des menaces qu'aucun des Indiens n'eut le courage d'accomplir. Heureusement, le vindicatif Magua cherchait sa victime dans le détachement même que Munro venait de quitter.

« Mon père, mon père! nous sommes ici! venez à nous, ou nous allons mourir! » s'écria Alice en le voyant passer à peu de distance.

Cet appel fut répété avec des intonations qui auraient attendri un cœur de pierre, mais le vieillard ne répondit point. Un moment, on put croire qu'il l'avait entendu, car il s'arrêta pour écouter; mais Alice tomba sans connaissance; Cora se pencha vers elle pour la soutenir; et Munro, croyant s'être mépris, poursuivit tristement sa route.

David la Gamme, quoique hors d'état de se défendre, n'avait pas voulu abandonner celles qu'on lui avait confiées. « Madame, dit-il à Cora, c'est le jubilé des diables, et il n'est pas convenable à des chrétiens de rester ici. Levez-vous et fuyons.

— Sauve-toi seul, répondit Cora en regardant sa sœur inanimée, tu ne peux nous porter secours. »

Le geste simple mais expressif qui accompagnait ces paroles dénotait une invariable résolution. David le comprit. Il contempla un moment les bourreaux qui accomplissaient autour de lui leur œuvre infernale. Sa haute taille se redressa, sa poitrine s'élargit, tous ses traits se dilatèrent, et il parut saisi d'une inspiration subite.

« Si l'enfant juif, dit-il, a pu dompter aux sons de la harpe le mauvais esprit de Saül, pourquoi ne pas essayer la puissance de la musique sacrée? »

Et développant sa voix dans toute sa plénitude, il fit entendre des chants qui dominaient le tumulte de cette scène de carnage. Des Hurons s'approchèrent des jeunes filles dans l'intention de les scalper, mais quand ils virent cette étrange et impassible figure, ils s'arrêtèrent pour écouter. Leur étonnement se changea bientôt en admiration, et ils allèrent chercher d'autres victimes moins courageuses, en exprimant hautement leur estime pour le guerrier blanc qui chantait si bravement sa chanson de mort. Encouragé et trompé par le succès, David fit de nouveaux efforts pour augmenter la sainte influence qu'il s'imaginait avoir. Ces sons bizarres parvinrent aux oreilles d'un sauvage furieux qui parcourait les groupes, comme si, dédaignant les victimes vulgaires, il en eût cherché des dignes de sa renommée. C'était le Renard-Subtil, qui poussa un cri de plaisir en voyant de nouveau ses anciennes captives à sa merci.

« Allons, dit-il, mettant sur la robe de Cora sa main souillée de sang, le wigwam du Huron est encore ouvert; ne vaut-il pas mieux que ce lieu?

— Retire-toi! » s'écria Cora en se voilant la face.

L'Indien, avec un rire insultant, leva sa main fumante et dit : « Elle est rouge, mais c'est du sang des blancs.

— Monstre! tu en as versé des flots! c'est toi qui as dirigé ce massacre!

— Magua est un grand chef! reprit le sauvage avec orgueil; les cheveux noirs viendront-ils à sa tribu?

— Jamais! frappe, si tu veux, et accomplis ta vengeance! »

Il hésita un moment; puis, enlevant Alice inanimée, il l'emporta rapidement vers les bois.

« Arrêtez! s'écria Cora en le suivant avec égarement; laissez ma sœur, misérable! »

Mais le Renard était sourd, ou plutôt il sentait son avantage, il était déterminé à en profiter.

« Arrêtez, madame, arrêtez! cria la Gamme; le saint charme commence à opérer, et nous serons bientôt débarrassés de cet horrible tumulte. »

Voyant que Cora continuait sa poursuite sans faire attention à lui, le fidèle David la suivit. Pour écarter les Hurons, il recommença ses chants sacrés en marquant la mesure avec son long bras. Ils traversèrent ainsi la plaine à travers les fuyards, les morts et les blessés. Cora serait tombée sous les coups de l'ennemi sans l'être extraordinaire qui l'escortait, et que les naturels étonnés respectaient, suivant leurs préjugés, comme doué de l'esprit de folie. Le Renard, dont les forces n'avaient pas fléchi, entra dans les bois avec sa proie. Il y retrouva les chevaux que les voyageurs avaient abandonnés sur la montagne, et que gardait un sauvage d'une figure aussi féroce et aussi malicieuse que celle de Magua. Il mit Alice sur un des chevaux, et fit signe à Cora de monter l'autre. Malgré l'horreur excitée par la présence de ce traître, la jeune fille ne pouvait refuser l'occasion d'échapper à tant d'affreuses scènes. Elle se mit en selle et tendit les bras pour y recevoir sa sœur, d'un air si tendre et si suppliant que le Huron n'y résista pas. Plaçant Alice sur le même cheval que sa sœur aînée, il saisit la bride et s'enfonça dans la forêt. David, s'apercevant qu'on le laissait seul, comme un individu qui ne valait même pas la peine d'être tué, enfourcha le coursier qui restait, et suivit ses compagnes aussi vite que le permettaient les irrégularités du chemin.

Bientôt ils commencèrent à monter; mais Cora ne remarqua point la direction qu'ils suivirent: son attention était partagée entre les victimes dont elle entendait les cris de détresse et sa sœur que le mouvement commençait à ranimer. Toutefois, quand ils eurent atteint la cime d'une montagne, elle reconnut le plateau où elle s'était arrêtée sous les auspices d'OEil-de-Faucon. Là le Renard-Subtil lui permit de mettre pied à terre, et la curiosité, qui semble inséparable de l'horreur, la porta à regarder le spectacle qu'elle avait sous les yeux.

L'œuvre cruelle n'était pas encore achevée; de tous côtés les vaincus fuyaient devant leurs infatigables persécuteurs. Les troupes du roi très-chrétien demeuraient dans une apathie qui n'a jamais été expliquée, et qui laisse une tache ineffaçable sur le blason de leur chef. Les Indiens ne cessèrent de frapper ou pour se livrer au pillage. Peu à peu, les cris des blessés et de leurs meurtriers se ralentirent, et l'on n'entendit plus que les hurlements de joie des sauvages triomphants.

CHAPITRE XVIII.

Le drame sanglant que nous venons de rapporter est connu dans l'histoire coloniale sous le nom mérité de massacre de William-Henri. C'est pendant qu'un événement semblable arrivé sur les bords de l'Oswego; et le général français qui souffrit ces scènes de carnage ne les a pas complétement rachetées par sa mort glorieuse. Doué de sentiments généreux, remarquable par sa courtoisie et son courage, il céda trop facilement à l'influence de l'intérêt, et manqua de ce courage moral sans lequel il n'y a point de véritable grandeur. Mais l'analyse de son caractère est du domaine de l'histoire, et nous n'empiéterons pas sur ses priviléges.

Trois jours s'étaient écoulés depuis la reddition du fort; un silence de mort régnait en ces lieux que nous avons laissés pleins d'un affreux tumulte. Les vainqueurs s'étaient éloignés, la citadelle n'était plus qu'un monceau de ruines. Les solives charbonnées, les remparts détruits par la mine, les éclats des pièces d'artillerie jonchaient confusément le sol.

La température même avait changé. Le soleil d'août, après avoir brûlé de ses rayons les cadavres sans sépulture, les laissait se recornir au givre d'un froid prématuré; d'énormes masses de vapeur étaient suspendues au-dessus du lac Horican, dont les eaux, refoulées par le vent du nord, battaient le rivage avec fureur. Des corbeaux affamés étaient les seuls hôtes de ce sinistre désert; et tous les hommes qui avaient osé s'y hasarder semblaient avoir été frappés à la fois par l'impitoyable bras de la mort.

Cependant, pour la première fois depuis le carnage, des êtres humains s'aventurèrent aux environs du fort ruiné; ils quittèrent avec précaution la route qui venait des rives de l'Hudson, comme s'ils n'eussent pu approcher sans répugnance de ce théâtre de cruautés, et qu'ils eussent craint de le voir se renouveler. Un indigène précédait la petite troupe; gravissait les tertres pour reconnaître les alentours, et indiquait le chemin à ses compagnons. Un autre Indien longeait la lisière des bois, et en sondait la profondeur avec des yeux accoutumés à découvrir les moindres signes de danger. Ces deux éclaireurs étaient Uncas et son père; ils avaient pour compagnons Œil-de-Faucon, Heyward et Munro. Ce dernier était à la recherche de ses filles, assisté du jeune homme qui prenait tant d'intérêt à leur bonheur; et de ces braves habitants des bois qui avaient déjà prouvé leur fidélité.

Tous portaient des blouses de chasse, vêtements appropriés à leur hasardeuse entreprise.

Les impressions qu'ils ressentirent en arrivant dans la fatale plaine varièrent suivant le caractère de chacun. Le Cerf-Agile, dans sa course légère, jetait des regards furtifs sur les cadavres amoncelés, sans oser exprimer ses émotions, mais aussi sans pouvoir en combattre entièrement la puissance. Chingachgook, endurci par l'habitude, conservait un calme inébranlable; mais le vieil Écossais, quoique accoutumé depuis longues années aux scènes de la guerre, ne rougissait pas de pousser des gémissements toutes les fois qu'il était frappé de quelque horrible détail. Le major, qui frémissait involontairement, se contenait pour ne pas augmenter la douleur de ses compagnons. Quant à Œil-de-Faucon, les spectacles les plus hideux ne le faisaient point sourciller; mais ils lui inspiraient des accès de colère; et le vindicatif chasseur se répandait en imprécations contre ses ennemis.

Lorsque Uncas eut atteint le centre de la plaine, il poussa un cri qui attira tous ses compagnons. Le jeune guerrier s'était arrêté près d'un amas de cadavres de femmes. Munro et Heyward s'en approchèrent, et, animés par un sentiment qui triomphait de tous leurs dégoûts, ils essayèrent de découvrir des traces de celles qu'ils cherchaient. Le père et l'amant eurent la consolation de constater qu'elles n'étaient point au nombre des victimes; mais ils demeurèrent en proie à une incertitude qui n'était pas moins intolérable que la plus sinistre vérité. Ils venaient de terminer leur pénible perquisition, quand le chasseur les rejoignit.

« J'ai vu bien des champs de bataille, dit-il avec emportement, j'ai suivi des traces de sang pendant plusieurs milles, mais je n'ai jamais vu la main du diable aussi fortement empreinte que sur cette terre dévolée. La vengeance est un sentiment indien, que je n'approuve pas, car tous ceux qui me connaissent savent que je n'ai pas une goutte de sang-mêlé dans les veines; mais je déclare à la face du soleil que, si jamais ces Français se présentent à moi à une portée de fusil, voici une carabine qui jouera son rôle, tant qu'il jaillira des étincelles de la pierre. Quant au tomahawk et au couteau, je les laisse à ceux qui sont faits pour s'en servir. Qu'en dites-vous, Gros-Serpent, ajouta-t-il en delaware; les Hurons se vanteront-ils de ces meurtres à leurs femmes lorsque viendront les grandes neiges? »

Un éclair de ressentiment passa sur les traits sombres du chef mohican; il remua son couteau dans le fourreau. Puis il détourna les yeux, et sa physionomie rentra dans un calme aussi parfait que s'il n'eût jamais connu la colère.

— Ah! Montcalm, Montcalm, poursuivit Œil-de-Faucon; on dit qu'il viendra un temps où les yeux, dégagés de leurs entraves de chair, pourront voir à la fois toutes les actions humaines. Malheur à celui qui répondra de ce qui est arrivé dans cette plaine!... Ah! aussi vrai que je le suis un homme de race blonde, voilà une peau-rouge proprement scalpée! Regardez-le, Delaware, il est peut-être de votre nation, et mérite un honorable tombeau. Le chasseur te juge à vos yeux, Sagamore, un Huron payera ce meurtre, avant que les vents aient emporté l'odeur du sang!»

Le Gros-Serpent s'approcha du cadavre mutilé, et, en le retournant, il reconnut les signes caractéristiques d'une des six nations alliées, qui, en combattant dans les rangs anglais, étaient les ennemies mortelles de sa tribu. Il le repoussa du pied dédaigneusement, et s'en éloigna avec indifférence, comme le plus vil des animaux. Le chasseur comprit ce mouvement, et continua résolument sa route, en déclamant contre le général français.

« Il n'y a, dit-il, que la sagesse infinie et la puissance illimitée, qui puissent se permettre de retrancher du monde des masses d'hommes à la fois; la première seule est capable d'apprécier l'opportunité de leur disparition; la seconde, de les remplacer. Quant à moi, je regarde comme un péché de tuer un daim quand on en a déjà de quoi manger, à moins de nécessité urgente; et si je n'épargne pas mes ennemis dans un combat, c'est que leur sort est d'être tués, le fusil ou le tomahawk à la main, selon qu'ils sont blancs ou rouges. Parici, Uncas! N'empêchez pas ce corbeau de s'abattre sur cet Iroquois. J'ai remarqué souvent que les corbeaux avaient un goût particulier pour la chair des Onéidas, et il faut laisser cet oiseau satisfaire son appétit comme il l'entend.

— Hugh! » s'écria le jeune Mohican se dressant sur ses orteils et regardant fixement en face de lui.

Le chasseur se baissa comme une panthère qui va prendre son élan.

« Qu'est ce, mon garçon? dit-il. Serait-ce un Français attardé, alléché par l'espoir du pillage? Mon tueur de daims aura ce soir une portée extraordinaire.»

Sans répondre, le Cerf-Agile s'élança vers un buisson, et en arracha avec un transport de joie un morceau du voile vert de Cora.

« Mon enfant! dit Munro à cette vue, rendez-moi mon enfant!

— Uncas essaiera,» dit le jeune Mohican.

Cette assurance consolante fut perdue pour le malheureux père, qui saisit le morceau de gaz, le froissa dans sa main et examina les buissons avec anxiété.

« Il n'y a point de morts de ce côté-ci, dit Heyward.

— C'est évident, repartit Œil-de-Faucon, et plus clair que les cieux qui sont au-dessus de nos têtes; mais elle a dû passer par ici, de gré ou de force, car j'ai reconnu le chiffon qui cachait son visage. Uncas, vous avez raison. La fille aux cheveux noirs a dû laisser ce lambeau en fuyant dans les bois, comme une biche effrayée. Voyez s'il n'y a pas d'autres indices de son passage. Les Indiens sont si fins qu'ils trouveraient dans l'air les traces d'un oiseau-mouche.»

Le jeune Mohican, qui continuait ses recherches, poussa un cri de triomphe, et la troupe, accourant à ce signal, aperçut un autre morceau du voile vert suspendu aux branches inférieures d'un hêtre. Heyward s'avança avec empressement; mais Œil-de-Faucon lui barra le chemin, en mettant en travers sa longue carabine.

« Doucement, doucement, dit le chasseur. Nous connaissons maintenant notre affaire; mais il ne faut pas déranger les empreintes. Un pas inconsidéré pourrait nous causer des heures d'embarras. En tout cas, nous les tenons! c'est incontestable!

— Dieu vous bénisse, brave homme! s'écria Munro. Où se sont réfugiées mes filles, où sont-elles?

— C'est ce qui nous reste à savoir. Si elles sont parties seules, elles sont à une douzaine de milles en droite ligne; si elles ont été emmenées par les Hurons, il est probable qu'elles ont atteint actuellement les frontières du Canada. Mais qu'importe? ajouta le chasseur en remarquant l'anxiété et le désappointement de ses auditeurs. Voici les Mohicans et moi à la tête de la piste, et soyez sûrs que nous trouverons l'autre, fût-elle à cent lieues! Pas si vite, pas si vite, Uncas! vous êtes aussi impatient qu'un créole; vous oubliez que des pas légers ne laissent que de faibles empreintes.

— Hugh! » s'écria Chingachgook, qui venait d'examiner une ouverture pratiquée dans les taillis de la forêt, en se montrant, dans l'attitude et de l'air d'un homme frappé de la vue d'un serpent.

« C'est l'empreinte d'un pied d'homme, s'écria Heyward; elle est bien reconnaissable, et prouve qu'il a marché sur le bord de cette mare. Elles sont prisonnières.

— Ça vaut mieux que de mourir de faim dans le désert, répondit le chasseur; et elles laisseront une plus large trace. Je parierais cinquante peaux de castor contre autant de pierres à feu que j'entrerai dans leurs wigwams avant un mois. Mettez-vous à l'œuvre, Uncas, et voyez ce que vous pouvez faire de ce moccasin; car c'est évidemment un moccasin et non pas un soulier.»

Le jeune Mohican se pencha, écarta les feuilles et examina l'empreinte avec un soin pareil à celui d'un escompteur, qui dans ces temps de doutes pécuniaires examine un billet suspect. Enfin il se releva.

« Hé bien, mon garçon, demanda le chasseur attentif, que vous apprend cela; en pouvez-vous conclure quelque chose?

— C'est le Renard-Subtil.

— Ah! c'est encore ce misérable reptile, il ne cessera de ramper tant que mon tueur de daims ne lui aura pas dit un mot d'amitié.»

Heyward avait peine à croire à la vérité de cette découverte. « Un moccasin, dit-il, est si semblable à un autre qu'il est probable que nous nous abusons.

— Un moccasin semblable à un autre! C'est comme si vous disiez que les pieds se ressemblent; nous savons tous cependant qu'il y en a de longs et de courts, de larges et d'étroits, en dedans ou en dehors. Les moccasins diffèrent également entre eux; tel qui devine l'un serait incapable de deviner l'autre. Laissez-moi observer à mon tour, Uncas; deux opinions valent mieux qu'une.»

Œil-de-Faucon se baissa, et ajouta presque aussitôt : « Vous avez raison, c'est le Renard-Subtil; je reconnais la trace que nous avons si souvent vue en courant après lui. Cet homme boira toutes les fois qu'il en trouvera l'occasion; et les Indiens buveurs marchent toujours plus pesamment que les autres, en appuyant l'orteil. C'est aussi la largeur et la longueur exacte. Regardez-y, Sagamore; vous avez mesuré plus d'une fois ses empreintes, quand nous poursuivions nos voleurs depuis le Glenn jusqu'aux sources de santé.»

Chingachgook obéit, et, après une courte observation, il se leva et dit tranquillement : « Magua!

— Oui, c'est une affaire réglée; les cheveux noirs ont passé ici avec Magua.

— Et Alice? demanda Heyward.

— Nous n'en avons pas encore d'indice, dit le chasseur en regardant de près les buissons et la terre. Qu'est-ce que je vois là, Uncas? Apportez-moi ce que je vois sur ces branches d'aubépine.»

L'Indien prit l'objet demandé, que le chasseur éleva en l'air, avec son rire franc et silencieux.

« C'est le sifflet du chanteur, dit-il; nous avons maintenant une abondance de renseignements. Uncas, cherchez les marques d'un soulier qui soit assez long pour supporter six pieds de chair humaine. Je commence à augurer favorablement de cet original, puisqu'il a renoncé à la musique pour prendre quelque nouvelle profession.

es deux

ra-t-il
à la
eux

e

ic
d'oc-

es, dit-il; com-
ent paraître des siècles

n'est pas celui qui fournit la plus
de-Faucon. Nous avons des nouvelles de
cheveux noirs et du chanteur; mais où est la fille
eux et aux yeux bleus? Elle est petite, et n'a pas l'é-
sa sœur; mais elle est agréable à voir et à entendre. N'a-t-elle
d'amis qui s'inquiètent d'elle?

— Elle en aura toujours! dit Heyward. Ne sommes-nous pas à sa recherche? Quant à moi, je ne m'arrêterai pas avant de l'avoir retrouvée.

— En ce cas, il vous faudra suivre un autre chemin; car rien n'annonce jusqu'à présent qu'elle soit venue de ce côté. »

A ces mots, toute l'ardeur du major parut l'abandonner. Sans faire attention à son abattement, OEil-de-Faucon continua :

« Néanmoins, avant de chercher ailleurs, il faut battre à fond ces parages. Allons, Uncas, tenez les yeux sur les feuilles sèches; vous, Gros-Serpent, regardez à terre; et moi, j'observerai les buissons. Alerte, alerte, mes amis! le soleil descend derrière les collines.

— N'avez-vous rien à me faire faire? demanda le major.

— Vous, restez à l'arrière-garde, et ayez soin de ne pas abîmer les empreintes. »

Au bout de quelques secondes, les Indiens firent halte, examinèrent le terrain avec leur pénétration habituelle, et se parlèrent avec vivacité, en échangeant des regards de satisfaction.

— Ils ont retrouvé le petit pied! s'écria le chasseur. Mais qu'est-ce que je vois? par la meilleure des carabines! » les chevaux qui vont de travers ont été attachés à cet arbre. Maintenant le mystère est éclairci, et tout est aussi clair que l'étoile polaire à minuit. Nos gens sont à cheval, et voilà le sentier qui conduit vers le nord, au Canada.

— Mais Alice, Alice! dit le major avec anxiété.

— Il n'en existe point de trace, si ce n'est peut-être ce joyau qu'Uncas vient de ramasser. Passez-nous ça, mon garçon! »

Heyward reconnut tout de suite un médaillon, qu'avec la mémoire fidèle d'un amant, il se rappela lui avoir vu au cou le matin même du massacre. Il fit part de cette bonne nouvelle à ses compagnons, et mit sur son cœur cette précieuse relique. OEil-de-Faucon crut qu'elle était tombée à terre, et l'y chercha quelque temps en râtelant les feuilles avec le bout de sa carabine.

« Ma foi! dit-il; quand la vue commence à s'affaiblir, c'est un signe certain de vieillesse. Ne pas voir un bijou aussi brillant! N'importe; je puis encore suivre la mire d'un canon damassé, et c'est tout ce qu'il faut pour régler mes différents avec les Iroquois. Je voudrais pourtant retrouver cette bagatelle, ne fût-ce que pour la porter à sa légitime propriétaire. Ah! elle est encore loin d'ici, car elle doit être séparée de nous par le fleuve saint-Laurent, et peut-être même par les grands lacs.

— Raison de plus pour ne pas différer notre marche, dit Heyward: Avançons!

— Jeune sang et sang chaud, dit-on, sont la même chose. Nous n'allons pas chasser le daim ou l'écureuil; mais nous avons à traverser un désert où l'on ne voyage guère, et dont vos livres ne parlent pas. Un Indien ne commence jamais une pareille expédition sans fumer autour du feu du conseil; et quoique de race blanche sans mélange, j'approuve ce judicieux usage. Retournons donc sur nos pas; et allumons ce soir notre feu dans les ruines du vieux fort. Demain, nous serons frais et dispos, prêts à entreprendre notre tâche comme des hommes, et non comme des femmes babillardes ou des bambins impatients. »

Heyward reconnut au ton du chasseur que toute altercation devenait inutile. Munro était retombé dans l'apathie à laquelle il était sujet depuis ses malheurs, et d'où il ne sortait que sous l'influence d'une puissante émotion. Le major, faisant de nécessité vertu, prit le vétéran par le bras, et se laissa conduire par le chasseur.

CHAPITRE XIX.

Les ombres du soir étaient venues augmenter le sinistre aspect des ruines, lorsque la petite troupe y pénétra; le chasseur et ses compagnons firent immédiatement leurs préparatifs pour y passer la nuit, mais d'un air morne et sérieux qui montrait combien, malgré leur énergie, ils avaient été impressionnés par le spectacle des suites du carnage.

Quelques madriers appuyés contre un mur, et recouverts de broussailles, formèrent une hutte grossière, où l'on fit entrer Munro; laissant le vieillard seul avec ses chagrins, Duncan retourna au grand air, car il était trop agité pour chercher lui-même le repos qu'il recommandait à son ami.

Pendant qu'OEil-de-Faucon et les Indiens allumaient leur feu et se partageaient de la viande d'ours séchée, le major s'achemina vers la courtine qui longeait le lac Horican. Le vent était tombé, et les vagues se succédaient sur la plage sablonneuse avec plus de régularité. Les nuages s'étaient éparpillés dans le ciel, et leurs plus épaisses masses étaient refoulées au bout de l'horizon. Les vapeurs plus légères qui glissaient au-dessus de l'eau ou tourbillonnaient autour des pics escarpés, laissaient apercevoir par intervalle les lueurs pâles de quelques étoiles. La plaine, semblable à un vaste charnier, ne retentissait d'aucun bruit capable de troubler le sommeil de ceux qui l'occupaient pour toujours.

Duncan observa pendant quelques instants ce sombre paysage. Ses regards s'arrêtèrent sur les cieux, sur le monticule où brillait le feu des Mohicans, et se plongèrent longtemps dans ces ténèbres palpables qui s'étendaient comme le vide au-dessus de la tête des morts. Il s'imagina bientôt que des sons vagues, inexplicables, partaient de la plaine. Honteux de ses alarmes, il essaya de se distraire en regardant les étoiles réfléchies sur la surface liquide; mais ses oreilles furent frappées de nouveaux bruits qui ressemblaient à ceux d'une marche précipitée. Incapable de contenir son inquiétude, Duncan appela à voix basse le chasseur, et l'invita à monter sur le rempart. OEil-de-Faucon arriva, la carabine sous le bras et avec un maintien tranquille qui prouvait qu'il regardait leur position comme inexpugnable.

« Ecoutez, dit Heyward, j'entends dans la plaine des bruits étouffés qui me font croire que Montcalm n'a pas complétement abandonné sa conquête. »

L'imperturbable chasseur venait de s'administrer un morceau d'ours, et il répondit lentement, comme un homme dont la bouche est doublement occupée :

« Je suis sûr qu'il est parti, et j'en crois plus mes yeux que vos oreilles. Je l'ai vu moi-même entrer dans la forteresse de Ticondéraga; car les Français, quand ils ont obtenu un avantage, ne manquent jamais d'aller danser et de se divertir avec les femmes.

— Oui; mais un Indien dort rarement, et la soif du pillage peut avoir retenu ici quelques Hurons.

— Un Indien ne visite pas les tombeaux. Quand il a tué un homme, il le scalpe, ou le mutile encore davantage s'il est en colère; mais une fois l'âme séparée du corps, le meurtrier oublie son inimitié, et laisse le défunt reposer en paix... A propos d'âmes, major, pensez-vous que le paradis des peaux-rouges et des blancs soit le même?

— Sans doute, sans doute; mais je crois avoir entendu le même bruit! — Pour ma part, poursuivit OEil-de-Faucon après avoir regardé un moment avec indifférence dans la direction indiquée par Heyward, pour ma part, je crois que le paradis est un lieu de délices, et qu'en conséquence les hommes y seront heureux, chacun selon ses inclinations. Les peaux-rouges ne me semblent donc pas loin de la vérité en comptant trouver dans l'autre monde de magnifiques territoires de chasse, et je crois même qu'un homme blanc sans mélange ne dérogerait point en passant son temps.....

— Ecoutez donc, interrompit Duncan.

— Oui, oui, ce sont des loups alléchés pour le butin, dit l'impassible chasseur, on ferait une belle récolte de leurs peaux, si l'on en avait le loisir. Mais, pour ce qui regarde la vie à venir, j'ai entendu les prédicateurs dire que le ciel était un lieu de repos; et, sauf le respect que je dois à la Providence, je ne me soucierais pas d'être enfermé dans les demeures dont ils parlent, moi qui aime naturellement le mouvement et la chasse; ce serait un trop grand changement pour un homme qui a passé sa vie en plein air... Mais ce ne sont pas des loups que j'entends!

— Je vous le disais bien, reprit le major.

— J'ai eu tort de dédaigner votre avis, » dit OEil-de-Faucon, et il fit signe à Duncan de le suivre dans un endroit où les lueurs du feu ne s'étendaient pas. Une fois cette précaution prise, il écouta longtemps avec une attention soutenue, mais sa vigilance s'exerça inutilement. Il murmura : « Il faut appeler Uncas, il a les sens d'un Indien, et peut entendre ce qui est caché pour nous; car étant de race blanche, je ne puis forcer ma nature. »

Il imita deux fois de suite le cri du hibou. Le jeune Mohican, qui causait avec son père, tressaillit à cet appel, se leva brusquement et se glissa avec prudence le long du rempart. OEil-de-Faucon lui expliqua en langue delaware ce dont il s'agissait. Aussitôt le Cerf-Agile se jeta at-ventre, et à la grande surprise de Duncan, il parut y rester dans une complète immobilité. Le major fit quelques pas pour l'observer, mais il ne le retrouva plus.

« Qu'est devenu le Mohican, demanda-t-il avec stupéfaction ; je l'ai vu tomber là, et j'aurais juré qu'il y était encore. — Il a rampé le long de l'escarpe, et c'est déjà dans la plaine où les Maquas trouveront à qui parler ; mais silence ! car nous ne savons pas quelles oreilles sont ouvertes, et les Iroquois sont de rusés coquins.

— Vous croyez donc que Montcalm n'a pas rappelé tous ses Indiens ? Donnons l'alarme à nos compagnons et prenons les armes, nous sommes cinq qui nous sommes souvent trouvés en face de l'ennemi.

— Ne leur dites pas un mot si vous tenez à la vie ! Regardez le Sagamore assis au coin de son feu comme un grand chef indien ! S'il y a des marauders dans les ténèbres, ils ne se douteront jamais à son attitude que nous soupçonnons leur présence.

— Mais ils peuvent le découvrir, et ce sera sa perte. La lumière du feu le met en évidence, et l'expose à devenir la première victime.

— Sans doute, sans doute, répondit OEil-de-Faucon avec inquiétude ; mais qu'y faire ? un seul regard soupçonneux peut nous attirer une attaque avant que nous soyons prêts à la repousser. Le Sagamore sait, par le signal que j'ai donné à Uncas, que nous avons découvert quelque chose. Je vais l'avertir que nous sommes sur la piste des Mingos, et son caractère indien lui dictera ce qu'il faut faire. »

Le chasseur appliqua les doigts à sa bouche, et produisit un sifflement qui fit tressaillir Duncan, persuadé d'abord qu'il avait entendu un serpent. Chingachgook rêvait la tête appuyée sur sa main ; mais dès qu'il eut entendu l'avertissement de l'animal, dont il portait le nom, il se leva et promena rapidement ses yeux autour de lui. Ce mouvement soudain et peut-être involontaire, fut son unique témoignage de surprise ou d'alarme. Il n'eut pas l'air de faire attention à sa carabine qui était placée à portée de sa main. Son tomahawk, mal assujetti dans sa ceinture qu'il avait desserrée pour se mettre à son aise, tomba à ses pieds sans qu'il y prit garde. Le besoin de sommeil paraissait avoir engourdi ses muscles ; et il reprit sa première position en se contentant de changer de main, comme si la fatigue de celle qui soulevait sa tête, eût été le seul motif de son dérangement.

Le Mohican semblait dormir et attendait les événements avec ce calme héroïque qui n'est connu que des guerriers indiens ; mais Heyward remarqua qu'il avait les narines dilatées et les yeux toujours en mouvement.

« Voyez ce noble chef, murmura OEil-de-Faucon en pressant le bras d'Heyward, il sait que s'il bougeait il nous mettrait à la merci de ces démons incarnés... » Il fut interrompu par un coup de fusil. L'air fut rempli d'étincelles autour de la place sur laquelle les yeux d'Heyward se fixaient avec admiration ; Chingachgook en avait déjà disparu. Le chasseur apprêta ses armes et attendit impatiemment l'instant où l'ennemi se montrerait, mais l'attaque sembla se borner à cette inutile tentative sur la vie du vieux Mohican. Ses deux amis distinguèrent le bruissement des broussailles traversées par des êtres d'une espèce indéterminée, et le galop des loups, qui, dérangés par quelque visiteur, décampaient précipitamment. Puis on entendit un corps tomber dans l'eau, et une détonation retentir.

« C'est Uncas ! dit OEil-de-Faucon ; je connais le bruit de son fusil comme un père la voix de son fils ; je l'ai eu moi-même avant d'en trouver un meilleur.

— Qu'est-ce que cela veut dire ? demanda Heyward ; on nous épie, et nous sommes destinés à périr.

— Ce brasier éparpillé atteste qu'on ne nous veut pas de bien, et cet Indien vous certifiera qu'on l'a manqué, reprit OEil-de-Faucon en montrant le Gros-Serpent. Eh bien ! Sagamore ! les Mingos sont-ils vraiment occupés à nous cerner, ou n'est-ce qu'un seul de ces vermisseaux qui viennent scalper les morts après la bataille, pour aller ensuite vanter aux femmes leurs exploits contre les visages pâles ? »

Chingachgook reprit très-tranquillement sa place, et ne répondit pas avant d'avoir examiné le tison que la balle avait failli lui être fatale. Puis, il répliqua en levant un doigt :

« Un seul !

— Je m'en doutais, reprit OEil-de-Faucon en s'asseyant ; et comme il s'est jeté dans le lac avant d'être atteint par Uncas, il est probable qu'il racontera par forfanterie quelque superbe embuscade, qu'il prétendra avoir dressée à deux Mohicans et à des blancs. Eh bien ! laissons-le !... il y a toujours dans une nation, jeune parmi les Maquas, d'honnêtes gens pour rabattre le caquet des vantards. Le plomb de ce drôle a sifflé à vos oreilles, Sagamore. »

Chingachgook jeta un coup d'œil sur l'endroit que la balle avait frappé, et se rassit avec un sang-froid que ne pouvait troubler un incident d'aussi peu d'importance. Au même instant, le Cerf-Agile vint se placer auprès du feu d'un air aussi indifférent que celui de son père. Heyward qui les observait, fut tenté de croire qu'ils avaient de secrets moyens de se communiquer leurs pensées. Au lieu d'entamer une narration longue et animée, comme n'aurait pas manqué de le faire un jeune blanc, Uncas semblait vouloir laisser les actions parler pour lui ; et le major n'aurait peut-être rien su de ce qui s'était passé, s'il n'avait demandé : « Qu'est devenu notre ennemi ? »

Le jeune chef souleva un pan de sa blouse de chasse, et montra tranquillement la fatale touffe de [...] sa victoire. Le Gros-Serpent [...] avec une profonde attention ; pu[...]

« C'était un Onéida [...]

— Un Onéida ! répéta le chasseur [...] suivent, nous serons flanqués de dia[...] différence entre ce morceau de peau [...] pourtant le Sagamore déclare qu'il p[...] nomme même la tribu à laquelle ce Min[...] facilité que si cette chevelure était un li[...] lettre. Les chrétiens ont-ils le droit de va[...] lorsqu'un sauvage peut déchiffrer une langue [...] sible pour eux tous ! Qu'en dites-vous, mon en[...] partenait ce pauvre diable ?

— Aux Mingos, répondit Uncas de sa voix douc[...]

— A quelle tribu ?

— Aux Onéidas.

— Vous l'entendez ! quand un Indien fait une asse[...] ordinairement vraie ; mais quand elle est confirmée pa[...] confrères, c'est une parole d'Évangile.

— Cet homme a pris pour des Français, dit Heywar[...] ment il n'aurait pas attenté aux jours de ses alliés.

— Vous croyez qu'il a pris un Mohican peint en guerre p[...] Huron ! Il serait aussi vraisemblable de prendre les habits blanc[...] grenadiers français pour les vestes écarlates des Anglais. Non, le s[...] pent ne s'est pas trompé. D'ailleurs, quels que soient les blancs don[...] ils épousent la querelle, les Delawares et les Mingos ne s'aiment guère. Aussi, bien que les Onéidas servent sa majesté britannique, je n'aurais point hésité à descendre moi-même ce marauder s'il s'était rencontré sur mon chemin.

— C'eût été une action contraire aux traités et indigne de votre caractère.

— Quand un homme sympathise avec un peuple, ajouta OEil-de-Faucon, si l'homme est honnête et que le peuple ne soit pas composé de voleurs, l'amitié s'établira entre eux. Il est vrai que les artifices des blancs ont créé dans les tribus des alliances et des inimitiés factices. Ainsi les Hurons et les Onéidas, qui parlent la même langue, cherchent à se scalper mutuellement. Les Delawares sont divisés ; quelques-uns combattent avec les Mingos ; d'autres, en haine de ces derniers, sont restés dans le Canada. Mais l'inconstance des blancs ne peut changer la nature des peaux rouges ; aussi il n'y a pas plus d'amour entre un Mohican et un Mingo qu'entre un homme blanc et un serpent.

Satisfait de la force de ses arguments, l'honnête mais implacable chasseur cessa de parler. La confusion de nations, et même de tribus, à laquelle il avait fait allusion, existait alors dans toute sa force. Les liens du langage et d'une origine commune avaient été rompus : les Mingos combattaient dans les rangs anglais contre les Hurons, dont ils étaient cependant descendus ; les Delawares et les Lenis-Lenapes, anciens maîtres d'une immense partie de l'Amérique du Nord, s'étaient partagés en deux camps. Ce peuple, dont les Mohicans formaient une branche ancienne et honorée, s'était rangé presque tout entier sous les drapeaux de Montcalm ; mais le Sagamore des Mohicans, avec une petite troupe de guerriers, s'était réuni à la garnison du fort Édouard, et servait le roi d'Angleterre. Ce fut avec une connaissance parfaite de ces intérêts complexes que le chasseur et ses compagnons se disposèrent à délibérer sur les mesures à prendre pour se diriger au milieu de tant de races différentes.

Duncan connaissait assez les coutumes indiennes pour comprendre pourquoi ils avaient attisé le feu, et pourquoi ils s'asseyaient avec autant de gravité au milieu même des tourbillons de fumée. Le major alla se placer sur un bastion d'où il pouvait assister au conseil tout en surveillant le dehors. Il n'était pas assez accoutumé à la guerre des bois pour rester sous le coup d'attaques insidieuses. Ses compagnons, au contraire, étaient dans la plus parfaite sécurité ; leurs sens, développés par un long exercice et arrivés à une perfection presque incroyable, leur avaient révélé le danger et le mettaient à même d'en mesurer la grandeur et la durée.

Après un moment de silence le Gros-Serpent prit une pipe, dont le foyer était taillé dans une pierre tendre du pays et dont le tuyau était de bois ; il alluma cette pipe, aspira quelques bouffées de la plante narcotique et passa l'instrument à OEil-de-Faucon qui le transmit à Uncas. La pipe fit ainsi trois fois le tour de l'assemblée, au milieu du plus profond silence. Puis, le Sagamore, qui présidait en raison de son âge et de son rang, exposa brièvement le sujet de la délibération. Le chasseur lui répondit. Chingachgook fit des objections ; mais le jeune Uncas garda un silence respectueux, jusqu'à ce qu'OEil-de-Faucon voulût bien lui demander son avis. Heyward devina aux attitudes des différents orateurs, que le père et le fils soutenaient une opinion qui était combattue par l'homme blanc ; la discussion s'échauffa, et pourtant les plus honorables réunions chrétiennes, sans en excepter celle des ministres de Dieu, auraient pu trouver une leçon de modération dans les égards mutuels et la courtoisie de ces habitants des bois. On écoutait le Cerf-Agile, et, loin de témoigner de l'impatience, on lui répondait après une méditation silencieuse. Le langage des

Mohicans était accompagné d'une pantomime si naturelle qu'Heyward put suivre sans difficulté le fil de leurs arguments. Le chasseur était moins intelligible, parce que, fier de sa couleur, il affectait la froide simplicité qui caractérise tous les Anglo-Américains. A en juger par les gestes des Indiens qui décrivaient les sinuosités d'une route à travers les forêts, ils insistaient pour qu'on voyageât sur terre; OEil-de-Faucon, au contraire, étendait souvent le bras vers l'Océan; il allait être vaincu, quand, sortant de son apathie, il eut brusquement recours à l'éloquence indienne. Il décrivit avec le bras la révolution périodique du soleil, autant de fois qu'il fallait de jours pour accomplir leurs projets. Ensuite il dessina un long et pénible sentier au milieu des rochers et des cours d'eau; il imita la marche lente et la torpeur du vieux vétéran. Duncan s'aperçut même qu'on parlait assez légèrement de sa propre force, et que l'orateur le désignait par le nom de Main-Ouverte, que lui avait valu sa libéralité parmi toutes les tribus alliées. Ensuite vint la représentation des mouvements légers et gracieux d'un canot, contrastant avec les difficultés sans nombre d'un voyage à pied. OEil-de-Faucon termina en montrant la chevelure de l'Onéida pour indiquer la nécessité de partir immédiatement, et de manière à ne laisser aucune trace. Les Mohicans l'écoutèrent gravement, et leurs physionomies reflétèrent successivement les sentiments qui animaient l'orateur; la conviction les gagna par degrés, et la péroraison fut accueillie par l'exclamation habituelle : « Hugh! » Uncas et son père abandonnèrent franchement les opinions qu'ils avaient exprimées, et se rallièrent à celles de leurs adversaires avec une facilité qui, s'ils avaient été représentants de quelque grand peuple civilisé, aurait infailliblement causé leur chute politique, en les faisant passer pour des gens sans consistance.

Dès que les débats furent clos, toutes discussions cessèrent. Sans chercher à tirer son triomphe dans des regards approbateurs, OEil-de-Faucon étendit son grand corps auprès du foyer mourant, et s'endormit paisiblement. Livrés à eux-mêmes, les Mohicans, après s'être si longtemps consacrés à des intérêts étrangers, profitèrent de l'occasion pour s'occuper l'un de l'autre. Le Gros-Serpent, renonçant à l'austère gravité d'un chef indien, se mit à parler à son fils du ton doux et enjoué d'un père. Le Cerf-Agile répondit avec joie à la familiarité de son père, et, avant que la respiration sonore du chasseur annonçât qu'il sommeillait, un changement complet s'était opéré dans les manières de ses associés. Leur conversation, entremêlée de rires et de tendresses, avait une mélodie musicale qu'il est impossible de faire comprendre à ceux qui n'en ont pas entendu de semblable. Le diapason de leurs voix, particulièrement de celle du jeune homme, descendait aux notes les plus basses, et s'élevait à des intonations d'une douceur presque féminine. Le père suivait avec une joie franche les mouvements expressifs du fils, et accueillait par un sourire les saillies du jeune homme. Sous l'empire des sentiments naturels, le Sagamore n'était plus le même : aucune trace de férocité n'assombrissait ses traits adoucis; la tête de mort peinte sur sa poitrine semblait plutôt un déguisement ironique, que la manifestation du désir de semer sur ses pas le carnage et la désolation.

Après une heure entière employée à d'affectueuses causeries, Chingachgook s'enveloppa de sa couverture et s'allongea sur la terre. L'humeur folâtre d'Uncas se dissipa; il réunit les charbons épars, de manière à conserver la chaleur aux pieds de son père, et alla chercher une couche au milieu des ruines de la place. Rassuré par la tranquillité de ces rôdeurs expérimentés, Heyward imita leur exemple. Avant minuit, ceux qui reposaient dans le fort démantelé dormaient aussi profondément que la foule inanimée dont les ossements commençaient à blanchir dans la plaine voisine.

CHAPITRE XX.

Les cieux étaient encore semés d'étoiles lorsque OEil-de-Faucon réveilla son monde.

Munro et Heyward se débarrassèrent de leurs manteaux, et furent levés avant que l'hôte des bois eût cessé de les appeler à voix basse à l'entrée du grossier abri où ils avaient passé la nuit. Le salut que leur fit leur guide fut un geste significatif qui leur recommandait le silence.

« Priez en pensée, murmura-t-il, car celui auquel vous vous adressez connaît toutes les langues, celle du cœur comme celle de la bouche. Mais ne prononcez pas une syllabe ; il est rare que la voix d'un blanc soit telle que l'exige le séjour des bois, comme l'a démontré l'exemple de ce misérable musicien. Venez ; descendons dans le fossé, et ayons soin de marcher sur les pierres et sur les morceaux de bois. »

Ses compagnons se conformèrent à ses vœux sans comprendre les motifs de précautions aussi extraordinaires. Quand ils furent au bord du fossé, ils trouvèrent le passage encombré de ruines ; mais, à force de patience et avec le secours du chasseur, qui les tirait à lui, ils parvinrent aux bords de l'Horican.

« Voilà une trace qu'on ne peut suivre qu'au flair, dit le chasseur avec satisfaction en regardant la montée difficile qu'ils venaient de gravir ; l'herbe est un perfide tapis pour les pieds des fugitifs, mais ni le bois, ni la pierre ne gardent l'empreinte d'un mocassin. Si vous aviez porté des bottes à l'écuyer, il y aurait eu lieu de craindre ; mais avec une peau de daim convenablement corroyée on peut s'aventurer sur les rochers. Poussez le canot près de la terre, Uncas ; le fond entrerait dans ce sable comme dans du beurre. Doucement, mon garçon, doucement ; il ne faut pas toucher la plage, car les coquins reconnaîtraient notre embarcadère. »

Uncas ayant tout disposé suivant les instructions du chasseur, celui-ci alla chercher une planche dans les ruines et fit signe aux deux officiers d'entrer. Lorsqu'ils furent dans la nacelle, il remit avec soin tous les objets environnants dans leur désordre primitif, puis il parvint à s'embarquer lui-même sans laisser de ces traces qu'il paraissait tant redouter. Les Indiens poussèrent le canot à quelque distance du fort, sous l'ombre large et épaisse des montagnes occidentales.

« Pourquoi ce départ mystérieux et précipité ? demanda Heyward après quelque temps d'une navigation silencieuse.

— Si le sang d'un Onéida teignait la nappe d'eau pure sur laquelle nous flottons, vos yeux répondraient à cette question. Avez-vous donc oublié le reptile venimeux qu'Uncas a tué ?

— Non, sans doute ; mais vous m'avez dit qu'il était seul, et l'on n'a rien à craindre des morts.

— Oui, il était seul dans sa machination diabolique ; mais un Indien dont la tribu compte tant de guerriers est sûr, quand il succombe, que sa mort sera vengée.

— Mais notre présence, l'autorité du colonel Munro nous protégeraient contre la colère de nos alliés, d'autant plus que la victime a mérité son sort. J'ose espérer que des appréhensions aussi futiles ne nous ont pas fait dévier de notre droit chemin.

— Pensez-vous, répliqua l'opiniâtre chasseur, que la balle de cet assassin se serait détournée quand même sa majesté britannique aurait été là ? Pourquoi le grand Français, qui est capitaine-général des Canadas, n'a-t-il pas enterré les tomahawks des Hurons, puisqu'un mot d'un blanc a tant d'empire sur la nature d'un Indien ? »

La réponse du major fut suspendue par un gémissement de Munro. Après s'être tu un moment, par égard pour la douleur de son vieil ami, il reprit d'un ton solennel :

« Le marquis de Montcalm réglera cette affaire avec Dieu.

— Oui, oui, il y a de la raison dans vos paroles, car elles sont basées sur la religion et la probité. Il aurait pu jeter un uniforme d'habits blancs entre les tribus et les prisonniers, mais il n'est pas aussi facile de forcer un sauvage à oublier qu'il porte un couteau et un fusil, en lui adressant des discours où l'on commence par l'appeler mon fils. J'ai donc dû prévoir la furie des sauvages ; j'ai mis l'eau entre eux et nous, à moins que les scélérats n'aient fait alliance avec les poissons et n'apprennent d'eux ce qui se passe sur la surface liquide, nous serons séparés de nos ennemis par le lac Horican avant qu'ils se soient mis à notre poursuite.

— Avec des ennemis devant et derrière nous, nous allons courir bien des dangers.

— Des dangers ! répéta OEil-de-Faucon avec calme. Des yeux perçants, des oreilles vigilantes, voilà de quoi les prévenir ; s'il faut avoir recours à la carabine, nous savons nous en servir. Nous aurons des escarmouches, des échauffourées, c'est possible, mais nous ne manquons ni de retraites sûres, ni de munitions. »

Heyward ne répliqua plus ; et, pendant plusieurs milles, le canot glissa silencieusement sur les eaux. Au point du jour, ils entrèrent dans la route étroite du lac, et passèrent entre les innombrables îlots. C'était par cette route que Montcalm s'était retiré avec son armée, et les aventuriers ignoraient s'il n'avait pas laissé des Indiens en embuscade pour protéger ses derrières et les traînards. Ils suivirent les canaux en faisant le moins de bruit possible et en examinant attentivement les rochers et les taillis. Le Cerf-Agile et le chasseur tenaient les rames. Chingachgook gouvernait avec une pagaie et remplissait en même temps les fonctions d'observateur. Tout à coup, il fit un signe qui suspendit la marche, et frappa légèrement sur l'épaule de son fils en lui indiquant un point de la côte.

« Hugh ! dit Uncas.

— Qu'y a-t-il ? demanda OEil-de-Faucon. Le lac est uni comme si les vents n'avaient jamais soufflé et j'en découvre la surface à une grande distance. Je n'aperçois qu'une macreuse qui prend ses ébats. »

L'Indien leva lentement sa pagaie, et montra un îlot boisé qui semblait aussi paisible et aussi solitaire que si jamais l'homme n'y eût pénétré.

« Je ne vois rien, dit Duncan, que la terre et l'eau.

— Silence ! interrompit OEil-de-Faucon ; le Sagamore a raison. Remarquez-vous, major, ce léger nuage qui s'élève au-dessus de l'île ?

— C'est de la vapeur d'eau.

— Oui, au jugement d'un enfant ; mais d'où vient que la partie inférieure de cette fumée est plus noire que le reste, et qu'elle disparait dans un bosquet de coudriers ? Elle nous signale un feu prêt à s'éteindre.

— Éclaircissons nos doutes en débarquant, dit Heyward avec impatience ; il ne peut y avoir que très-peu de monde sur une si longue langue de terre.

— Si vous jugez des ruses des Indiens avec votre sagacité d'homme blanc ou avec vos connaissances acquises, ils vous mèneront loin, sinon à votre perte. M'est avis que nous n'avons que deux partis à prendre :

le premier est de rétrograder et de renoncer à poursuivre les Hurons...
— Jamais! s'écria Heyward d'une voix un peu trop éclatante pour la circonstance.
— Bien, bien! J'ai cru devoir vous faire cette ouverture, quoique je partage vos sentiments. Le parti qui nous reste est de pousser de l'avant, et, s'il y a des Indiens ou des Français dans le chenal, de courir la bouline, en nous dirigeant vers ces montagnes. Est-ce raisonnable, Sagamore? »

Le Gros-Serpent ne répondit qu'en remettant à l'eau sa pagaye. Les rameurs se courbèrent sur leurs avirons, et au bout de quelques instants, ils atteignirent un point d'où ils pouvaient découvrir les rives septentrionales de l'île qui leur avaient été cachées jusqu'alors.

« Ils sont là, murmura le chasseur; je vois deux canots et une fumée. Les drôles n'ont pas encore écarquillé les yeux, autrement nous entendrions le maudit cri de guerre... Ensemble, mes amis; nous nous éloignons, et nous sommes déjà hors de la portée de leurs fusils. »

Ces paroles furent interrompues par la détonation d'une carabine, dont la balle ricocha sur l'eau, et par un cri perçant qui annonçait qu'on les avait aperçus. Plusieurs sauvages s'élancèrent aussitôt dans les canots et se mirent à leur poursuite. Ces présages d'une lutte imminente n'eurent d'autre effet que de ranimer l'ardeur des rameurs, dont les coups d'aviron, plus prolongés et plus à l'unisson, firent voler la nacelle sur les vagues. Sans ralentir ses efforts, OEil-de-Faucon regarda par-dessus son épaule gauche, et dit au Gros-Serpent :

« Tenez-les à cette distance, Sagamore; il n'y a pas un de leurs fusils qui soit capable de nous atteindre, mais mon tueur de daims a une toute autre portée. »

Après s'être assuré que les Mohicans pouvaient exécuter ses ordres, le chasseur quitta résolument sa rame, et leva la fatale carabine. Trois fois il l'ajusta, et au moment où ses compagnons s'attendaient à entendre l'explosion, il s'arrêta pour laisser s'approcher ses ennemis. Il allait tirer, et, étendant le bras gauche le long du canon, il levait lentement l'embouchure, quand une exclamation d'Uncas l'interrompit encore.

« Qu'y a-t-il, mon garçon? demanda OEil-de-Faucon. Vous avez sauvé la vie à un Huron. »

Le Cerf-Agile désigna la rive d'où un troisième canot de guerre partait pour les prendre en flanc. Le péril était imminent. Le chasseur reprit sa rame, et Chingachgook gouverna à l'ouest, pour augmenter la distance qui les séparait de leurs adversaires. Ceux qui les pressaient à l'arrière poussaient des clameurs si formidables, qu'elles tirèrent Munro lui-même de son apathie.

« Débarquons, dit-il du ton d'un soldat éprouvé, et livrons bataille aux sauvages sur ces rochers.
— Pour combattre avec succès les Indiens, répliqua la Longue-Carabine, il faut s'en rapporter à l'intelligence des indigènes... Longez la terre, Sagamore; nous gagnons de l'avance, mais ils pourraient nous atteindre en biaisant. »

Effectivement, les Hurons du troisième canot s'aperçurent qu'en suivant la ligne perpendiculaire ils arriveraient en arrière des fugitifs, ils prirent donc une direction de plus en plus oblique, de sorte que les deux canots finirent par marcher parallèlement à deux pieds l'un de l'autre. Le fait alors une course sur l'eau. Le mouvement était si rapide qu'il refoulait les eaux du lac, dont les ondulations se communiquaient aux légères nacelles. Les Hurons négligeaient d'employer leurs armes les pour s'occuper uniquement de ramer; ils avaient l'avantage du nombre, et les efforts des fugitifs étaient trop pénibles pour durer longtemps. Le chasseur promenait autour de lui des regards inquiets, en cherchant des expédients nouveaux.

« Rallicz la terre, Sagamore, dit-il; je vois que l'un de ces garnements s'apprête à tirer. Un seul membre cassé parmi nous, et voilà nos crânes à nu!.. Mettez cette île entre eux et nous. »

Un îlot long et bas s'étendait devant eux; le longèrent, et le canot de chasse fut forcé de prendre le côté opposé. Le chasseur et ses compagnons profitèrent de cet avantage, et dès qu'ils furent cachés par les buissons, ils redoublèrent leurs efforts, qui semblaient déjà prodigieux. Les deux canots arrivèrent à la pointe de l'île comme deux coursiers au bout de la carrière; mais les fugitifs avaient l'avance.

« Vous avez montré que vous vous connaissiez en écorce de bouleau, dit le chasseur à Uncas, quand vous avez choisi cette embarcation au milieu des canots des Hurons. C'est avec des morceaux de bois plats qu'il s'agit de sauver nos têtes, et non pas avec des canons damassés... Allons donc, mes amis, et ensemble!
— Ils se préparent à tirer, dit Heyward; et comme ils sont en droite ligne, ils ne peuvent nous manquer.
— Couchez vous au fond du canot, reprit le chasseur; ce sera autant de diminué sur la grandeur de la cible.
— Les officiers peuvent-ils donner un aussi mauvais exemple quand leurs guerriers essuient le feu, répondit Heyward en souriant.
— Seigneur, seigneur! voilà bien le courage d'un blanc? Et, comme la plupart de ses idées, il n'est pas basé sur la raison. Pensez-vous qu'Uncas, le Sagamore, ou moi-même, qui suis un blanc sans mélange, nous hésiterions à nous cacher dans une escarmouche, s'il

n'était pas bon de nous montrer? Pourquoi les Français ont-ils fortifié leur Québec, si l'on doit toujours combattre en pleine campagne?
— Tout ce que vous dites est très-vrai, mon ami, dit Heyward; mais nos usages nous empêchent de faire ce que vous désirez. »

Une décharge interrompit l'entretien; les balles sifflèrent autour d'eux, et le major vit Uncas tourner la tête pour le regarder ainsi que Munro. Malgré le danger qu'il courait, le jeune Mohican n'exprimait d'autre émotion que la surprise de voir des hommes qui persistaient à s'exposer inutilement. Chingachgook était probablement mieux instruit des préjugés européens, car il continua à avoir les yeux sur la pagaye avec laquelle il gouvernait. Une balle la lui fit tomber des mains, aux acclamations des Hurons qui profitèrent de l'occasion pour faire feu une seconde fois.

Uncas décrivit un arc dans l'eau avec son aviron; et ce mouvement permit à Chingachgook de reprendre sa pagaye, qu'il brandit en poussant le cri de guerre des Mohicans.

« Le Gros-Serpent! la Longue-Carabine! le Cerf-Agile! répétèrent à la fois les Hurons des trois canots. Le chasseur saisit son tueur de daims de la main gauche, et l'agita triomphalement au-dessus de sa tête. Les ennemis répondirent à ce défi par un hurlement qui fut suivi d'une troisième volée de mousqueterie. Les balles sillonnèrent le lac, et percèrent même l'écorce de la petite nacelle. Pendant cette crise, les Mohicans ne témoignèrent aucune émotion, mais le chasseur, riant tout bas à sa manière, dit à Heyward :

« Les coquins aiment à entendre le bruit de leurs fusils; mais il n'y a pas un seul Mingo capable de viser juste dans un canot qui danse! Remarquez que ces sauvages perdent leur temps, et, en calculant au plus bas, nous avançons de trois pieds contre deux. »

Duncan s'aperçut en effet que, grâce à leur adresse supérieure, et à la diversion opérée par les décharges, ses compagnons obtenaient un sensible avantage. Les Hurons tirèrent de nouveau, et une balle entama la rame d'OEil-de-Faucon.

« Elle est morte, dit celui-ci; elle n'aurait pas endommagé la peau d'un enfant, et, à plus forte raison, celle d'hommes endurcis comme nous. Maintenant, major, si vous voulez essayer de vous servir de ce morceau de bois, mon tueur de daims va prendre part à la conversation. » Heyward saisit la rame, et se mit à l'œuvre avec une ardeur qui suppléait à l'habileté, pendant qu'OEil-de-Faucon inspectait l'amorce de sa carabine. Celui-ci visa rapidement et fit feu. Un Huron, qui se dressait à l'avant du premier canot, tomba à la renverse et se releva péniblement. Ses compagnons se groupèrent autour de lui; les deux autres embarcations se rapprochèrent, et toutes s'arrêtèrent instantanément. Les fugitifs en profitèrent pour gagner du terrain. Tout en ramant, le père et le fils s'observaient; chacun d'eux cherchait à voir si l'autre n'avait pas été blessé; car ils savaient bien que, dans un pareil moment, aucun accident ne leur aurait arraché la moindre exclamation. Les larges gouttes de sang ruisselaient sur l'épaule du Sagamore; quand il vit les yeux d'Uncas s'y arrêter longuement, il prit de l'eau dans le creux de sa main et lava sa plaie, se contentant de prouver ainsi qu'elle était légère.

« Doucement, doucement, major, dit OEil-de-Faucon, qui avait rechargé son arme, nous sommes déjà un peu trop loin pour que ma carabine puisse se distinguer, et vous voyez que ces misérables tiennent conseil. Laissons-les venir à portée, je veux les mener au bout de l'Horican, et je vous garantis qu'ils ne nous toucheront pas, pendant que mon tueur de daims en descendra un presque à chaque coup.
— Nous oublions notre tâche, répondit Heyward; au nom du ciel, profitons de nos avantages et éloignons-nous de nos ennemis.
— Rendez-moi mes enfants! dit Munro d'une voix étouffée; ne vous jouez pas de l'agonie, du désespoir d'un père, mais rendez-moi mes enfants. » Une longue et habituelle soumission aux ordres de ses supérieurs avait appris au chasseur la vertu de l'obéissance. Jetant un dernier regard sur les canots des Hurons, OEil-de-Faucon déposa sa carabine et vint remplacer Duncan. Ses efforts furent secondés par les Mohicans; il mit bientôt une vaste étendue d'eau entre eux et les sauvages. Au lieu de côtoyer le rivage occidental, qui était le but de leur course, ils se dirigèrent vers les hautes collines derrière lesquelles Montcalm avait conduit son armée, dans la formidable forteresse de Ticonderaga. Ils restaient en mesure de si grande régularité, comme si la course qu'ils venaient de fournir eût été un simple exercice plutôt qu'une fuite désespérée. Quoique l'ennemi parût disposé à les poursuivre, ils atterrirent dans une petite baie, tirèrent le canot sur la plage et toute la compagnie débarqua. OEil-de-Faucon monta sur un rocher, d'où il examina le lac, et fit voir à Heyward un point noir à la distance de quelques milles.

« Que diriez-vous de cela, demanda-t-il, si vous étiez abandonné à votre expérience d'homme blanc?
— Je serais tenté de croire que c'est un oiseau, répliqua le major.
— C'est un canot de bonne écorce de bouleau, pagayé par un équipage de Mingos. Les scélérats ont l'air de s'occuper de leur repas du soir; mais, dès qu'il fera nuit, ils seront à nos trousses comme des chiens sur la piste. Il importe de les dérouter ou il faut renoncer à atteindre le Renard-Subtil.
— Ne différons donc pas d'un moment.
— Je n'aime guère cette fumée qui s'élève au-dessus du canot, le

long des rochers ; je parie que c'est un signal destiné à d'autres yeux qu'aux nôtres. En tout cas, les paroles n'avancent à rien et il est temps d'agir. »

En disant ces mots, Œil-de-Faucon descendit sur la plage et tint conseil avec les Mohicans. Quand ils eurent délibéré, le canot fut enlevé et porté à dos d'homme à travers les bois, où, d'après les recommandations du chasseur, toutes les personnes de la troupe eurent soin de marquer fortement l'empreinte de leurs pas. Ils rencontrèrent bientôt un cours d'eau qu'ils traversèrent, et continuèrent à s'avancer sur l'autre rive jusqu'à un large plateau de rochers. De cet endroit, où les traces de leurs pas ne pouvaient plus être visibles, ils rétrogradèrent jusqu'au ruisseau en marchant à reculons. Ils entrèrent dans le lit de ce ruisseau jusqu'au lac, où ils remirent leur canot à flot. Ils étaient alors dérobés à l'observation des Hurons par une pointe de terre et par les dentelures du rivage que couronnaient d'épais buissons. Ils purent donc naviguer en sûreté ; mais au moment d'atteindre une partie du lac où ils auraient été de nouveau en vue de l'ennemi, Œil-de-Faucon jugea prudent de débarquer. Leur halte dura jusqu'à la nuit tombante. Favorisés par les ténèbres, ils se remirent en route et ramèrent avec énergie vers le rivage occidental. Quoique la côte rugueuse et escarpée ne présentât aux yeux d'Heyward aucune marque distinctive, le Gros-Serpent gouverna vers une crique, où il entra avec la confiance et la certitude d'un pilote expérimenté.

ALICE.

Le bateau fut retiré de l'eau, transporté dans les bois et caché sous un amas de broussailles. Les aventuriers prirent leurs armes et bagages, et le chasseur annonça à Munro et à Heyward qu'ils allaient enfin procéder à leurs perquisitions.

CHAPITRE XXI.

La petite troupe se trouvait dans une contrée qui est, même aujourd'hui, moins connue des habitants des Etats-Unis que les steppes de la Tartarie ou les déserts de Sahara. C'était le pays désolé et montueux qui est situé entre les rivières tributaires du lac Champlain et celles qui versent leurs eaux dans l'Hudson, la Mohawk et le Saint-Laurent. Depuis 1757, l'activité industrielle des Américains a entouré cette contrée d'une ceinture d'établissements riches et florissants ; mais les chasseurs et les sauvages sont encore à présent les seuls qui en parcourent les tristes solitudes.

Toutefois, comme Œil-de-Faucon et les Mohicans avaient souvent traversé les montagnes et les vallées de ce vaste désert, ils n'hésitèrent pas à s'y enfoncer avec l'assurance d'hommes accoutumés aux privations et aux obstacles. Avant de faire halte, les voyageurs marchèrent pendant plusieurs heures, guidés par certaines étoiles, ou suivant la direction des courants. Ils s'arrêtèrent pour se reposer, et passèrent paisiblement le reste de la nuit. Munro et Duncan dormirent sans crainte, à l'exemple de leurs compagnons. Le soleil avait pompé la rosée, quand ils reprirent leur chemin.

Au bout d'une heure environ, Œil-de-Faucon, qui était à l'avant-garde, redoubla de vigilance et d'attention. Il s'arrêtait souvent pour examiner les arbres, et ne traversait pas un ruisseau sans observer l'abondance, la vitesse, et la couleur des eaux. Se défiant de son propre jugement, il consultait souvent le Gros-Serpent. Quant à Uncas, il écoutait en silence, comme s'il s'en fût entièrement rapporté à la sagacité de ses aînés. Enfin le chasseur expliqua à Duncan l'embarras de leur situation.

« Lorsque je me suis aperçu, dit-il, que les Hurons avaient pris au nord pour retourner chez eux, j'en ai conclu qu'ils suivraient tout naturellement les vallées, et qu'ils se tiendraient entre l'Hudson et le lac Horican ; c'était la seule route qui eût pu les conduire aux sources des rivières du Canada, et de là dans l'intérieur du pays. Et pourtant nous ne trouvons pas la moindre trace de leur passage ! La nature humaine est faible, et il est possible que nous ne soyons pas sur la véritable piste.

— Le ciel nous préserve d'une telle erreur ! s'écria le major. Retournons sur nos pas, examinons tout avec plus de soin. Uncas n'a-t-il point de conseils à nous donner à ce sujet ? »

Le jeune Mohican demeura muet et réservé ; mais il jeta un coup d'œil à son père, qui, d'un geste de la main, lui enjoignit de prendre la parole. Dès que cette permission lui eut été octroyée, la physionomie grave du Cerf-Agile s'illumina d'un rayon d'intelligence et de joie. Il s'élança vers une montée en face des voyageurs, et montra d'un air triomphant la terre fraîchement remuée par le passage des chevaux. Toute la bande suivit des yeux ce mouvement inattendu, et partagea les transports du jeune Mohican.

— Nous y voilà ! s'écria Œil-de-Faucon ; l'enfant a l'esprit vif et la vue perçante pour son âge.

— Il est singulier, murmura Duncan, qu'il ne nous ait pas communiqué plus tôt sa découverte.

— Il eût été bien plus étonnant encore qu'il eût parlé sans invitation. Les jeunes blancs, qui apprennent dans des livres, et mesurent leurs connaissances à la page, peuvent se vanter de dépasser leurs pères en savoir comme à la course ; mais lorsque c'est l'expérience qui enseigne, l'écolier comprend le prix des années, et les respecte en conséquence.

— Voyez ! dit Uncas en indiquant le nord et le sud comme points extrêmes, les cheveux noirs s'en vont vers la neige.

— Jamais chien n'a suivi une plus belle piste ! repartit Œil-de-Faucon ; nous sommes favorisés du ciel, et pouvons marcher le nez au vent. Ici ont passé les deux chevaux qui vont de travers !... Ce coquin de Huron est fou ; il voyage comme un général blanc ! Cherchez les traces de roues, Sagamore ! Nous verrons bientôt ce personnage faire la route en voiture, sans se douter qu'il a derrière lui les trois meilleures paires d'yeux des frontières. »

La bonne humeur du chasseur, le succès inattendu de leurs recherches rendit l'espoir à toute la bande. Elle avança rapidement, et avec autant de confiance que sur une grande route. Lorsqu'un rocher, un ruisseau, une motte de terre plus dure qu'à l'ordinaire, rompaient les nœuds du fil qui les guidait, l'œil sûr du chasseur le retrouvait à quelque distance. Le Renard-Subtil avait cependant mis en usage les artifices habituels aux Hurons qui battent en retraite. Les fausses traces, les détours brusques, ne manquaient pas toutes les fois que la disposition du terrain ou la présence d'un ruisseau les avait facilités, mais les trois associés ne s'y laissaient point tromper, et ne tardaient pas à reconnaître leurs erreurs accidentelles.

Dans l'après-midi, ils traversèrent le lac Scaron, et marchèrent en face du soleil couchant. Après être descendus dans un fond, que baignait un ruisseau rapide, ils y trouvèrent une clairière où la troupe du Renard avait campé. Des tisons éteints, des reliefs de daim, des feuilles entamées par la dent des chevaux, indiquaient précisément la place. Heyward découvrit avec une certaine émotion un berceau de verdure, sous lequel il se complut à croire que Cora et Alice avaient reposé. La terre était battue de tous côtés par des pas d'hommes et d'animaux, mais au delà de ce lieu les traces cessaient brusquement ; on retrouvait bien les traces des chevaux, mais ils semblaient avoir erré sans guides et sans autre but que de chercher leur pâture. Uncas, qui, aidé de son père, avait essayé de reconnaître la route qu'ils avaient prise, finit par les ramener tous deux, mais dans un état déplorable ; les selles brisées, les caparaçons souillés, défigurés par plusieurs jours d'une vie errante et aventureuse.

Le major pâlit. « Qu'est-ce que cela nous annonce ? » dit-il ; et il promena autour de lui des regards inquiets, comme s'il eût craint que les buissons et les feuilles lui révélassent quelque mystère.

« Cela annonce, dit le chasseur, que notre marche touche à sa fin et que nous sommes en pays ennemi. Si le Renard avait été pressé, et que les jeunes filles eussent eu besoin de chevaux pour le suivre, il les aurait scalpées sans pitié ; mais n'ayant pas des ennemis sur le talons et avec des chevaux vigoureux, je garantis qu'il les a respectées. Soyez-en persuadé, major ; un Mingo ne maltraiterait pas une femme, à moins qu'il ne l'assommât d'un seul coup de tomahawk. Si vous pensez autrement, j'en rougis pour les gens de notre couleur, qui vous ignorez les lois des bois. Vos dames sont donc saines et sauves ; elles sont sans doute au milieu des Hurons, qui viennent chasser dans ces parages, sous la protection des canons de Ticonderaga. Maintenant, il faut tâcher de déterrer leur camp. »

Pour y parvenir, OEil-de-Faucon et les Mohicans dessinèrent un cercle d'une centaine de pieds de circonférence, et chacun se chargea d'en examiner soigneusement une section. Mais leurs perquisitions n'amenèrent aucun résultat; les empreintes de pas étaient nombreuses; elles prouvaient qu'on avait erré au hasard sur le lieu même, sans que rien indiquât l'intention de le quitter. Les trois associés revinrent lentement au centre de la clairière, non moins embarrassés qu'auparavant.

Le Huron arracha l'enfant des bras de sa mère et lui brisa la tête sur le rocher.

« C'est un tour du diable, s'écria OEil-de-Faucon! il faut recommencer nos recherches à la source du ruisseau, Sagamore, et remuer tout le terrain. Le Huron n'ira pas se vanter dans sa tribu que ses pieds ne laissent pas d'empreintes. » Le chasseur se remit à l'œuvre avec un nouveau zèle; on remua les feuilles, les branches, les racines; on leva toutes les pierres, car on savait que les artificieux Indiens s'en servaient souvent, avec une patience singulière, pour cacher chacun de leurs pas. Cependant on ne fit aucune découverte. Enfin le Cerf-Agile, qui avait fini sa tâche avant les autres, éleva une digue de terre en travers de la petite rigole qui coulait de la source, et détourna le cours du ruisseau. Sitôt que le lit fut à sec, le jeune Mohican l'interrogea d'un regard pénétrant. Un cri de joie annonça le succès qu'il avait obtenu, et il montra à la compagnie assemblée l'empreinte d'un mocassin sur le sable humide. OEil-de-Faucon le contempla avec autant d'admiration qu'un géologue en accorde à une dent de mammouth ou à une côte de mastodonte.

— Ce jeune homme, dit-il, fera honneur à sa nation! Mais ce n'est pas là le pied d'un Indien; le talon est trop appuyé, l'orteil trop écarté; on dirait qu'un danseur français y a passé. Courez, Uncas, et allez me chercher la mesure du pied du chanteur; vous en trouverez une magnifique empreinte sur le flanc de cette colline! »

Pendant que le jeune Mohican s'acquittait de cette commission, le chasseur et Chingachgook examinaient l'empreinte avec plus d'attention. Les mesures ayant été reconnues exactes, il fut décidé qu'elle provenait du pied de David, qui avait de nouveau échangé ses souliers contre des mocassins.

« Tout est éclairci pour moi, ajouta OEil-de-Faucon : le chanteur ayant des pieds remarquablement grands, a reçu l'ordre de marcher le premier; et les empreintes qu'il a faites, ont servi de moule aux pieds du Renard-Subtil et de son confrère.

— Mais, s'écria Duncan, il y avait encore eux...

— Les dames, interrompit le chasseur, le drôle aura trouvé moyen de les porter; allons en avant, et je parie que nous trouverons la trace de leurs jolis pieds. »

Toute la compagnie suivit le lit du ruisseau, qui ne tarda pas à reprendre son cours. Néanmoins, les voyageurs continuèrent leur route en regardant le terrain à droite et à gauche, avec la certitude que les empreintes étaient sous l'eau. Ils étaient arrivés à la base d'un rocher élevé, lorsque l'actif Uncas remarqua une touffe de mousse qu'un Indien avait foulée par mégarde; il entra dans le taillis voisin, et y trouva des empreintes fraîches et parfaitement marquées. Un nouveau cri annonça cette découverte à ses compagnons.

« On voit que ce plan de retraite avait été conçu par un Indien, dit le chasseur ; il aurait trompé des yeux d'hommes blancs. Une seule chose m'embarrasse, c'est la manière dont le drôle a transporté les dames. Un Huron même n'aurait pas voulu qu'elles se mouillassent les pieds.

— Ceci peut servir à éclaircir nos doutes, dit Heyward en montrant un brancard, grossièrement construit avec des branchages, jeté dans un coin comme un objet désormais inutile.

— Nous y voilà! s'écria OEil-de-Faucon avec transport. Les garnements ont passé des heures entières à fabriquer à leur voyage un terme mensonger. Je les ai vus souvent employer tout un jour de la même manière et pour d'aussi minces motifs. Nous retrouvons à présent trois paires de mocassins et deux de petits pieds. Il est prodigieux que des êtres mortels puissent se soutenir sur des membres aussi délicats!... Passez-moi votre courroie, Uncas, que je mesure la longueur de ce pied. Par le ciel! il n'est pas plus long que celui d'un enfant : et cependant ces dames sont grandes et avenantes. Quand même on se trouverait bien partagé, on ne peut nier que la Providence dispense ses dons avec partialité, pour des raisons qu'elle nous laisse ignorer.

— Mes pauvres filles sont incapables de supporter de pareilles fatigues! dit Munro en regardant avec amour les marques du passage de ses enfants; nous allons les trouver mourantes au sein du désert.

— N'ayez pas peur, dit OEil-de-Faucon; le pas est ferme et droit, assuré, quoique léger. Le talon a touché le sol; et ici la fille aux cheveux noirs a sauté d'une racine à l'autre. Croyez-en ma science; aucune de ces dames ne s'est trouvée mal. Quant au chanteur, il commençait à en avoir assez. Ici il a glissé, là il a chancelé; on croirait qu'il a voyagé avec des souliers ferrés à glace. Il est vrai qu'un homme qui fait un usage immodéré de son gosier, n'est pas apte à manœuvrer convenablement ses jambes. »

A l'aide de déductions analogues, le forestier expérimenté arrivait à la connaissance de la vérité avec autant de certitude et de précision que s'il avait été témoin des événements dont son esprit ingénieux reconstruisait si aisément tous les détails. Satisfaits de ces raisonnements, dont les conclusions étaient incontestables malgré leur simplicité, les voyageurs marchèrent avec une nouvelle ardeur. Ils prirent

Les Mohicans saisirent les rames, et le canot glissa sur le lac avec rapidité.

à peine le temps de faire un léger repas. Le chasseur, voyant le soleil décliner, allongea le pas avec une vélocité qu'Heyward et Munro s'efforcèrent d'égaler. Comme le Renard n'avait plus tenté de dissimuler ses traces, ils n'éprouvèrent aucune incertitude. Au bout d'une heure cependant, OEil-de-Faucon prit une allure plus lente; ses regards, au lieu de se porter droit devant lui, erraient de côté et d'autre, comme s'il eût pressenti quelque danger. Il s'arrêta bientôt, et attendit le reste de la bande.

« Je sens les Hurons, dit-il aux Mohicans; je vois à travers les arbres un espace libre, et nous sommes trop près de leur camp. Sagamore, prenez à droite, du côté de la colline; Uncas, longez le ruisseau à gauche, et moi je vais suivre la trace. Si l'on découvre quelque chose, le signal sera trois croassements. Je viens de voir un corbeau planer au-dessus de ce chêne mort, et j'en conclus que nous touchons au camp. »

Les Mohicans prirent les directions indiquées, et Œil-de-Faucon s'avança avec les deux militaires. Pressé d'apercevoir les ennemis qu'il avait si péniblement cherchés, Heyward coudoyait son guide; mais celui-ci dit d'entrer dans le taillis et de l'y attendre, pendant qu'il examinerait d'un autre côté certains indices assez suspects. Le major obéit, et fut bientôt témoin d'un spectacle aussi neuf qu'extraordinaire.

Les arbres avaient été abattus dans une étendue de plusieurs acres, et la lueur d'un doux soleil d'été tombant sur la clairière, formait un charmant contraste avec les clartés grisâtres de la forêt. A peu de distance du lieu où se trouvait Duncan, le ruisseau avait rempli un bassin naturel, d'une colline à l'autre; il formait une eau d'où l'eau s'échappait en cataracte si régulière qu'elle semblait moins l'œuvre de la nature que celle des hommes. Une centaine de huttes en terre étaient construites le long du lac, et même dans les eaux, qui paraissaient les avoir atteintes en dépassant leur niveau ordinaire. Leurs toits arrondis, admirablement façonnés pour résister aux intempéries des saisons, dénotaient plus d'industrie et de prévoyance que les indigènes n'en montrent ordinairement dans leurs habitations régulières, à plus forte raison dans celles qu'ils construisent pour les besoins momentanés de la chasse et de la guerre. Enfin, le village tout entier avait un plan méthodique, une netteté d'exécution dont les blancs regardent généralement les Indiens comme incapables. Il paraissait toutefois désert, ou du moins Duncan le pensa pendant quelques minutes; mais enfin il crut voir plusieurs figures humaines qui s'avançaient vers lui sur les pieds et sur les mains, et qui avaient l'air de traîner quelque chose lourde et peut-être formidable derrière. Quelques têtes noires se montrèrent à la porte des huttes, et le lieu se garnit soudain d'êtres vivants; mais ils passaient de cabane en cabane avec tant de rapidité qu'il était impossible de deviner ce qu'ils faisaient. Alarmé de ces mouvements suspects et inexplicables, le major allait essayer d'imiter les croassements du corbeau, lorsque le bruissement des feuilles attira ses yeux dans une autre direction.

Heyward tressaillit et recula instinctivement de quelques pas en apercevant un Indien sur les bords du lac. Au lieu de donner l'alarme, ce qui aurait pu lui être funeste, il demeura immobile, et observa attentivement les mouvements de l'étranger. Celui-ci semblait également occupé à considérer les huttes du village et les allées et venues des habitants. Il était impossible de découvrir l'expression de ses traits sous le grotesque masque de peinture qui le cachait; mais Duncan crut remarquer qu'il avait l'air plus triste que féroce. Sa tête était rasée jusqu'au sommet, et quatre plumes de faucon, attachées à la touffe du milieu, se balançaient au souffle du vent. Son corps était enveloppé d'un vieux morceau de calicot, et il n'avait d'autre pantalon qu'une chemise dans les manches de laquelle ses cuisses étaient passées. Le reste de ses jambes était nu et tristement déchiré par les ronces; mais il avait les pieds couverts de bons mocassins de peau de daim. Somme toute, son extérieur était misérable.

Duncan examinait encore l'étranger, lorsqu'Œil-de-Faucon se glissa silencieusement auprès de lui.

« Vous voyez que nous avons atteint leur camp, murmura le jeune homme, et voici même un sauvage dont la présence va nous embarrasser. »

Le premier mouvement d'Œil-de-Faucon fut d'ajuster sa carabine; mais, avant de tirer, il allongea le cou, pour mieux observer l'inconnu.

« Ce drôle n'est pas un Huron, dit-il, il n'appartient même à aucune des tribus canadiennes, et pourtant vous voyez ses hardes qu'il a dévalisé un blanc. Montcalm, en faisant sa trouée, a ramassé dans les bois tous les vagabonds qu'il a rencontrés. Savez-vous où le coquin a caché son arc ou son fusil?

— Il paraît n'avoir pas d'armes, et je ne crois pas qu'il ait de mauvaises intentions. Nous n'avons rien à le craindre, à moins qu'il n'avertisse ses camarades que vous voyez rôder autour de l'eau. » Le chasseur se tourna vers Heyward et le regarda avec étonnement. Puis il ouvrit la bouche et rit tout bas, suivant l'habitude que le danger lui avait fait prendre.

« Ses camarades qui rôdent autour de l'eau! répéta-t-il après s'être livré à son hilarité. A quoi sert donc de passer son enfance à étudier dans les villes? En tout cas le gaillard a de longues jambes, et il ne faut pas nous y fier. Tenez-le en joue tandis que je vais essayer de me glisser derrière lui pour le prendre vivant; mais ne faites pas feu. »

Œil-de-Faucon s'était jeté dans les broussailles lorsque Heyward lui prit le bras pour lui demander :

« Si je vous vois en danger, puis-je risquer un coup? »

Le chasseur le regarda à son tour, en ayant l'air de ne pas savoir comment prendre la question; puis il répliqua en riant de nouveau :

« Feu de peloton, major! »

Il disparut alors aux yeux de Duncan, qui comptait les moments avec une fiévreuse impatience; puis il reparut couché sur le ventre près de celui qu'il voulait faire prisonnier. Au moment où il se releva, les formes noires que Duncan avait remarquées plongèrent brusquement dans le lac. Loin de s'en alarmer, le sauvage insouciant tendit le cou pour voir ce qui se passait sur les eaux agitées. Œil-de-Faucon avait la main levée pour le saisir; mais il la retira sans aucun motif apparent, et s'abandonna à un nouvel accès de gaieté silencieuse. Quand il se fut dépoilé la rate, au lieu d'empoigner sa victime à la gorge, il lui frappa légèrement sur l'épaule, et s'écria :

« Hohé, l'ami! avez-vous l'intention d'apprendre à chanter aux castors?

— Assurément, répliqua l'autre; Dieu, qui leur a donné tant de qualités, ne leur refuserait pas la voix pour chanter sa gloire. »

CHAPITRE XXII.

Le lecteur s'imaginera facilement la surprise d'Heyward. Sa bande d'Indiens se changeait à l'improviste en troupeau de quadrupèdes; son lac en étang de castors; sa cataracte en une digue construite par ces industrieux animaux; et le sauvage qu'il avait redouté n'était autre que son fidèle ami David la Gamme, le maître de plain-chant. La présence de ce dernier faisait concevoir de si vives espérances relativement aux deux sœurs, que, sans hésitation, le jeune homme sortit de son embuscade et rejoignit les deux acteurs de cette scène.

La gaieté d'Œil-de-Faucon ne s'apaisa pas facilement; il fit sans cérémonie tourner David sur ses talons, et affirma à plusieurs reprises que son costume faisait le plus grand honneur au goût des Hurons. Puis il lui serra la main avec une si énergique cordialité, que les larmes vinrent aux yeux du pacifique David.

« Je vous souhaite joie et bonheur dans votre nouvelle condition, dit-il. Vous faites donc des exercices de gosier parmi les castors? Ces malicieux animaux savent déjà un peu de musique, car ils battent la mesure avec leurs queues, comme vous venez de l'entendre. Ils la battent même très à propos, car, un peu plus tard, mon tueur de daims aurait sifflé la première note au milieu d'eux. J'ai connu des gens qui savaient lire et écrire, et qui étaient plus bêtes qu'un vieux castor. Malheureusement pour vous ces animaux n'ont pas de voix. Que pensez-vous de la chanson que voici? »

Les croassements d'un corbeau retentirent trois fois dans l'air. David se boucha les oreilles, et le major, bien qu'averti de ce signal, chercha sur les arbres l'oiseau dont il entendait le cri.

« Voyez, poursuivit le joyeux chasseur en montrant le reste de la bande qui accourait, voilà une musique qui a des vertus positives; elle attire à moi deux bonnes carabines, sans parler des couteaux et des tomahawks. Mais nous vous retrouvons sain et sauf; dites-nous maintenant ce que sont devenues les jeunes filles.

— Elles sont captives des païens, dit David, et, quoique troublées d'esprit, elles sont saines de corps.

— Toutes deux? demanda Heyward avec anxiété.

— Assurément. Nous avons fait un voyage fatigant, et nous avons été mal nourris; et cependant nous n'avons guère à nous plaindre que de la violence morale qu'on nous a faite, en nous emmenant en captivité dans une terre lointaine.

— Dieu vous récompense de ces paroles! s'écria le vieux commandant. Je retrouverai mes filles pures et angéliques comme je les ai perdues.

— Je ne sais si leur délivrance est proche, reprit David; le chef des sauvages est possédé d'un mauvais esprit, que le Tout-Puissant seul pourrait dompter. J'ai fait l'essai de mon art sur ce maudit, pendant sa veille et son sommeil; mais ni les chants, ni le langage ordinaire ne parviennent à toucher son âme.

— Où est ce coquin? interrompit brusquement Œil-de-Faucon.

— Il chasse aujourd'hui l'élan avec ses jeunes gens; demain ils s'enfonceront dans les forêts de la frontière canadienne. L'aînée a été confiée à la garde d'un peuple voisin, dont les cabanes sont situées au delà de cet amas de rochers noirs. La cadette est retenue au milieu des femmes des Hurons, qui campent, à deux milles d'ici, sur un plateau, où le feu a fait l'office de la hache et déblayé le terrain.

— Alice, ma chère Alice! murmura Heyward; elle n'a pas la consolation d'avoir sa sœur auprès d'elle!

— Assurément; mais elle n'a pas souffert, si les actions de grâce accompagnées d'une musique convenable sont susceptibles de tempérer l'affliction. J'avoue toutefois qu'elle pleure plus souvent qu'elle ne sourit.

— Et comment vous permet-on d'aller où vous voulez? demanda le major. »

David essaya de se donner un air de modestie, et repartit avec humilité : « Je ne veux pas m'attribuer de mérite; mais, quoique le pouvoir du chant ait été suspendu au milieu du terrible massacre, il a reconquis son influence sur les âmes des païens.

— Les Indiens ne font jamais de mal à celui qui n'a pas de cela, dit le chasseur en se frappant le front d'une manière expressive; mais, puisque vous êtes libre, pourquoi n'êtes-vous point retourné sur vos pas, pour donner de vos nouvelles au fort Édouard? »

Œil-de-Faucon regardait comme une exécution facile une tâche que David la Gamme n'aurait probablement jamais pu accomplir.

« J'aurais été charmé, répondit ce dernier, de revoir des habitations des chrétiens; mais j'ai préféré rester auprès des dames qui m'avaient été confiées, plutôt que de les laisser seules dans la captivité et dans la douleur. »

Ces mots furent prononcés par David avec une sincérité et un air d'honnêteté et de dévouement qu'on ne pouvait méconnaître. Le Cerf-Agile lui accorda un regard d'approbation, et Chingachgook exprima son contentement par le monosyllabe ordinaire des Indiens.

« Le Seigneur n'a jamais destiné l'homme à cultiver uniquement son gosier, dit OEil-de-Faucon; mais, au lieu de faire son éducation en plein air sous la voûte azurée des cieux, ce chantre a dû être confié à de sottes femmes qui l'ont gâté. Tenez, l'ami, j'ai eu envie d'allumer le feu avec le sifflet que voici; mais, puisque vous en faites cas, reprenez-le, et tâchez d'en tirer parti! »

La Gamme reçut son flageolet avec un sensible plaisir, qu'il réprima toutefois pour ne pas déroger aux graves fonctions qu'il exerçait. Après avoir essayé l'accord de la petite flûte avec sa voix, il fit mine d'entonner un des plus longs psaumes de son volume; mais Heyward l'interrompit vivement pour lui adresser différentes questions sur la condition passée et présente des prisonnières.

David fut forcé de répondre, tout en jetant un regard de regret sur l'instrument qu'il avait recouvré; il se décida d'autant plus vite à abandonner son pieux dessein, que le vieux Munro prit part à l'interrogatoire, et qu'OEil-de-Faucon se mêla lui-même à l'entretien. De cette manière, malgré les sons menaçants que la petite flûte faisait entendre par intervalles, nos voyageurs purent s'instruire de tous les détails qui leur étaient nécessaires pour arriver à la délivrance des deux sœurs.

Magua avait attendu sur la montagne l'occasion de se retirer en toute sûreté; puis il était descendu, et avait suivi la rive occidentale du Horican dans la direction du Canada. Comme le subtil Huron connaissait les sentiers, et qu'il ne craignait pas d'être immédiatement poursuivi, la marche de la caravane avait été modérée et peu fatigante. La présence de David, comme il l'avoua naïvement, avait été plutôt soufferte que désirée; mais Magua lui-même n'était pas entièrement exempt du respect qu'accordent les Indiens à ceux dont l'intelligence a été frappée du Grand-Esprit. Le soir, on avait pris les plus grandes précautions pour empêcher les captives de s'évader, et pour les préserver de l'humidité des bois.

Nous savons déjà à quel endroit on avait abandonné les chevaux, et quels artifices on avait employés pour dissimuler le but du voyage. Arrivé au camp de sa nation, le Renard-Subtil, suivant la coutume indienne, avait séparé ses prisonnières. Cora avait été envoyée dans une tribu qui occupait provisoirement une vallée voisine. David ignorait le nom et les mœurs de ces indigènes; il savait seulement qu'ils n'avaient pas pris part à la dernière guerre contre William-Henry; qu'ils étaient, comme les Hurons, alliés de Montcalm; enfin qu'ils entretenaient des relations amicales, mais circonspectes, avec la peuplade huronne.

Les Mohicans et le chasseur écoutèrent avec un intérêt toujours croissant la relation imparfaite de David; et quand il essaya de dépeindre les gardiens de Cora, OEil-de-Faucon lui demanda brusquement :

« Avez-vous remarqué si leurs couteaux étaient de fabrique française ou anglaise? »

— Mes pensées, absorbées par les consolations que je prodiguais aux jeunes filles, ne se sont pas abaissées à de pareilles vanités.

— Il viendra un temps, reprit dédaigneusement le chasseur, où vous regarderez peut-être pas le couteau d'un sauvage comme une méprisable vanité. Pouvez-vous nous indiquer les totems de leur tribu?

— J'ignore ce que vous entendez par totems; si c'est quelque chose de relatif à la musique, cela n'existe pas chez eux. Ils n'unissent jamais leurs voix pour louer Dieu, et je les mets au rang des profanes et des idolâtres.

— Eh bien, vous vous trompez, reprit le chasseur, et vous vous associez aux méchantes calomnies des blancs qui, je le dis, à la honte de nos frères, accusent le guerrier indien de s'incliner devant les images faites par ses mains. Les Mingos adorent le vrai Dieu vivant. Il est vrai qu'ils tâchent de faire leur paix avec le diable, qui est un ennemi à ménager; mais c'est uniquement au Bon et Grand Esprit qu'ils demandent assistance et prospérité. Quant aux totems, ce sont les signes particuliers que chaque famille adopte pour se distinguer des autres. Ces totems sont peints en bleu sur le corps des Indiens.

— En effet, je les ai vus montrer avec orgueil des images étranges et fantastiques peintes sur leurs poitrines. Il y a, surtout une de ces peintures qui m'a choqué.

— Que représentait-elle, un serpent? demanda vivement le chasseur.

— A peu près, car c'était une vile tortue de terre.

— Hugh! » s'écrièrent les Mohicans attentifs pendant qu'OEil-de-Faucon remuait la tête de l'air d'un homme qui vient de faire une découverte importante mais peu agréable.

Chingachgook prit aussitôt la parole en langue delaware, avec un calme et une dignité qui attirèrent aussitôt l'attention de ceux mêmes qui ne le comprenaient pas. Ses gestes étaient expressifs et parfois

énergiques. En élevant les bras, il écarta involontairement les plis de son léger manteau; et, dans la suite de son discours, il lui arriva de poser un doigt sur sa poitrine, comme pour donner plus de force à ce qu'il disait. Duncan suivit ce mouvement, et remarqua que la tortue en question était peinte en bleu sur le sein basané du chef. Tout ce que le major avait entendu dire de la séparation violente des nombreuses tribus des Delawares lui revint aussitôt à l'esprit, et il attendit le moment de parler avec une angoisse presque intolérable. Il fut prévenu par le chasseur, qui s'adressa en ces termes au vieux Chingachgook :

« Nous venons de découvrir un fait qui peut nous être favorable ou désavantageux, selon que le ciel en décidera. Le Sagamore est de la plus illustre race des Delawares, et le grand chef de leurs Tortues. Il y a des individus de cette race parmi la bande dont le chanteur nous a parlé; s'il avait employé à faire d'utiles questions la voix qu'il dépense à changer son gosier en trompette, nous saurions à quoi nous en tenir. En tout cas, nous marchons dans une voie pénible, car un ami qui s'est détourné de nous est quelquefois plus à craindre qu'un adversaire déclaré.

— Expliquez-vous, dit Duncan.

— C'est une triste et longue histoire, sur laquelle je ne me soucie pas de m'appesantir; car on ne saurait nier que le mal est en grande partie l'œuvre des hommes blancs. Le résultat est que les frères ont levé le tomahawk sur leurs frères, et que le Mingo et le Delaware voyagent dans le même chemin.

— Vous supposez donc que c'est une partie de ce dernier peuple qui garde Cora? »

Le chasseur fit un signe de tête affirmatif, et parut éluder un sujet de conversation qui lui était pénible. L'impatient Duncan proposa alors divers plans pour la délivrance des sœurs. Munro sortit de son apathie, et écouta les divagations du major avec une déférence que les vieillards à tête grise n'accordent guère aux jeunes gens. Mais le chasseur, après avoir laissé se calmer l'ardeur de l'amant, parvint à lui démontrer que la précipitation était insensée dans une affaire qui exigeait le jugement le plus calme et la résolution la plus énergique.

— Il faut, dit-il, que le chanteur s'en retourne, qu'il annonce aux deux sœurs notre arrivée, et qu'il erre dans les huttes jusqu'à ce que nous le rappelions. Vous savez distinguer, mon ami, le croassement d'un corbeau de celui de l'émerillon?

— Sans doute; mais j'aime mieux celui-ci que celui-là.

— En ce cas nous l'adopterons pour signal. Quand vous entendrez l'émerillon siffler trois fois dans les buissons, vous viendrez du côté où sera censé être l'oiseau.

— Arrêtez! interrompit Heyward, je suivrai David.

— Vous! s'écria OEil-de-Faucon étonné, êtes-vous fatigué de voir le soleil?

— La vie de David est une preuve que les Hurons peuvent être miséricordieux.

— Oui; mais il exécute des roulades que ne se permettrait pas un homme doué de sa raison.

— Je puis aussi contrefaire l'insensé, le fou, le héros, tout enfin pour sauver celle que j'aime. Ne me faites plus d'objections, je suis résolu.

OEil-de-Faucon contempla le jeune homme avec une stupéfaction qui le rendit muet; mais le major, qui, par déférence pour les capacités et les lumières de cet homme, lui avait obéi jusqu'alors presque passivement, prit un ton d'autorité conforme à son grade. Il fit un geste de la main pour indiquer qu'il désirait suspendre toute discussion, et ajouta : « Vous avez les moyens de me déguiser, employez-les ! peignez-moi, faites de moi ce que vous voulez; donnez-moi l'extérieur d'un fou.

— Celui qui est déjà formé par la puissante main de la Providence n'a pas besoin qu'on le déguise, murmura le chasseur mécontent. Mais au moins, quand vous envoyez des détachements en éclaireurs, vous jugez prudent de disposer des étapes, afin que vos amis puissent savoir où vous retrouver.

— Écoutez, interrompit Duncan, vous avez appris de ce fidèle compagnon des captives, que les Indiens sont de deux tribus bien différentes. Dans l'une, que vous croyez être une branche des Delawares, est celle que vous nommez les cheveux noirs. La plus jeune des sœurs est incontestablement chez nos ennemis déclarés, les Hurons. Il convient à ma jeunesse et à mon grade de chercher à délivrer cette dernière. Pendant que vous négocierez avec vos amis pour la rançon de l'aînée, je délivrerai l'autre ou je mourrai. »

L'ardeur du jeune militaire étincelait dans ses yeux, et sa figure devint imposante. OEil-de-Faucon, trop accoutumé aux artifices des Indiens pour ne pas prévoir les dangers de la tentative, ne savait comment combattre une résolution aussi soudaine et aussi énergique. Peut-être y trouvait-il quelque chose qui convenait à sa nature hardie, à cet amour secret des aventures, qui avait grandi en lui, et qui avait rendu les hasards et les périls nécessaires à son existence. Au lieu de persister dans son opposition, il se prêta brusquement au projet du major.

« Allons, dit-il avec un sourire de bonne humeur, quand un daim veut entrer dans l'eau, il faut le guider et non le suivre. Le Gros-Serpent possède autant de différentes peintures que ces femmes d'officiers qu'on voit occupées à représenter les montagnes comme des meules de foin. Asseyez-vous sur ce tronc d'arbre, le Sagamore va se mettre à l'œuvre; et je vous garantis qu'au gré de vos désirs, il fera de vous le plus complet des fous.

Duncan s'assit, et le Mohican, qui avait écouté attentivement l'entretien, prépara à l'instant ses couleurs. Exercé depuis longtemps dans l'art indien, il peignit avec dextérité les raies fantastiques que les indigènes étaient accoutumés à regarder comme le symbole d'une humeur folâtre et bienveillante, et évita avec soin les lignes qui pouvaient attester une secrète inclination pour la guerre. Il sacrifia l'aspect d'un guerrier à la grotesque mascarade d'un bouffon : on voyait parfois à cette époque des jongleurs français venir de Ticondéraga et visiter les tribus alliées; Duncan, déjà suffisamment déguisé par sa blouse de chasse, se persuada qu'il pourrait passer pour l'un d'eux, d'autant plus aisément que la langue française lui était familière.

Quand on le jugea bien travesti, le chasseur lui donna amicalement des conseils, convint de signaux et désigna la place où ils se rencontreraient, en cas de succès mutuel. La séparation de Munro et de son jeune ami fut pénible; cependant le vétéran le laissa s'éloigner avec plus d'indifférence qu'il en aurait témoigné, sans l'abattement qui dénaturait son caractère honnête et sensible.

Œil-de-Faucon entraîna Heyward à l'écart et lui annonça qu'il avait l'intention de laisser le vieux commandant en sûreté dans quelque retraite, sous la garde du Gros-Serpent, tandis qu'Uncas et lui poursuivraient leurs perquisitions chez un peuple qu'il supposait être delaware. Il renouvela ses recommandations et ajouta, avec une solennité et une chaleur dont Duncan fut profondément touché :

« Et maintenant, que Dieu vous bénisse! vous avez montré une ardeur que j'aime ; car c'est l'apanage de la jeunesse et particulièrement d'un sang chaud et d'un cœur ferme. Mais croyez les avis d'un homme qui a des raisons pour penser que tout ce qu'il dit est vrai : avant de triompher de la ruse ou de l'audace des Mingos, vous aurez à déployer toute votre énergie et votre adresse supérieure à celle qu'on apprend dans les livres. Que Dieu vous accompagne! si les Hurons vous scalpent, comptez sur la promesse d'un homme qui a deux vigoureux guerriers pour le soutenir; ils payeront cher leur victoire; une vie pour chaque cheveu de votre tête. Puisse la Providence bénir votre entreprise, dont l'intention est bonne et pure, et rappelez-vous que pour tromper les scélérats de Hurons il est permis d'avoir recours à des moyens que dédaignent ordinairement les blancs. »

Duncan serra cordialement la main de son compagnon, lui recommanda Munro et fit signe à David de marcher. Œil-de-Faucon regarda quelques instants l'aventureux jeune homme avec admiration; puis, secouant la tête d'un air de doute, il conduisit sa bande dans l'épaisseur des bois.

Lorsque le major se trouva seul avec le maître de chant, dont il ne pouvait attendre aucun secours dans les circonstances difficiles, il commença à réfléchir avec difficultés de la tâche qu'il avait entreprise. L'obscurité augmentait la tristesse du désert; il y avait quelque chose qui inspirait la crainte, même dans l'aspect des cabanes des castors auprès desquelles il passa. En admirant ces merveilleuses constructions, il songea que les animaux du désert possédaient eux-mêmes un instinct presque égal à la propre raison; il s'arrêta pour se dire avec quelle inquiétude il tentait une lutte inégale. Mais l'image d'Alice éplorée lui fit oublier ses propres dangers, et il côtoya les bords du lac d'un pas vigoureux et léger.

Après avoir décrit un demi-cercle autour de l'étang, ils s'éloignèrent du ruisseau et gravirent jusqu'au sommet d'une éminence, d'où ils aperçurent bientôt une autre éclaircie qui paraissait avoir été faite par les castors, mais à laquelle ils avaient depuis longtemps renoncé pour occuper leur gîte actuel. C'était au bout de cette clairière qu'était le village huron. Par une sensation naturelle, le major, avant de sortir de la forêt, s'arrêta pour recueillir ses forces, dont il sentait qu'il allait avoir besoin. Il profita de cette halte pour examiner le camp ennemi.

Il se composait d'une soixantaine de huttes, grossièrement fabriquées avec des broutilles et des troncs d'arbre, crépies en terre et très-inférieures à celles des castors, sous le rapport de l'ordonnance et de la propreté. A la porte de ces habitations, Duncan aperçut vingt ou trente figures qui sortaient d'épaisses et hautes touffes de gazon et y rentraient aussitôt comme pour s'enfoncer dans les entrailles de la terre. Chacune de ces étranges apparitions se levait, agitait les bras et disparaissait pour faire place à une autre qui répétait les mêmes gestes mystérieux. David remarquant que son compagnon examinait curieusement ce spectacle, lui dit : « Il y a ici beaucoup de sol sans culture, et je puis dire sans amour-propre que, depuis que je suis ici, il y a eu beaucoup de bon grain semé inutilement.

— Les hommes de ces tribus aiment mieux la chasse que le labour, répondit Duncan, avec distraction, sans cesser de contempler les objets de son étonnement.

— Les enfants ont de magnifiques dispositions pour le chant, mais ils les négligent de la manière la plus indigne. J'ai essayé trois jours de suite de leur faire répéter un chant sacré, ils ont répondu à mes efforts par des criailleries qui m'ont glacé l'âme.

— De qui parlez-vous?

— De ces enfants du diable qui perdent à jouer des moments précieux. Ah! le frein salutaire de la discipline n'est guère connu chez ce peuple abandonné à lui-même! c'est un pays de bouleaux, et cependant on n'y voit jamais de verges! Est-il donc étonnant que les dons de la Providence y soient employés à pousser des hurlements comme ceux-ci? » David se boucha les oreilles pour ne pas entendre les cris perçants dont la jeune et folâtre bande faisait retentir la forêt. Duncan, qui avait été un moment sous l'empire d'idées superstitieuses, dit d'une voix ferme : « Avançons. »

Sans enlever les gardes de ses oreilles, le maître de chant conduisit son compagnon vers ce qu'il appelait quelquefois les tentes des Philistins.

CHAPITRE XXIII.

Il est rare de trouver les camps des indigènes gardés comme ceux des blancs par des hommes armés. L'Indien se repose sur la connaissance qu'il a des indices de la forêt et sur la difficulté d'arriver jusqu'à lui; mais l'ennemi qui est parvenu à tromper la vigilance des batteurs d'estrade ne rencontre pas de sentinelles pour l'arrêter auprès des villages. D'ailleurs les tribus alliées des Français connaissaient trop bien les effets de la prise de William-Henri pour craindre en ce moment les nations tributaires de l'Angleterre.

Ce fut donc sans avoir été annoncés que Duncan et David parvinrent au milieu des enfants qui prenaient leurs ébats. A peine ceux-ci les eurent-ils aperçus qu'ils poussèrent d'un commun accord un hurlement d'alarme; puis se couchant à plat ventre, ils disparurent tous comme par enchantement. Leurs corps nus et basanés se confondaient si complètement avec l'herbe, qu'on eût dit que la terre les avait engloutis; mais leurs yeux vifs roulaient dans leurs orbites pour regarder les nouveaux venus.

Ce présage de l'examen attentif qu'il allait subir n'était pas propre à encourager Duncan, mais il était trop avancé pour reculer; car le cri des enfants avait attiré une douzaine de guerriers, qui attendaient gravement l'approche des étrangers.

David, qui connaissait déjà la localité, entra sans crainte dans la cabane à la porte de laquelle se tenait le sombre groupe des sauvages. C'était le principal édifice du village, et, quoique grossièrement construit d'écorce et de branches d'arbres, il servait aux conseils et aux assemblées publiques de la tribu. Le major, sentant que sa vie dépendait de sa présence d'esprit, eut la force de passer sans sourciller auprès de ses implacables ennemis. Parvenu au milieu de la cabane, à l'exemple de David, il prit une poignée de sassafras à un monceau qui remplissait un coin de la hutte, et s'assit silencieusement.

Les guerriers qui étaient dehors rentrèrent, et se rangèrent autour de lui pour attendre le moment où il conviendrait à sa dignité de parler. Le plus grand nombre resta appuyé nonchalamment contre les poteaux qui soutenaient la frêle construction; quelques-uns des plus vieux chefs se placèrent à terre. A la lueur d'une torche qui éclairait l'enceinte, Duncan essaya de lire sur les visages; mais tous étaient froids et indifférents. Les chefs le regardaient à peine. Le respect, ou plutôt la méfiance, tenait leurs yeux baissés; mais les sauvages placés dans l'ombre examinaient Duncan à la dérobée, et aucune partie de sa personne, aucun geste, aucune impression de sa physionomie, aucune ligne de peinture n'échappait à leurs commentaires. Enfin un vieillard encore vert, qui avait été sans doute placé dans un coin pour y faire ses observations, s'avança vers Heyward, et lui parla dans la langue des Hurons. Ses paroles étaient accompagnées de gestes qui annonçaient moins la colère que la courtoisie. Heyward fit signe qu'il ne comprenait pas, et dit en français :

« Aucun de mes frères ne parle-t-il français ou anglais? »

Ses yeux errèrent de visage en visage dans l'espoir d'y trouver un signe d'assentiment. Quelques indiens s'étaient tournés vers lui, comme pour saisir le sens de ses paroles; mais elles demeurèrent sans réponse.

« Je verrais avec peine, ajouta le major, qu'aucun membre de cette sage et brave nation n'entendît le langage qu'emploie le grand monarque en parlant à ses enfants. Il aurait mis sur le cœur, s'il pensait que ses guerriers rouges dédaignassent d'apprendre sa langue. »

Une longue pause suivit cette apostrophe, dont l'effet ne fut indiqué par aucune espèce de mouvement. Duncan, qui savait que le silence était une vertu parmi ses hôtes, en profita pour mettre de l'ordre dans ses idées. Enfin le vieillard qui avait interrogé lui dit sèchement en patois du Canada :

« Quand notre grand père parle à son peuple, c'est par la bouche d'un Huron. »

Duncan répondit d'une manière évasive : « Il n'établit pas de distinction entre ses enfants, qu'ils soient de peau rouge, noire ou blanche; mais il est surtout satisfait des Hurons.

— En ce cas, que dira-t-il quand les courriers lui raconteront comment nous avons scalpé les Yenguis?

— Il dira, reprit Duncan avec un frémissement involontaire : C'est bien; mes ennemis sont vaincus, et les Hurons sont des braves.

— Notre père du Canada ne pense pas ainsi. Au lieu de récompenser les Indiens, il leur tourne le dos. Ses oreilles sont ouvertes aux Delawares qui ne sont pas nos amis, et qui les remplissent de mensonges. Il fait soigner les blessés yengüis, enterrer leurs morts, et pas un canot ne rapporte les nôtres.

— Cela peut être. Pourtant il m'a ordonné, à moi qui suis instruit dans l'art de guérir, d'aller trouver ses enfants les Hurons rouges des grands lacs, et de leur demander s'ils ont parmi eux des malades. »

Un nouveau silence accueillit cette déclaration. Tous les yeux se fixèrent sur Duncan avec des regards si pénétrants, qu'il douta qu'on crût aisément à la réalité de ce qu'il avançait. Le vieux chef reprit :

« Les savants du Canada se peignent-ils la peau ? Nous les avons entendus se vanter de ce que leur visage était pâle.

— Quand un chef indien visite ses pères blancs, répliqua Duncan d'un ton ferme, il ôte sa robe de buffle pour prendre la chemise qui lui est offerte. Mes frères m'ont donné ma peinture, et je la porte. »

Un sourd murmure d'approbation accueillit ce compliment. Le vieux chef fit un geste d'assentiment, auquel la plupart de ses compagnons répondirent, en avançant la main droite et en poussant une exclamation de plaisir. Duncan commença à respirer librement, et il allait reprendre la parole, lorsque des bruits confus troublèrent la forêt, et furent suivis d'un cri perçant, qui, continué pendant quelques secondes, imita le plus long et le plus lamentable hurlement d'un loup. Duncan se leva en tressaillant ; les guerriers sortirent de la hutte, et de nouveaux cris couvrirent le premier. Toute la peuplade fut bientôt sur la clairière : hommes, femmes ou enfants ; forts ou faibles, jeunes ou vieux : les uns faisant retentir l'air de clameurs, d'autres joignant les mains avec frénésie ; tous exprimant la joie sauvage que leur causait un événement inattendu.

Heyward, attiré par le bruit, vit sortir une bande de guerriers de l'un des sentiers qui aboutissaient à la clairière, et dont la place était indiquée par un espace libre entre les cimes des arbres. Le chef de la troupe portait une perche, à laquelle étaient suspendues plusieurs chevelures humaines. Les guerriers qui le suivaient indiquaient par le nombre de leurs cris celui des ennemis qu'ils avaient tués dans l'expédition d'où ils revenaient. Leur retour imprévu donna de l'assurance à Duncan, qui se flatta qu'on allait l'oublier au milieu des congratulations réciproques.

Les nouveaux guerriers firent halte à cent pas des habitations. Ils cessèrent leurs clameurs plaintives et terribles, destinées à dépeindre également les gémissements des morts et le triomphe des vainqueurs. L'un d'eux prit ensuite la parole en désignant deux hommes placés à l'écart, et qui semblaient être des prisonniers. Aussitôt tout le camp fut en proie à une tumultueuse agitation. Les guerriers tirèrent leurs couteaux et se rangèrent sur deux lignes, entre lesquelles devaient passer les victimes. Les femmes, pour prendre part au cruel divertissement qu'on leur offrait, saisirent des massues, des haches, enfin les premiers instruments offensifs qui leur tombèrent sous la main. Les enfants eux-mêmes arrachèrent les tomahawks de la ceinture de leurs pères, et se glissèrent dans les rangs. Une vieille squaw (c'est le nom que les Indiens donnent à leurs femmes) alluma des monceaux de broussailles épars autour de la clairière, et les clartés qui s'élevèrent des brasiers contribuèrent à rendre plus hideux et plus saisissants ce tableau encadré d'une sombre bordure de pins gigantesques.

L'un des captifs inclinait la tête et semblait accablé de honte, ou paralysé par la terreur. L'autre, au contraire, droit et impassible, contemplait d'un œil ferme les préparatifs du supplice. Dès que le signal fut donné, il s'élança avec l'agilité d'un daim ; mais, au lieu de passer entre les deux lignes, il tourna court, sauta par-dessus la tête de quelques enfants, et s'enfuit avant qu'on eût eu le temps de lui porter un seul coup. La multitude furieuse se répandit en imprécations et se mit à courir dans tous les sens. La clairière, illuminée de flammes rougeâtres, semblait le rendez-vous d'une horde de démons. Les clartés faisaient ressortir la fureur peinte sur le visage des uns ; l'obscurité qui enveloppait les plus éloignés donnait un aspect fantastique à leurs gestes désordonnés.

Arrêté d'un côté par une troupe d'ennemis, le fugitif, traversant un des feux, s'élança à l'extrémité opposée de la clairière ; mais là, les plus vieux et les plus adroits Hurons lui barraient le passage. Il se rejeta dans la mêlée, dont le désordre lui présentait quelques chances de salut. Armes, massues formidables, couteaux étincelants étaient brandis par une multitude que la rage égarait. Les cris perçants des femmes, les féroces hurlements des guerriers retentissaient autour du fuyard. Duncan, qui le suivait des yeux avec un poignant intérêt, le voyait échapper à ces nombreux ennemis par des bonds qui dépassaient la force et l'activité humaines. Cerné de toutes parts, l'inconnu fit un effort désespéré pour atteindre le bois, et, comme s'il eût deviné qu'il n'avait rien à craindre du jeune major, il l'effleura dans sa course. Un Huron de grande taille, qui avait ménagé ses forces, était sur le point d'atteindre la malheureuse victime, lorsqu'il tomba tout de son long, en se heurtant contre le pied que Duncan avait eu la présence d'esprit d'avancer. La pensée n'est pas plus prompte que le mouvement que fit le fugitif pour profiter de cet avantage. Duncan le revit passer comme un météore ; et, quand il le croyait perdu, il l'aperçut tranquillement appuyé contre un poteau peint, qui était placé devant la porte de la principale cabane.

Là, le captif était protégé, par un usage immémorial et sacré, jusqu'à ce que le conseil de la tribu eût prononcé sur son sort.

Craignant d'être remarqué par le Huron dont il avait déterminé la chute, Heyward se perdit dans la foule sombre et mécontente du retard apporté à l'exécution. Il essaya de se rapprocher de l'étranger, qui, hors d'haleine et respirant péniblement, entourait d'un bras le poteau protecteur ; mais sans laisser échapper le moindre signe de souffrance. L'issue de son jugement n'était pas difficile à prévoir, s'il en fallait juger par les sentiments de la multitude. Les femmes, désappointées, épuisaient pour lui tous les termes injurieux du vocabulaire huron. Elles le raillaient de ses tentatives d'évasion ; elles lui disaient que ses pieds valaient mieux que ses mains, qu'il était digne d'avoir des ailes, mais qu'il ne savait se servir ni d'un arc, ni d'un couteau. Le prisonnier, sans répondre, conservait une attitude noble et dédaigneuse. Exaspérés par son maintien, les sauvages firent succéder des cris perçants à des paroles devenues confuses et inintelligibles. La vieille femme, qui avait eu la précaution d'allumer les feux, fendit la presse en ce moment, et se plaça en face du vainqueur. Sale, ridée, couverte à peine de haillons, on l'aurait prise pour une sorcière. Elle étendit son bras décharné, fit claquer ses doigts devant la face du captif, et lui dit, dans la langue des Lenis-Lenapes :

« Delaware, votre nation est une race de femmes, et la bêche convient mieux à vos mains que le fusil. Vos squaws engendrent des daims ; mais, s'il naissait parmi vous un ours, un serpent ou un carcajou, vous fuiriez. Les filles huronnes vous feront des jupons, et nous vous trouverons un mari ! »

Cette saillie fut accueillie par un éclat de rire sauvage, dans lequel la voix douce et musicale des jeunes femmes se mêlait étrangement aux glapissements de leurs plus vieilles et plus méchantes compagnes. Mais l'étranger bravait tous leurs efforts, il avait l'air de se croire seul ; cependant il lançait des regards hautains aux guerriers qui restaient à l'écart, muets et sombres spectateurs de cette scène. La vieille, irritée, se mit les bras derrière le dos, et tenta de nouvelles insultes avec tant d'emportement que l'écume lui venait à la bouche ; mais le prisonnier demeura inébranlable. Un jeune guerrier, à peine sorti de l'enfance, vint en aide à la virago sauvage, et, avec de grands gestes de défi, il agita son tomahawk sur la tête du héros. Celui-ci se contenta de jeter sur l'adolescent un regard de mépris ; et ce mouvement, en exposant ses traits à la clarté d'un feu voisin, permit au major de reconnaître son ami Uncas.

Stupéfait, bouleversé par la situation critique du jeune Mohican, Heyward recula de peur de trahir une émotion qui aurait peut-être hâté la perte du prisonnier. Toutefois, le danger n'était pas imminent. Un guerrier, écartant d'un geste impérieux les femmes et les enfants, prit Uncas par le bras, et le conduisit dans la cabane du conseil où étaient réunis les chefs et les plus illustres guerriers.

Heyward trouva moyen de se glisser parmi eux sans être remarqué.

Les chefs se mirent au centre de la vaste salle, éclairée par la lueur d'une torche ; les guerriers plus jeunes, ou de rang inférieur, se rangèrent dans l'ombre autour de l'enceinte. Sous l'ouverture médiate du toit, qui laissait entrevoir le ciel étoilé, se plaça Uncas, calme et recueilli. Sa tenue produisit une vive impression sur les vainqueurs, dont les yeux, tout en conservant leur expression inflexible, ne pouvaient s'arrêter sur lui sans admiration.

L'autre prisonnier fut aussi amené. Au lieu de se lever quand on avait donné le signal du mouvement, il était resté immobile et s'était blotti dans un coin. On l'en tira pour l'amener devant le conseil. C'était un homme qu'Heyward ne connaissait pas, et qui, chose inexplicable, portait tous les attributs d'un guerrier huron. Il se laissa conduire machinalement, et s'assit à l'écart dans une humble et rampante attitude, comme s'il eût voulu occuper le moins de place possible. Quand tous les préparatifs furent terminés, le vieillard qui avait interrogé Duncan parla en ces termes dans la langue des Lenis-Lenapes :

« Delaware, quoique appartenant à une nation de femmes, vous vous êtes conduit en homme. Je vous offrirais bien des vivres, mais celui qui mange avec un Huron devient son ami. Restez en paix jusqu'au soleil du matin, alors votre sentence sera prononcée.

— Il y a sept nuits et autant de jours que je m'attache à la piste des Hurons, répliqua froidement Uncas. Les enfants des Lenapes savent marcher dans le sentier de la justice sans songer à se plaindre.

— Deux de mes jeunes hommes sont à la poursuite de votre compagnon, reprit le vieux chef sans faire attention à la bravade du captif ; quand ils reviendront, nos sages vous diront : Vis ou Meurs !

— Les Hurons n'ont-ils pas d'oreilles ? s'écria dédaigneusement Uncas. Deux fois, depuis que je suis votre prisonnier, le Delaware a entendu une carabine dont il connaît les sons. Vos jeunes hommes ne reviendront pas. »

Un morne silence succéda à cette audacieuse affirmation. Duncan, qui devina vaguement l'allusion, se pencha pour juger de l'effet qu'elle produisait ; mais le chef se contenta de répondre :

« Si les Lenapes ont tant d'adresse, pourquoi l'un de leurs plus braves guerriers est-il ici ?

— Il a suivi les pas d'un lâche qui fuyait, il est tombé dans un piège. Le rusé castor peut se laisser prendre. »

Tous les yeux se tournèrent aussitôt vers le Huron blotti dans un coin, et un murmure menaçant circula dans la foule au dedans comme au dehors de la salle, dont la porte était assiégée par une masse compacte de femmes et d'enfants.

Les plus vieux chefs s'entretinrent ensemble avec énergie, au sujet de l'individu désigné, et se turent pendant quelques instants pour attendre que le vieux chef prononçât la sentence. La multitude curieuse se dressa sur la pointe des pieds; le coupable lui-même perdit dans une plus vive émotion le souvenir de sa honte, et montra ses traits abjects en jetant un coup d'œil inquiet sur ses juges. En ce moment la vieille femme déjà mentionnée parut au milieu du cercle, et, saisissant la torche, elle se mit à faire lentement des contorsions bizarres, et murmura des paroles qui avaient l'air d'une incantation. Elle plaça le brandon étincelant devant le visage d'Uncas, de manière à l'éclairer complétement. Le Mohican demeura ferme et dédaigneux. Ses yeux fixes, par une pénétration surhumaine, semblaient se porter au delà des objets visibles, et vouloir plonger dans l'avenir. La vieille sorcière, en le quittant, laissa percer un sentiment de plaisir, et alla recommencer la même épreuve sur son compatriote. Le jeune Huron avait sa peinture de guerre, et ses belles formes étaient à peine cachées par ses vêtements. La clarté mit tout son corps en relief, et Duncan se détourna avec horreur en le voyant en proie aux convulsions d'un insurmontable désespoir. A ce triste et honteux spectacle, la vieille commençait une lamentable complainte, lorsque le vieux chef la repoussa doucement. Il s'approcha de l'accusé, qu'il désigna par son nom, en disant :

« Roseau qui plie, quoique le Grand-Esprit vous ait fait agréable aux yeux, il vaudrait mieux pour vous que vous ne fussiez pas né. Votre voix s'élève dans le village, mais elle se tait dans la bataille. Personne n'enfonce plus profondément le tomahawk dans le poteau de la guerre, et plus légèrement dans le crâne des Yengis; l'ennemi connaît la forme de votre dos, mais il n'a jamais vu la couleur de vos yeux. Trois fois on vous a appelé à la guerre, et trois fois vous avez oublié de répondre; votre nom ne sera plus mentionné dans votre tribu, il est déjà oublié! »

Pendant que le chef prononçait lentement ces paroles, en s'arrêtant à chaque phrase pour les accentuer, le coupable leva la tête par déférence pour le rang et les années de son juge. Ses yeux, contractés par une angoisse intérieure, se promenèrent sur l'assemblée qui allait le voir mourir. La honte, l'horreur et l'orgueil luttaient dans ses traits; ce dernier sentiment l'emporta. Le condamné se leva, se découvrit la poitrine et regarda avec fermeté le couteau étincelant que brandissait déjà son inexorable juge. Le mourant même sourit quand l'arme fatale lui entra lentement dans le cœur, comme s'il eût éprouvé de la joie à trouver la mort moins affreuse qu'il ne l'avait pressenti, et il tomba lourdement sur le visage, aux pieds d'Uncas immobile.

La vieille squaw poussa un gémissement, éteignit la torche en la pressant contre la terre, et tout fut enseveli dans les ténèbres. Les spectateurs frémissants se glissèrent comme des spectres hors de la hutte; et Duncan s'imagina qu'il n'y restait plus que lui, et le corps palpitant de la victime d'un jugement indien.

CHAPITRE XXIV.

Le jeune homme fut bientôt convaincu qu'il s'était trompé. Une main puissante lui étreignit le bras, et la voix d'Uncas murmura à ses oreilles :

« Les Hurons sont des chiens; la vue du sang d'un lâche ne fait jamais trembler un guerrier. La Tête-Grise et le Sagamore sont en sûreté, et la carabine d'Œil-de-Faucon ne s'endort pas. Allez! Uncas et la Main-Ouverte sont maintenant étrangers l'un à l'autre. Cela suffit. »

Heyward en aurait volontiers appris davantage; mais son ami le poussa doucement vers la porte, pour l'avertir du danger qu'il courrait si l'on découvrait leur entretien. Il sortit donc lestement et se mêla à la foule. Les feux mourants sur la clairière éclairaient de lueurs incertaines les groupes qui erraient silencieusement; et quand une clarté plus vive pénétrait jusque dans l'intérieur de la hutte, on y apercevait encore Uncas debout près du cadavre du Huron. Quelques guerriers vinrent chercher ces tristes restes pour les porter dans les bois voisins. Au milieu du désordre qu'avaient produit ces événements, Duncan aurait facilement pris la fuite; mais la pensée ne lui en courait pas. Il n'était occupé que d'Alice, et fit le tour du village en la cherchant de cabane en cabane. Fatigué d'une perquisition inutile, il résolut d'adresser de nouvelles questions à David. Pensant le rencontrer dans la salle du conseil, il y entra sans hésiter, et n'y vit que les chefs, qui fumaient en causant, et Uncas debout à la même place sous la garde de deux guerriers dont l'un était appuyé contre le montant de l'étroite porte. La présence d'Heyward fut à peine remarquée. Il s'assit avec une gravité parfaitement conforme au maintien de ses hôtes, et garda un silence prudent. Il avait eu trop récemment un horrible exemple de châtiment expéditif, pour s'exposer par une officieuse témérité, et sentait que la découverte de sa véritable condition pourrait lui être instantanément fatale. Malheureusement il ne put continuer longtemps son rôle muet, car un des vieux guerriers, qui parlait français, lui dit :

« Mon père du Canada n'oublie pas ses enfants; je le remercie. Un mauvais esprit hante la femme d'un de mes jeunes hommes. L'habile étranger peut-il le chasser? »

Heyward avait une légère teinture des momeries en usage parmi les Indiens dans les cas de possessions supposées. Il eût donc été difficile de lui faire une proposition plus agréable, et il espéra en tirer parti pour le succès de ses desseins. Réprimant les sentiments qui l'agitaient pour conserver la dignité de son rôle imaginaire, il répondit d'un air mystérieux :

« Les esprits diffèrent; les uns cèdent, les autres résistent au pouvoir de la science.

— Mon frère est un grand médecin; essaiera-t-il? »

Un geste affirmatif fut la réponse. Le Huron satisfait reprit sa pipe et attendit un moment opportun pour sortir et aller rendre visite à la malade, qui était sa proche parente. L'impatient Heyward maudissait intérieurement les coutumes des sauvages, qui exigeaient tant de sacrifices aux convenances; cependant il fut forcé d'imiter l'air insouciant du chef. Les minutes s'écoulèrent, et ce retard parut une longue heure à l'aventureux empirique; mais enfin le Huron cessa de fumer, ramena sa robe sur sa poitrine et se disposa à partir. Au même instant un guerrier aux formes herculéennes se glissa au milieu du groupe attentif et s'assit à une extrémité du monceau de broussailles sur lequel était Duncan. Ce dernier reconnut le Renard-Subtil !

La brusque retour de ce chef artificieux et redouté différa le départ du vieux Huron. On ralluma plusieurs pipes qui s'étaient éteintes et l'assemblée fut bientôt enveloppée d'un nuage de blanche fumée. Magua, sans prononcer une seule parole, ôta son tomahawk de sa ceinture, bourra sa pipe et aspira les odorantes vapeurs avec autant d'indifférence que s'il n'eût pas fait une absence de deux jours pour une longue et pénible chasse. Un chef lui dit enfin :

« Mon ami soit le bienvenu! A-t-il trouvé de son gibier?

— Mes jeunes hommes chancèlent sous leur fardeau, répondit Magua; que le Roseau-qui-Plie aille au-devant d'eux. »

Ce nom qui ne devait plus être prononcé produisit une impression terrible. Les pipes tombèrent des lèvres comme si elles avaient toutes à la fois exhalé une odeur impure; la fumée tourbillonna en flocons au-dessus des têtes et dessina de légères spirales qui montèrent par l'ouverture du toit, et l'on aperçut distinctement chaque visage. La plupart des guerriers tenaient les yeux baissés, d'autres tournaient leurs prunelles étincelantes du côté d'un sauvage à tête blanche assis entre deux des chefs les plus vénérés de la tribu. Il n'y avait rien dans l'air et dans le costume de cet Indien qui parût lui donner des titres à cette distinction; l'un était abattu, l'autre en lambeaux. Mais c'était le père du Roseau-qui-Plie.

« C'est un mensonge! dit-il avec effort. Celui qu'on appelait de ce nom est oublié. Son sang était pâle et ne sortait pas des veines d'un Huron. — Les maudits Chippewas ont trompé sa femme. — Le Grand-Esprit a dit que la famille de Wiss-en-tush devait finir. — Heureux celui qui sait que les maux de sa race mourront avec lui! — J'ai dit. »

L'orateur regarda l'assemblée dans l'espoir de lire sur les figures des signes approbateurs de son stoïcisme. Le faible vieillard était épuisé par le sacrifice qu'il faisait d'une nature si sévère aux coutumes des Indiens. L'expression de sa physionomie contrastait avec son langage, et les muscles de son visage ridé étaient convulsivement agités par la douleur. Après avoir consacré quelques minutes à jouir de son amer triomphe, il se voila la tête de sa couverture et sortit d'un pas silencieux pour aller chercher dans son triste intérieur la sympathie de la pauvre vieille que le même coup avait frappée.

Les Indiens, qui croyaient en la transmission héréditaire des vertus et des vices, le laissèrent s'éloigner sans observation. Afin d'empêcher les jeunes guerriers d'être trop sensibles à cet accès de faiblesse, l'un des chefs détourna la conversation en disant :

« Les Delawares ont rôdé autour de mon village, comme les ours autour des ruches. Mais qui a jamais trouvé un Huron endormi? »

La noirceur du nuage chargé de la foudre n'est pas plus sombre que le fut le front du Renard-Subtil lorsqu'il s'écria :

« Les Delawares des Lacs!

— Non; ceux qui portent les jupons des squaws près de leur rivière natale. L'un d'eux a passé dans la tribu.

— Nos jeunes gens l'ont-ils scalpé?

— Ses jambes étaient bonnes, mais son bras valait mieux pour porter la houe que le tomahawk, répondit l'autre chef en montrant Uncas immobile.

Au lieu de manifester une curiosité féminine en examinant le captif, Magua continua d'abord à fumer. Ce ne fut qu'après un instant qu'il secoua les cendres de sa pipe; reprit son tomahawk, rajusta sa ceinture, et se leva pour observer le prisonnier. Ses yeux rencontrèrent ceux d'Uncas. Les deux indomptables guerriers se regardèrent fièrement sans qu'aucun d'eux sourcillât. Les narines du Mohican se dilatèrent comme celles d'un tigre aux abois, mais son maintien était si ferme, qu'on aurait pu le prendre pour une image imposante d'Areskoui, le dieu de la guerre. L'expression de défi qui animait les traits de Magua se changea par degrés en une joie féroce; et tirant sa respiration du fond de sa poitrine, il s'écria :

— Le Cerf-Agile ! »

Aussitôt les guerriers furent debout; la surprise leur fit oublier leur stoïcisme habituel. Le nom odieux, et cependant respecté, fut répété comme par une seule voix, qui retentit au delà des limites de la cabane. Les femmes et les enfants le redirent avec un hurlement plaintif. Les guerriers reprirent leur place, mais sans pouvoir détacher leurs yeux des traits du fier guerrier qui avait été si fatal à leur nation.

Uncas sourit de son succès; le Renard-Subtil remarqua ce sourire, et leva le bras pour en menacer son captif. Le tremblement de la colère agitait les membres de Magua, et faisait cliqueter les ornements d'argent suspendus à ses bracelets.

« Mohican, vous mourrez! dit-il en anglais avec l'accent de la vengeance.

— Les eaux de santé ne rendraient point les Hurons à la vie, repartit le Cerf-Agile dans le dialecte musical des Delawares; la rivière lave leurs ossements! leurs hommes sont des squaws, leurs femmes des hiboux. Allez, réunissez tous les chiens hurons, pour qu'ils puissent voir un guerrier. Mes narines sont blessées; elles sentent le sang d'un lâche. »

Cette apostrophe injurieuse fut comprise de la plupart des Hurons, et excita leur ressentiment. Magua se hâta de le mettre à profit; il laissa tomber la fourrure qui couvrait ses épaules, étendit le bras droit et déploya sa perfide et dangereuse éloquence. Malgré les torts qu'on lui reprochait, il était toujours favorablement écouté; et en cette circonstance ses facultés naturelles étaient stimulées par la soif de la vengeance.

Il raconta de nouveau l'attaque de l'île, la mort de ses compagnons, et l'évasion de leurs plus formidables ennemis. Il décrivit le plateau sur lequel il avait conduit ses captives, et, sans parler des intentions meurtrières qu'il avait eues envers elles, il passa rapidement à l'attaque de la Longue-Carabine. Il fit alors une pause sous prétexte de pleurer les morts, mais en réalité pour observer l'effet de son récit. L'attention pétrifiait tout l'auditoire.

Il reprit d'une voix étouffée, et fit un long éloge des morts, sans omettre aucune de leurs qualités. L'un avait toujours du succès à la chasse; l'autre était infatigable à la poursuite des ennemis. Celui-ci était brave; celui-là généreux. Il s'efforça d'émouvoir par des allusions les assistants, qui étaient presque tous parents des victimes, vu le petit nombre de familles dont se composait la nation.

« Les os de mes jeunes gens, dit-il, sont-ils dans le cimetière des Hurons?... Vous savez qu'ils n'y sont pas. Leurs esprits sont allés vers le soleil couchant, et traversent déjà les grandes eaux pour atteindre les heureux territoires de chasse. Mais ils sont partis sans vivres, sans fusils, sans couteaux, sans mocassins, nus et pauvres, comme ils étaient nés. Cela sera-t-il? leurs âmes entreront-elles dans la terre de justice comme de misérables Iroquois, comme des Delawares efféminés, ou retrouveront-ils leurs amis ayant des armes dans les mains et des robes sur leurs épaules? Que penseront nos pères des tribus des Wyandots? Ils regarderont leurs enfants d'un œil sombre, et diront: « Ce sont des Chipewas qui se font passer pour Hurons. » Frères, nous ne devons pas oublier les morts, une peau rouge ne cesse jamais de se souvenir. Nous chargerons de présents ce Mohican jusqu'à ce qu'il chancelle sous le faix des présents destinés à nos jeunes guerriers, qu'il ira rejoindre. Ils nous appellent à leur secours, quoique nos oreilles ne soient pas ouvertes. Ils nous crient: « Ne nous oubliez pas. » Quand ils verront l'esprit de ce Mohican arriver auprès d'eux avec son fardeau, ils nous béniront; ils poursuivront leur route avec joie, et nos enfants diront: « Ce que nos pères ont fait pour leurs amis, nous le ferons pour nos « pères. » Qu'est-ce qu'un Yengais? Nous en avons tué beaucoup, mais la terre est encore pâle. Une tache sur la peau d'un Huron ne peut être lavée que par du sang sorti des veines d'un Indien. Que ce Delaware périsse! »

Cette harangue, prononcée avec l'emphase d'un orateur huron, ne pouvait manquer son effet. Les sympathies naturelles, les superstitions religieuses effacèrent tout reste d'humanité dans des cœurs déjà disposés à sacrifier une victime aux mânes de leurs concitoyens. Un guerrier, plus furieux que ses compagnons, poussa un hurlement diabolique et se leva en brandissant son tomahawk, dont le fer poli miroitait aux clartés de la torche. Les reflets étincelants que semblait darder la main même du sauvage, furent tout à coup coupés par une ligne sombre; c'était celle du bras de Magua, qui avait détourné le coup. L'arme aiguë enleva la plume des cheveux d'Uncas, et traversa le mur fragile comme si elle eût été lancée par quelque formidable machine.

Au risque de s'exposer à être remarqué par le Renard, au risque de périr lui-même, Duncan se leva, tremblant pour son ami. Il vit ce qui s'était passé, et sa terreur se changea en admiration. Les traits d'Uncas semblaient inaccessibles à l'émotion; il était tranquille et froid comme un marbre, et souriait en murmurant dans sa langue des paroles de dédain.

« Le soleil doit éclairer sa honte, dit le Renard-Subtil. Les squaws doivent voir sa chair trembler; sans cela, notre vengeance ne serait qu'un jeu d'enfants. Allez! emmenez-le dans une retraite isolée; sachons si un Delaware peut dormir le soir, et mourir le matin. »

Les gardiens du prisonnier l'entourèrent les bras de liens d'écorce, et le conduisirent hors de la hutte au milieu d'un sinistre silence. A la porte, Uncas hésita, et se retourna pour lancer à ses ennemis un regard de défi qui fit augurer à Duncan que le jeune Mohican n'avait pas abandonné toute espérance de salut.

Magua secoua son manteau, le ramena sur son sein, et sortit de la salle à la vive satisfaction d'Heyward, qui, malgré sa fermeté naturelle, ne se sentait pas à l'aise en présence d'un aussi dangereux adversaire. L'agitation causée par le discours de Magua se calma insensiblement. Les guerriers reprirent leurs sièges de broussailles, et recommencèrent à fumer avec une impassibilité. Chez ces êtres à la fois si impétueux et si retenus, la méditation grave et taciturne succédait toujours aux commotions violentes.

Après avoir achevé sa pipe, le chef qui avait sollicité l'assistance de Duncan lui fit signe de le suivre; et le major, traversant le nuage de fumée, respira enfin l'air pur et frais d'un beau soir d'été. Ils dirigèrent leurs pas vers une montagne voisine, qui dominait le village, et entrèrent dans un sentier étroit qui se déroulait entre les taillis. Les enfants avaient repris leurs jeux sur la clairière, et reproduisaient les scènes dont ils avaient été témoins. Pour mieux ajouter à l'illusion, un des plus hardis de la bande avait ramassé des brandons, et mis le feu à des monceaux de branchages, dont les lueurs donnaient un caractère plus sauvage à ce spectacle. La clarté, se réfléchissant sur les blancs talus de la montagne, montra à Duncan et à son guide une énorme boule noire, placée en travers du chemin qu'ils suivaient. Ce corps informe changea de position, et Duncan vit un ours qui balançait la tête, à droite et à gauche, tandis que la partie inférieure de son corps restait immobile. Il ne témoignait de dispositions hostiles que par des grognements. Le Huron parut persuadé que les intentions de l'animal étaient pacifiques, et après lui avoir accordé un examen attentif, il continua tranquillement sa course.

Duncan savait que les Indiens nourrissaient souvent des ours domestiques, et il crut que c'était l'un des quadrupèdes favoris de la tribu. Toutefois, se voyant suivi par l'étrange visiteur, il ne put s'empêcher de se retourner à plusieurs reprises, et de se tenir sur la défensive. Quant au Huron, il avait deviné de quelle nature était l'ours; sans s'en inquiéter davantage, il poussa une porte d'écorce et pénétra dans une caverne qui s'ouvrait sous la montagne. Avant que le major eût eu le temps de refermer la faible barrière de l'entrée, l'ours la força avec sa patte, et se glissa derrière eux dans une longue et étroite galerie, où il était impossible de battre en retraite sans le rencontrer. Le jeune major se résigna, et se tint le plus près possible de son conducteur. L'ours suivit leurs pas en grommelant, et posa même plusieurs fois ses énormes pattes sur le dos d'Heyward, comme pour l'empêcher d'aller plus loin. Cette position extraordinaire n'aurait pu se prolonger longtemps sans mettre le major hors de lui; mais heureusement ils arrivèrent à leur destination.

On avait divisé ingénieusement une grotte naturelle en plusieurs appartements, au moyen de cloisons de pierres, de lattes et d'écorces. Des ouvertures pratiquées au plafond laissaient pénétrer la clarté du jour, à laquelle des feux et des torches suppléaient pendant la nuit. C'était là que les Hurons avaient établi leur magasin général, et qu'on avait transporté la malade. On s'était imaginé que des rochers et des murs de pierre la protégeraient plus sûrement que des toits de feuillage contre les attaques des mauvais esprits. Une pièce lui avait été réservée; Duncan l'y trouva couchée et environnée de femmes, au milieu desquelles il reconnut avec surprise son ami David la Gamme.

Le prétendu médecin vit au premier coup d'œil que ses soins étaient superflus. La malade était attaquée d'une paralysie générale; elle restait indifférente à tout ce qui l'entourait, et n'avait même plus assez de sensibilité pour souffrir. Heyward ne regretta point d'avoir à traiter une femme dont l'état était trop désespéré pour exciter l'intérêt. Sa conscience, qui lui reprochait des simagrées indignes de lui, fut promptement apaisée, et il allait commencer son rôle, lorsque David la Gamme s'avisa de vouloir essayer le pouvoir de la musique. Il tira un accord de sa petite flûte, et entama un chant qui aurait opéré des miracles, s'il eût suffi de croire à son efficacité pour qu'elle fût réelle. Les Indiens le laissèrent faire, par égard pour son dérangement d'esprit, et Duncan était trop heureux d'obtenir un délai, pour interrompre le psalmodiste. Au moment où celui-ci achevait, il tressaillit en entendant ses accents répétés par une voix sépulcrale; il aperçut, derrière lui, dans l'ombre, l'ours qui se dandinait à sa manière et qui imitait, par de sourds grognements, les intonations et même les paroles de l'hymne sacré.

L'effet de cet étrange écho est plus facile à imaginer qu'à décrire. David ouvrit les yeux, comme s'il eût révoqué en doute leur puissance visuelle. Une émotion qui ressemblait à la peur, mais qu'il attribua à la surprise, lui ferma la bouche, et bouleversa les plans qu'il avait combinés pour apprendre au major d'importantes nouvelles. Le maître de chant se contenta de s'écrier : « Elle vous attend! elle est près d'ici! » Et il quitta précipitamment la caverne.

CHAPITRE XXV.

Il y avait dans cette scène un singulier mélange de ridicule et de solennité. L'ours continua à se démener, mais ses plaisants efforts, pour parodier la mélodie, cessèrent dès que David eut abandonné la partie. Les paroles de ce dernier, prononcées en anglais, avaient un sens caché que rien jusqu'alors ne révélait au major. Sans lui laisser le loisir de la réflexion, le chef s'approcha du chevet de la malade, et enjoignit aux femmes de se retirer. Elles lui obéirent avec répugnance; et quand l'écho de leurs voix confuses cessa de se faire entendre dans la galerie souterraine, le Huron dit : « Maintenant, que mon frère montre sa puissance ! »

David la Gamme avait subi une complète métamorphose.

Heyward comprit qu'il n'y avait pas à reculer. Il se remémora les grimaces et les incantations à l'aide desquelles les exorcistes indiens dissimulaient leur incapacité et leur ignorance. Dans le désordre de ses pensées, il est vraisemblable qu'il eût commis quelque bévue compromettante; mais, dès son début, il fut interrompu par les grognements de l'ours. Trois fois il se mit à l'œuvre; trois fois l'animal manifesta son inexplicable opposition par des cris de plus en plus menaçants.

« Les savants sont jaloux, dit le chef huron; je m'en vais. Frère, cette femme est mariée à un de nos plus braves jeunes gens; faites tout pour elle! Paix! ajouta-t-il en s'adressant à l'ours irrité, paix! je m'en vais. »

En effet, le Huron s'éloigna et laissa Duncan, seul dans ce sinistre séjour, avec la malade agonisante et le dangereux animal. Celui-ci, avec l'air d'intelligence dont sont doués les ours, écouta le bruit des pas du vieux chef, puis il se mit sur son séant en face de Duncan. Le jeune homme chercha des yeux une arme pour repousser l'attaque à laquelle il s'attendait; mais l'énorme bête semblait avoir changé d'humeur. Loin de témoigner de la colère, elle avait cessé de grommeler, et son corps velu tremblait violemment sous l'empire de quelque commotion intérieure. Ses lourdes pattes se rapprochèrent de son museau; sa tête, sur laquelle Heyward tenait fixés des yeux inquiets, tomba de côté, et à sa place parut l'honnête physionomie d'Œil-de-Faucon, qui s'abandonnait de toute son âme à un accès de son hilarité taciturne.

« Silence! dit le prudent chasseur prévenant un cri de surprise d'Heyward. Les gredins sont aux aguets, et tous les sons qui n'auraient pas rapport à la sorcellerie les attireraient en masse sur nous.

— Que signifie cette mascarade, et pourquoi avez-vous tenté une aussi périlleuse aventure?

— Ah! le hasard est souvent plus fort que la raison et les calculs. Mais comme une histoire doit toujours commencer par le commencement, je vais vous raconter tout avec exactitude. Après notre séparation, j'ai placé le commandant et le Sagamore dans une vieille cabane de castor, où ils sont plus en sûreté qu'au fort Edouard; car les Indiens du nord-ouest, qui ne voient pas encore beaucoup de marchands, continuent à respecter le castor. Ensuite, Uncas et moi avons pris la route de l'autre camp, comme c'était convenu... Avez-vous vu le jeune homme?

— A mon grand regret! Il est prisonnier, et condamné à mourir au lever du soleil.

— J'en avais le pressentiment, » dit le chasseur d'un ton moins confiant et moins joyeux; mais recouvrant bientôt la fermeté naturelle de sa voix, il reprit : « Sa mauvaise fortune est la cause de ma présence en ce lieu, car je ne veux pas abandonner un tel homme aux Hurons. Les garnements feraient une fameuse fête s'ils pouvaient attacher au même poteau le Cerf-Agile et la Longue-Carabine, comme ils m'appellent. Pourquoi m'ont-ils donné ce nom, je l'ignore; car il y a autant de différence entre mon tueur de daims et une carabine du Canada, qu'entre une pierre à feu et la terre de pipe.

— Reprenez votre récit, dit Heyward impatient; les Hurons peuvent venir nous surprendre.

— N'en soyez pas en peine. Un conjurateur doit avoir le temps de faire ses simagrées, et nous avons deux heures devant nous, comme un missionnaire qui commence un sermon. Je vous disais donc que nous étions partis pour le camp. Une bande d'ennemis nous surprit; et Uncas, qui a le sang chaud, ce dont je ne le blâme en aucune façon, s'avança imprudemment. L'un des Hurons se trouva être un lâche, et l'attira dans une embuscade.

— Et ce Huron a payé cher sa faiblesse.

— Je vous comprends, dit le chasseur en décrivant sur sa gorge une raie transversale. L'échec d'Uncas me détermina à suivre les Hurons; j'échangeai avec eux quelques coups de fusil, et je m'approchai du village. Un heureux hasard me conduisit à l'endroit où l'un des plus habiles conjurateurs se déguisait pour livrer bataille aux mauvais esprits. Je dis un hasard, je devrais dire providence. Un coup de crosse, appliqué avec discernement, étourdit l'imposteur. Je lui donnai pour souper un bâillon de feuilles de noyer, l'attachai à un arbre; et profitant de sa défroque, je pris pour moi le rôle d'ours qu'il comptait jouer.

— Et que vous avez admirablement rempli!

— Comme ci, comme ça, répondit Œil-de-Faucon avec modestie. Après avoir longtemps étudié dans les bois, il faudrait avoir bien peu d'intelligence pour n'être pas au fait des mouvements d'un pareil animal. S'il se fût agi d'un carcajou ou d'une panthère, c'eût été bien autre chose; mais l'ours est une bête lourde, dont il est facile d'imiter les allures, en ayant soin de ne pas les outrer. Il est plus facile de tomber dans l'exagération, que de rester dans la vérité. Maintenant vous savez tout : où est la jeune fille blonde?

— Dieu le sait! j'ai examiné toutes les huttes du village, sans en découvrir la moindre trace.

— Le chanteur nous a dit pourtant : « Elle vous attend; elle est près d'ici! » Cherchons bien! il doit y avoir des ruches à miel cachées dans ces rochers, et je suis un animal connu par sa prédilection pour les douceurs. »

Les principaux chefs étaient réunis et fumaient gravement.

Le chasseur, riant de sa saillie, escalada la cloison; et dès qu'il fut en haut, il redescendit précipitamment.

« Elle est ici! dit-il à voix basse; vous la trouverez en prenant cette porte. Je lui aurais bien adressé un mot de consolation, mais la vue d'un pareil monstre l'aurait effrayée. Il est vrai, major, que vous n'êtes guère plus attrayant avec votre figure barbouillée. »

Duncan, qui s'était déjà élancé vers la porte, revint sur ses pas en entendant ces mots décourageants.

« Je suis donc bien défiguré? dit-il d'un air chagrin.
— Vous ne feriez reculer ni un loup, ni un régiment ; mais j'ai vu le temps où vous aviez meilleure façon. Vous êtes mieux accoutré pour plaire à une squaw qu'à une femme de race blanche. Voici d'ailleurs une source, au moyen de laquelle vous pouvez détruire l'ouvrage de Sagamore ; et quand vous serez de retour, je me charge de vous faire de nouvelles bigarrures. Les magiciens changent de peinture comme un daim change de cornes. »

OEil-de-Faucon parlait encore, et déjà le major se lavait dans l'eau cristalline qui ruisselait du rocher pour s'échapper au dehors par les crevasses voisines. Après s'être mis en état de se montrer à sa maîtresse, il disparut par le passage indiqué. Le chasseur l'accompagna en lui faisant des signes d'amitié, et se mit tranquillement à examiner le garde-manger des Hurons ; car c'était aussi dans cette caverne qu'ils déposaient le produit de leurs chasses.

Une lumière vague servit à l'amant d'étoile polaire et le guida dans une salle qu'on avait appropriée à l'usage de la fille du commandant de William-Henri, en y entassant pêle-mêle les fruits du pillage de cette forteresse. Il trouva Alice pâle, inquiète, terrifiée, mais toujours charmante. David l'avait préparée à cette visite.

« Duncan ! s'écria-t-elle d'une voix qui semblait avoir peur de ses propres accents.
— Alice ! » dit le major en sautant par-dessus les malles, les armes et les meubles, pour aller se placer auprès d'elle.

Un éclair de joie passa sur le visage abattu de la jeune fille. « Je savais que vous ne m'abandonneriez pas, dit-elle ; mais vous êtes seul. Malgré le plaisir que me cause votre présence, j'aime à croire que vous n'êtes pas entièrement seul ! »

Heyward la fit asseoir doucement, car elle se soutenait à peine. Il lui raconta brièvement ce qui s'était passé ; et, quoiqu'il prît soin de glisser sur la misère d'un père, il arracha des yeux d'Alice les plus abondantes larmes qu'elle eût jamais versées. La tendresse de Duncan parvint à calmer cet accès de douleur.

« Alice, dit-il après avoir achevé son récit, vous voyez tout ce qu'on attend de vous. Avec le concours de notre inestimable ami, nous pouvons fuir, mais vous avez besoin de tout votre courage. Songez que vous allez rejoindre votre vénérable père, et que son bonheur et le vôtre dépendent de votre énergie.
— Si je me sens faillir, je penserai à lui.
— Et à moi ? » ajouta le jeune homme en pressant la main qu'il tenait dans les siennes.

Le regard d'innocence et de surprise qui lui répondit lui fit sentir la nécessité de s'expliquer plus nettement.

« Ce n'est, reprit-il, ni le lieu ni le moment de vous faire part de mes vœux ; mais quel cœur oppressé comme le mien ne voudrait se débarrasser du poids qui l'accable ! Le malheur est, dit-on, le plus étroit de tous les nœuds, en souffrant pour vous avec votre père, j'ai pu m'ouvrir entièrement à lui.
— Et Cora, l'avez-vous oubliée ?
— Non sans doute ; nous l'avons pleurée ensemble. Votre père n'établit point de différence entre ses enfants ; mais, Alice, vous ne vous offenserez pas si je vous dis que je vous préfère à votre sœur...
— En ce cas, vous ne lui rendez pas justice, dit Alice en retirant sa main ; car elle parle toujours de vous comme de son meilleur ami.
— Je compte l'être toujours, repartit vivement Heyward ; quant à ce qui vous concerne, Alice, votre père me permet d'aspirer à des liens plus tendres et plus intimes. »

Alice trembla avec violence, et il y eut un moment pendant lequel elle détourna la tête, cédant aux émotions ordinaires à son sexe ; mais elles passèrent vite, et la laissèrent maîtresse de son maintien, sinon de ses affections.

Le vieux chef Tamenund s'assit au centre avec un air qui respirait la dignité d'un monarque et la bonté d'un père.

« Heyward, dit-elle en le regardant fixement avec une touchante expression de candeur et d'abandon, procurez-moi la présence et la sainte sanction d'un père, avant de me presser davantage.
— Je n'en ai pu dire moins, je n'en dois pas dire plus, » allait répondre le jeune homme ; mais il sentit une main lui frapper légèrement sur l'épaule, il se retourna par un mouvement brusque, et aperçut derrière lui la malicieuse figure du Renard-Subtil.

Le rire guttural du sauvage retentit aux oreilles de Duncan comme l'infernal défi d'un démon. S'il avait suivi l'impulsion du moment, il se serait jeté sur le Huron et aurait engagé une lutte corps à corps ; mais sans armes, ignorant les renforts dont son ennemi pouvait disposer, chargé de protéger celle qui lui était plus chère que jamais, il renonça à ce projet désespéré presque aussitôt après l'avoir conçu.

« Que voulez-vous ? » dit Alice à son ravisseur ; et, croisant ses bras sur son sein, elle prit, pour dissimuler ses vives alarmes à l'égard d'Heyward, les manières froides et hautaines qu'elle avait toujours avec Magua.

Celui-ci recula prudemment pour éviter l'irritation de Duncan, et alla barrer la porte par laquelle il était entré et qui était à l'opposite de celle qu'avait prise Duncan. Se jugeant perdu sans ressource, le major attira Alice sur son sein, et se prépara à subir un sort qu'il accepterait sans regrets, puisqu'il le partagerait avec sa maîtresse ; mais Magua ne méditait aucune violence immédiate. Il se borna à s'assurer de son nouveau captif, en barricadant la porte secrète qui lui avait permis de le surprendre. Quand il eut achevé, il se rapprocha des prisonniers et dit :

« Les visages pâles attrapent les rusés castors ; mais les peaux rouges savent prendre les Yengais.

— Huron, faites de moi ce que vous voudrez ! s'écria Heyward, oubliant dans sa fureur que son existence n'était pas seule en jeu : je vous méprise, vous et votre vengeance.

— L'homme blanc tiendra-t-il ce langage quand il sera attaché au poteau ? dit Magua d'un ton sarcastique.

— Je serai le même, seul avec vous, ou en présence de votre tribu.

— Le Renard-Subtil est un grand chef ! Il va amener ici ses jeunes hommes pour qu'ils voient si un visage pâle peut rire dans les tortures. »

Il allait sortir par la porte qui donnait dans la galerie, quand l'ours y parut accroupi sur ses pattes de derrière, et se balançant d'un côté à l'autre avec sa turbulence habituelle. Magua reconnut aisément le déguisement favori du conjurateur, et trop supérieur à ses superstitieux compatriotes pour s'arrêter aux simagrées d'un jongleur, il se mit en devoir de passer. Les grognements menaçants du faux ours le firent hésiter ; mais décidé à ne point prolonger cette bouffonnerie, il s'avança résolument. L'animal, qui était entré dans la salle, recula devant Magua jusqu'à la porte, où, se dressant sur ses pattes de derrière, il battit l'air avec celles de devant.

« Fou ! s'écria le chef en langue hurone ; allez jouer avec les enfants et les squaws ; laissez les hommes à leur sagesse. »

Il tenta de nouveau de sortir malgré l'opposition de l'ours, qu'il dédaignait toutefois de menacer du couteau ou du tomahawk ; mais tout à coup l'animal, étendant les bras, ou plutôt les pattes, le serra avec une force irrésistible. Heyward avait tout vu ; il laissa Alice, prit une lanière de peau de daim qui avait servi à attacher un paquet, et s'élança sur l'ennemi qui restait sans mouvement les bras collés au corps, comprimé par les muscles du fer d'OEil-de-Faucon. Les bras, les jambes, les pieds de Magua furent entourés des replis de la lanière, et on le coucha sur le dos, empaqueté comme une momie. Quoiqu'il se fût débattu violemment pour résister à des forces supérieures aux siennes, il n'avait pas proféré un seul cri. Mais lorsque OEil-de-Faucon, en guise d'explication de sa conduite, eut enlevé sa tête velue et montré ses traits au Huron, celui-ci ne put s'empêcher de murmurer le « Hugh ! » habituel aux Indiens.

« Ah ! vous avez retrouvé votre langue ! dit l'imperturbable vainqueur ; mais nous allons mettre ordre à ce que vous ne vous en serviez pas contre nous ! »

Il bâillonna l'Indien sans perdre de temps, et quand on put regarder l'ennemi comme absolument hors de combat :

« Par où le scélérat est-il entré ? demanda Œil-de-Faucon ; pas une âme n'a passé dans la galerie depuis que vous m'avez quitté. »

Duncan montra la porte que Magua avait barricadée, et par laquelle il était devenu impossible d'effectuer une prompte retraite.

« Sortons de l'autre côté, dit le chasseur.

— C'est impossible ! Alice est évanouie ! Alice, ma chère Alice, ranimez-vous ! Voici le moment de fuir. C'est en vain ; elle m'entend et elle est incapable de me suivre. — Allez, noble et digne ami ; sauvez-vous et abandonnez-moi à mon sort.

— A quelque chose malheur est bon, dit le chasseur. Enveloppez-la dans ces vêtements indiens ; cachez-la bien ; ne laissez pas voir ce pied, qui n'a point de pareil dans le désert, et qui la ferait reconnaître. Maintenant, prenez-la dans vos bras ; suivez-moi, et laissez-moi faire. »

Duncan obéit aveuglément, et emportant Alice inanimée, il marcha sur les pas d'Œil-de-Faucon. Ils trouvèrent la malade seule comme ils l'avaient laissée, passèrent rapidement auprès d'elle, et se dirigèrent vers la principale entrée de la caverne. En approchant de la petite porte d'écorce, ils entendirent le murmure des voix des parents et amis de la malade qui attendaient patiemment l'issue des opérations magiques.

« Si j'ouvre la bouche, dit Œil-de-Faucon, mon anglais, qui est la langue naturelle d'un homme blanc, avertira les drôles qu'il y a un ennemi parmi eux. Faites-leur entendre votre jargon, major, dites que vous avez enfermé le mauvais esprit dans la grotte, et que vous emportez la patiente dans les bois pour lui faire prendre quelques racines fortifiantes. Allons ! de la ruse et de l'audace ! »

Le bruit de la porte que l'on entr'ouvrait interrompit Œil-de-Faucon. Il reprit son rôle d'ours, repoussa avec un grognement ceux qui voulaient avancer, et sortit sans témoigner d'embarras. Heyward, qui le suivait de près, se trouva bientôt au milieu d'un groupe de vingt individus inquiets et impatients. La foule s'écarta devant lui, et le vieux chef, qui avait requis son assistance, lui adressa la parole :

« Mon frère a-t-il chassé le mauvais esprit ? Que porte-t-il en ses bras ?

— La malade, répliqua gravement Duncan ; le démon qui la tourmentait est enfermé dans les rochers, et je l'emmène pour la mettre à l'abri de nouvelles attaques. Elle sera dans le wigwam de son mari au lever du soleil. »

Le chef traduisit en huron les paroles du docteur, et la satisfaction générale éclata en murmures confus. Le vieil Indien fit signe à Duncan de poursuivre sa route, et ajouta d'une voix ferme :

« Allez ! je suis un homme ; je vais entrer dans la grotte, et combattre la mauvais esprit. »

Heyward était déjà à quelque distance du groupe, lorsque ces mots terribles l'arrêtèrent ; mais il eut la présence d'esprit de s'écrier : « Mon frère est-il fou ? Est-il cruel ? Ou il rencontrera la maladie qui entrera en lui, ou il chassera la maladie qui viendra derrière moi dans les bois. Non ! que mes enfants attendent au dehors, et, si l'esprit paraît, qu'ils l'assomment avec leurs massues. Il est rusé et se cachera dans la montagne, quand il verra qu'il y a tant d'hommes prêts à le combattre. »

Ce singulier conseil fut adopté : au lieu de pénétrer dans la grotte, les assistants prirent leurs tomahawks, et se mirent en mesure d'exercer leur vengeance sur le persécuteur imaginaire de la moribonde. Animés de pareils sentiments, les enfants et les femmes arrachèrent des branches d'arbre ou ramassèrent des pierres. Cependant les faux conjurateurs avaient disparu.

Tout en faisant fond sur les superstitions indiennes, Œil-de-Faucon savait qu'elles étaient plutôt tolérées que partagées par les principaux chefs. Quelle que pût être la durée de l'illusion de ses ennemis, il savait que le moindre soupçon pouvait lui être fatal. Aussi hâta-t-il le pas en longeant le village sans y entrer. Les feux s'éteignaient ; les guerriers erraient encore de cabane en cabane. Mais les enfants avaient abandonné leurs jeux pour s'aller coucher, et la tranquillité de la nuit succédait à l'agitation d'une soirée remplie d'événements.

Le grand air ranima Alice, et comme elle avait moins perdu l'usage de l'intelligence que celui de ses facultés physiques, il ne fut pas nécessaire de lui expliquer ce qui s'était passé. Les ténèbres empêchèrent de voir qu'elle rougissait d'être restée si longtemps dans les bras de Duncan.

« Laissez-moi marcher, dit-elle.

— Non, Alice, vous êtes trop faible. »

La jeune fille se dégagea doucement, et Heyward fut obligé de renoncer à son précieux fardeau. Le représentant de l'ours était probablement étranger aux délicieuses émotions d'un amant qui entoure de ses bras sa maîtresse ; il ne comprenait guère non plus la pudique sentiment qui troublait Alice ; mais, quand il fut à une distance raisonnable des huttes, il fit halte, et traita un sujet dont il était complétement maître.

« Ce sentier, dit-il, vous conduira au ruisseau ; suivez la rive du nord jusqu'à ce que vous arriviez à une chute d'eau. Gravissez une colline à droite, et vous apercevrez l'autre camp indien. Là, vous demanderez asile. Si ce sont de vrais Delawares, vous y serez en sûreté. Une course plus longue serait impossible avec cette jeune dame. Les Hurons suivraient vos traces, et vous auriez bientôt été scalpés. Allez ! et que la Providence soit avec vous !

— Et vous ? demanda Heyward surpris ; est-ce que nous nous séparons ici ?

— Les Hurons retiennent celui qui fait l'orgueil des Delawares ; le dernier de l'illustre race des Mohicans est en leur pouvoir. Je veux aller voir ce qu'on peut faire pour le délivrer. Si l'on vous avait scalpé, major, chacun de vos cheveux aurait coûté la vie à un Huron ; mais, si le jeune Sagamore est attaché au poteau, les Indiens verront comment un homme de race blanche sait mourir. »

Sans s'offenser de la préférence que le rustique chasseur accordait à son fils d'adoption, Duncan lui fit diverses objections. Alice joignit ses instances à celles de son amant ; mais Œil-de-Faucon fut inébranlable.

« Je connais peu les femmes, dit-il ; mais je sais que le sentiment qui unit une jeune fille à un jeune homme est plus fort que l'amour paternel. Vous avez risqué votre vie, vous avez tout sacrifié pour sauver cette douce créature, et je suppose que vous ne la détestez pas. Quant à moi, j'ai appris à Uncas l'usage d'une carabine, et il m'a amplement récompensé de mes soins. J'ai combattu à ses côtés dans plus d'une sanglante escarmouche ; et, toutes les fois que j'entendais Uncas tirer d'un côté et Chingachgook de l'autre, j'étais sûr de n'avoir pas d'ennemis derrière moi. Hiver et été, nuit et jour, nous avons erré ensemble le désert, mangeant au même plat, dormant pendant que l'un de nous montait la garde, et Uncas serait livré aux bourreaux, lorsque je suis là ! … Il n'y a qu'un seul maître qui nous gouverne tous, hommes blancs ou peaux rouges ; et je prends à témoin de mes paroles ; avant que le jeune Mohican périsse faute d'un ami, la bonne foi s'en ira de la terre, et mon tueur de daims deviendra aussi inoffensif que le sifflet du chanteur ! »

Le major cessa de retenir Œil-de-Faucon, qui s'éloigna rapidement du côté des huttes, tandis qu'Alice et son guide dévoué s'acheminaient vers le village des Delawares.

CHAPITRE XXVI.

Malgré sa résolution, le chasseur comprenait tous les obstacles qu'il avait à vaincre. Toutes ses facultés furent employées à combiner les moyens de déjouer les soupçons de ses ennemis, et de tromper leur vigilance, qui n'était pas inférieure à la sienne. La couleur de sa peau avait seule sauvé la vie à Magua et au sorcier indien, qui auraient dû être les premières victimes sacrifiées à sa sûreté ; mais le chasseur croyait de l'assassinat, excusé par les mœurs indiennes, était indigne d'un homme qui s'enorgueillissait de la pureté de sa race. Il s'était donc contenté de les attacher, et pensait qu'il aurait le temps d'agir avant qu'ils fussent délivrés.

En avant du village, était une hutte dont on n'avait pas terminé la construction, faute sans doute des matériaux nécessaires. Elle était toutefois occupée, et, en regardant à travers les fentes, le chasseur, à la lueur du foyer, aperçut David la Gamme. C'était précisément Œil-de-Faucon, mais dans son rôle de quadrupède, qui faisait en ce moment le sujet des réflexions du maître de psalmodie. Une foi complète aux anciens miracles n'empêchait pas David de douter qu'on les vît se reproduire dans les temps modernes ; et, s'il était convaincu que l'âne de Balaam avait parlé, il admettait moins facilement qu'un ours pût chanter. Le fait étrange dont il avait été témoin auriculaire le plongeait dans une profonde rêverie. La tête inclinée sur sa main, il était assis sur un monceau de broussailles, dont il détachait par intervalles quelques baguettes pour alimenter son feu. Son costume était celui que nous avons décrit ; seulement il s'était coiffé de son castor triangulaire, que les Indiens n'avaient pas trouvé assez attrayant pour s'en emparer.

L'ingénieux Œil-de-Faucon, qui se rappelait la retraite soudaine du chanteur, devina l'objet de cette pieuse méditation. Après avoir fait le tour de la hutte pour s'assurer que personne ne l'épiait, il entra sans cérémonie, et se mit en face de David, de l'autre côté du foyer central. Une apparition aussi imprévue était de nature à déconcerter la philosophie, et même la foi de David. Il chercha son flageolet, et se leva avec l'intention vague de tenter un exorcisme en musique.

« Monstre noir et mystérieux ! s'écria-t-il, pendant que ses mains tremblantes ajustaient ses yeux auxiliaires et cherchaient son infaillible panacée, le recueil de psaumes ; monstre dénaturé, j'ignore ce que tu veux ; mais, si tu machines quelque attentat contre la personne d'un des plus humbles serviteurs du temple, écoute le langage inspiré du roi d'Israël, et viens à résipiscence.

— Rengaînez votre sifflet, dit l'ours en se dandinant, et épargnez-

moi vos braillements. Cinq ou six mots de bon anglais valent mieux qu'une heure de roulades.
— Qui es-tu ? demanda David stupéfait.
— Un homme comme vous, qui n'a pas dans ses veines plus de sang d'ours que de sang indien. Avez-vous si vite oublié celui qui vous a rendu le joujou que vous tenez ?
— Est-il possible ? reprit David entrevoyant la vérité. Cela surpasse toutes les merveilles dont j'ai été témoin depuis que j'habite avec les païens.
— Allons, allons, reprit Œil-de-Faucon en se démasquant pour rendre la confiance à son compagnon ; voici une peau qui n'est pas aussi blanche que celle de ces dames, mais elle a été teintée de rouge que par les vents et le soleil. Maintenant, à nos affaires !
— Où est la jeune fille et l'officier ? interrompit David.
— A l'abri des tomahawks de ces misérables, grâces à Dieu ! Pouvez-vous me mettre sur la piste d'Uncas ?
— Le Mohican est enchaîné, et sa mort est décrétée. Je gémis de voir un homme mourir dans l'ignorance avec de si bonnes dispositions, et j'ai cherché une hymne...
— Voulez-vous me conduire auprès de lui ? »
David répondit avec embarras : « Ce ne sera pas difficile ; pourtant j'appréhende que votre présence lui soit plus nuisible qu'utile.
— Pas un mot de plus, et marchons, » repartit Œil-de-Faucon, en remettant sa tête sur ses épaules.
Il quitta la cabane, et David l'accompagna. Chemin faisant, celui-ci lui dit qu'il avait accès auprès d'Uncas, tant à la faveur du privilège de sa folie imaginaire qu'à cause de ses liaisons avec l'un des gardiens. C'était un jeune Huron qui savait un peu d'anglais, et dont le fervent psalmodiste avait entrepris la conversion. Il était douteux que l'Indien entrât dans les vues de son nouvel ami ; mais, comme une attention exclusive est tout aussi flatteuse pour un sauvage que pour un homme civilisé, elle n'avait pas été sans résultat. Après avoir obtenu ces renseignements, le chasseur donna à David des instructions qui seront suffisamment expliquées au lecteur dans la suite de ce récit.
La cabane où l'on gardait le Cerf-Agile était au centre même du village, et l'on pouvait moins que dans toute autre y entrer ou en sortir sans être vu ; mais Œil-de-Faucon tenait à agir ouvertement. Comptant sur son déguisement, sur son habileté, il prit la route la plus directe et la plus apparente. Toutefois l'heure lui procurait quelques-uns des avantages qu'il semblait mépriser. Les enfants, les femmes dormaient ; la plupart des guerriers s'étaient retirés ; il en restait à peine quatre ou cinq à la porte de la prison d'Uncas. Ils s'effacèrent promptement pour laisser passer la Gamme et le célèbre sorcier, dont ils reconnurent le travestissement ordinaire ; mais, loin d'avoir l'idée de partir, ils furent retenus par l'espoir d'assister aux mystérieuses momeries que cette visite leur promettait.
Œil-de-Faucon ne pouvait parler sans se trahir. Heureusement David la Gamme, malgré sa simplicité, dépassa les prévisions de son maître par la manière dont il joua son rôle.
« Les Delawares sont des femmes ! dit-il en anglais au sauvage qu'il connaissait : mes compatriotes les Yengys leur ont dit de lever le tomahawk et de frapper leurs pères du Canada, et ils ont oublié leur sexe. Mon frère désire-t-il entendre le Cerf-Agile demander des jupons, et le voir pleurer au poteau devant les Hurons ?
— Hugh ! dit le sauvage ; et le ton dont il prononça ce monosyllabe exprimait le ravissement que lui causerait cette preuve de faiblesse donnée par un ennemi si formidable et si détesté.
— Eh bien ! qu'il se retire à l'écart, et le sorcier soufflera sur le chien ! Dites-le à mes frères. »
Le Huron expliqua à ses camarades les paroles de David, qui furent ravis de l'espoir d'humilier la victime. Ils reculèrent et firent signe au feint conjurateur d'entrer ; mais l'ours, au lieu d'obéir, resta à la même place, et grogna.
« Le souffle du savant, dit David, pourrait atteindre ses frères et leur ôter leur courage ; il faut qu'ils s'éloignent encore. »
Les Hurons, qui regardaient la calamité prévue comme la plus affreuse de toutes, prirent une position qui leur permettait d'avoir l'œil sur l'entrée de la hutte, mais sans entendre ce qu'on disait dans l'intérieur. Œil-de-Faucon y entra lentement. Le captif seul occupait la chambre ; elle n'était éclairée que par les tisons mourants d'un feu qui avait servi à la cuisson du repas du soir.
Uncas, qui avait les mains et les pieds solidement liés, était couché dans un coin. A peine s'il daigna faire attention à l'ours, qui, jugeant prudent de conserver d'abord son incognito, se livrait à ses gambades. L'imitation, qui avait paru si exacte à Heyward, avait des imperfections qui sautèrent aux yeux du jeune Mohican, et il n'eut pas longtemps l'idée que ce fût un ours véritable envoyé pour le tourmenter. Peut-être Œil-de-Faucon eût-il prolongé par dépit sa représentation, s'il eût deviné le peu de succès qu'il obtenait ; mais l'expression indécise et multiple des yeux d'Uncas épargna à l'honnête chasseur la mortification d'une pareille découverte.
Aussitôt que David eut annoncé le départ des guerriers, un sifflement aigu succéda aux sourds grognements de l'ours. Uncas s'était collé contre le mur et avait fermé les yeux pour ne pas voir les grimaces de l'ours de contrebande. Mais dès qu'il entendit la voix stridente du ser-

pent, il se leva, et ses regards, après avoir erré quelque temps sur le sol, furent attirés comme par un charme vers le monstre velu qu'il avait dédaigné. Les grognements recommencèrent, et Uncas murmura tout bas : « Œil-de-Faucon !
— Coupez-lui les liens, » dit le chasseur à David.
Le musicien obéit ; le chasseur, en se dépouillant de son attirail, fit craquer la peau d'ours desséchée, et le Mohican comprit tout instinctivement, sans témoigner de surprise ni par les gestes ni par la voix. Son ami lui montra un couteau enlevé le soir même aux ennemis, et lui en remit un autre en lui disant : « Les Hurons rouges sont dehors ; dépêchons-nous.
— Partons donc, dit Uncas.
— Mais où aller ?
— Chez les Tortues : ce sont les enfants de nos grands-pères.
— Oui, mon ami, le même sang coule dans nos veines ; mais le temps et l'éloignement en ont un peu changé la couleur. Au reste, l'essentiel est d'abord de se défaire des Mingos qui sont à la porte. Nous sommes deux contre six, car je ne compte pas le chanteur.
— Les Hurons sont des vantards, dit Uncas avec dédain : leur totem est un élan, et ils marchent comme des escargots. Les Delawares sont les enfants de la Tortue, et ils courent comme le daim.
— Oui, mon ami, il y a de la vérité dans ce que vous dites, et vous feriez deux milles, en vous arrêtant pour prendre haleine, avant que les coquins fussent à moitié chemin. Mais un homme blanc se sert mieux des bras que des jambes ; je suis tout aussi bon qu'un autre pour assommer un Huron ; mais, s'il s'agit d'une course, je n'en suis plus. »
Uncas, qui s'approchait déjà de la porte, alla se replacer au fond de loge. Le chasseur, trop préoccupé de ses réflexions pour remarquer ce mouvement, poursuivit, plutôt en se parlant à lui-même qu'en s'adressant à son compagnon :
« Après tout, il est déraisonnable de retenir un homme prisonnier à cause de l'incapacité d'un autre. Partez donc, Uncas, je vais remettre la peau, j'aurai de l'adresse à défaut d'agilité. »
Le jeune Mohican, sans répondre, se croisa tranquillement les bras, et se coucha en appuyant sa tête contre un des piliers de la hutte.
« Eh bien ! dit le chasseur, pourquoi ne partez-vous pas ? J'aurai le temps d'agir pendant que les scélérats vous donneront la chasse.
— Uncas restera.
— Pourquoi ?
— Pour combattre avec le frère de son père, pour mourir avec l'ami des Delawares.
— Bien, répondit Œil-de-Faucon en serrant la main d'Uncas entre ses doigts de fer ; si vous m'aviez abandonné, c'eût été l'acte d'un Mingos et non d'un Mohican. J'ai cru devoir vous faire cette offre, sachant que la jeunesse est d'ordinaire attachée à la vie. Ce que le courage ne peut aborder de front, il faut que la ruse l'obtienne par un détour. Mettez la peau ; je suis convaincu que vous jouerez l'ours aussi bien que moi. »
Quelle que fût l'opinion particulière d'Uncas sur leurs talents respectifs, sa physionomie grave n'exprima aucun sentiment de supériorité. Il s'affubla en silence et avec vivacité de la dépouille de l'animal, et attendit de nouvelles instructions.
« Maintenant, mon ami, dit Œil-de-Faucon à David, un changement de costume entre nous nous sera très avantageux. Prenez ma blouse de chasse et mon bonnet ; donnez-moi votre couverture et votre chapeau ; vous me confierez aussi votre bouquin, vos lunettes et votre sifflet. Si jamais nous nous retrouvons en un temps meilleur, je vous les restituerai avec mille remercîments. »
David ne se refusa pas à l'échange ; et quand le chasseur eut les lunettes sur le nez et la tête surmontée du castor triangulaire, il pouvait aisément, dans l'obscurité, passer pour David, dont il avait la taille. Il se retourna vers ce dernier, et lui dit brusquement : « Vous n'êtes pas très-brave ?
— J'ai toujours été pacifique, répliqua le chanteur, un peu déconcerté de cette personnalité à brûle-pourpoint ; mon caractère incline vers l'amour et la miséricorde, mais la religion me soutient dans les plus rudes épreuves.
— Vous courrez quelque danger au moment où les sauvages s'apercevront de l'évasion. S'ils ne vous cassent pas la tête, votre état d'esprit vous sauvera, et vous aurez presque la certitude de mourir tranquillement. Asseyez-vous, mettez-vous à la place d'Uncas, et attendez... Aimez-vous mieux vous sauver avec nous ?
— Non, dit David d'un ton ferme.
— Vous restez ici ?
— Assurément ; je vais prendre la place du Delaware. Il s'est bravement battu pour moi, et je lui dois au moins ce service.
— Vous avez parlé comme un homme, et avec une meilleure éducation, vous auriez fait quelque chose. Baissez la tête, retirez vos jambes ; leur longueur nous trahirait. Soyez muet le plus longtemps possible, et quand il faudra parler, faites entendre une de vos braillements habituels. Les Indiens se rappellent que vous n'êtes pas responsable de vos actes, et vous respecteront sans doute. S'ils vous scalpaient, Uncas et moi nous vengerions.
— Arrêtez ! dit David ; je suis un indigne et humble serviteur d'un Dieu qui n'enseigne pas la vengeance. Si je succombe, ne cherchez

4.

donc pas de victimes à mes mânes ; pardonnez plutôt à mes bourreaux, et si vous vous les rappelez, que ce soit pour leur demander au ciel d'éclairer leurs âmes et de s'assurer leur salut ! »

Ces mots firent rêver le chasseur. Il poussa un profond soupir, inspiré sans doute par le regret. « Oui, dit-il, voilà de bons principes ! Je voudrais les mettre moi-même en pratique, comme un homme de pure race blanche ; mais les bois ont leurs lois particulières. Dieu vous garde, mon ami ! »

A ces mots, il serra cordialement la main de David, et sortit de la hutte avec Uncas.

« Eh bien ! lui dit le Huron qui parlait anglais, du plus loin qu'il l'aperçut, les Mohicans ont-ils peur ? les Hurons entendront-ils ses gémissements ? »

Le Huron attendait une réponse, quand l'ours gronda avec tant de naturel que le jeune Indien tressaillit, en croyant un moment que le conjurateur avait subi une métamorphose véritable. Œil-de-Faucon, craignant de se trahir en répliquant, se borna à remuer les bras en cadence, et à parodier, tant bien que mal, la psalmodie de David. Il avait heureusement affaire à des oreilles peu exercées, et l'étrangeté même de ses criailleries lui donnait de nouveaux droits au respect que les Indiens accordaient à la démence. Ils ne songèrent donc pas à importuner l'insensé. La curiosité les attirait d'ailleurs vers la cabane pour observer l'effet de la sorcellerie.

Retenus par une terreur superstitieuse, les sauvages se groupèrent à la porte de la cabane. L'immobilité de David les empêcha de découvrir la supercherie, et assura la retraite des fugitifs. L'audace même de leur entreprise fut la cause de son succès, et ils avaient déjà atteint la lisière des bois, quand un cri terrible partit de la cabane. Le Mohican se leva, et s'agita dans sa peau d'ours.

« Arrêtez ! ce n'est encore qu'un cri de surprise, » dit Œil-de-Faucon en lui mettant la main sur l'épaule.

Une seconde après, des hurlements prolongés retentirent. Uncas se dépouilla de son déguisement. Œil-de-Faucon lui frappa légèrement sur l'épaule, et prit sa course à travers les taillis. Quelques pas plus loin, il tira des broussailles son tueur de daims et la carabine d'Uncas avec tous leurs accessoires.

« Maintenant, dit-il, que ces diables incarnés nous suivent ! voilà de quoi en tuer deux ! »

Et tenant leurs armes horizontalement, comme des chasseurs au chien d'arrêt, ils disparurent dans les bois.

CHAPITRE XXVII.

L'impatience des sauvages qui cernaient la prison d'Uncas l'avait emporté sur la crainte que leur inspirait le souffle du sorcier. Ils s'étaient glissés, le cœur palpitant, vers une tente que leur signalait la faible clarté du feu. En appliquant l'œil à la crevasse du mur, ils avaient cru d'abord voir le prisonnier ; quand David allongea ses jambes et avança ses pieds enflammés jusque sur les tisons du foyer, ils s'imaginèrent que le Delaware avait été transfiguré par la magie ; mais lorsqu'il tourna la tête de leur côté, et montra sa simple et placide physionomie à la place des traits hautains du captif, leur crédulité eut un terme immédiat. Ils se ruèrent dans la cabane en poussant un cri de vengeance. David crut que sa dernière heure était venue ; privé de sa flûte et de son livre, il fut forcé d'avoir recours à sa mémoire, et entonna un chant funèbre pour charmer les ennuis de son passage dans l'autre monde. Les Indiens, furieux, se rappelèrent à propos sa folie, et le quittèrent pour réveiller tout le village. Aux premiers cris d'alarme, deux cents guerriers furent debout et prêts à combattre. L'évasion fut bientôt connue, et toute la tribu se réunit autour de la chambre du conseil, où l'on remarquait avec surprise l'absence du Renard-Subtil.

Pendant que les vieux chefs délibéraient, plusieurs jeunes gens furent envoyés à la découverte, et chargés de s'assurer si les Delawares, leurs voisins suspects, ne rôdaient pas aux environs. Un de ces détachements ne tarda pas à reparaître, ramenant le pauvre jongleur qu'Œil-de-Faucon avait garrotté.

Quoique les opinions fussent partagées sur le compte du prétendu sorcier, dont la bravoure était reconnue par les uns et contestée par les autres, il fut écouté avec la plus profonde attention, et son récit mit sur la trace de la vérité. Le vieux chef qui avait conduit Duncan près de la malade fournit de nouveaux renseignements ; et, sur ses indications, on nomma une députation des dix chefs les plus sages et les plus résolus pour visiter la caverne.

Quelques jeunes guerriers les précédèrent. Ils s'aventurèrent dans la galerie avec la fermeté d'hommes prêts à se dévouer au bien public, mais en même temps avec la crainte secrète du pouvoir mystérieux qu'ils s'attendaient à combattre. La femme était encore sur son lit, quoiqu'un grand nombre de témoins affirmassent qu'ils l'avaient vu emporter dans les bois par le médecin des hommes blancs. Une contradiction aussi évidente au récit du vieux guerrier attira sur lui tous les yeux. Choqué de ces accusations muettes et intérieurement troublé par une circonstance aussi inexplicable, le vieillard s'avança au chevet de la malade, et la regarda d'un air incrédule.

Elle était morte !

Cédant aux sentiments de la nature, le vieux guerrier se voila la face ; puis, redevenu maître de lui-même, il se tourna vers ses compagnons, et leur dit en leur montrant le cadavre : « La femme de mon jeune homme nous a quittés ! Le grand Esprit est fâché contre ses enfants. »

Cette douloureuse nouvelle fut accueillie par un silence solennel ; l'un des chefs allait le rompre, quand un objet informe roula au milieu de la grotte. L'assemblée recula, effrayée de cette apparition ; mais un cri d'étonnement retentit, quand on eut aperçu les traits défigurés du Renard-Subtil. Plusieurs couteaux furent tirés à la fois pour le délivrer de ses chaînes ; mais le Huron se leva, et se secoua comme un lion qui sort de sa tanière. Sans prononcer une parole, il mit convulsivement la main sur la poignée de son couteau en cherchant une victime dans la foule, avec un raffinement de cruauté qui aurait empêché d'immoler immédiatement Uncas ou le chasseur s'ils eussent été à portée de son bras. Ses dents grincèrent comme des râpes de fer quand il ne vit autour de lui que des figures amies, sur lesquelles il ne pouvait assouvir sa rage. Pour ne pas l'exaspérer, tout le monde garda le silence, et ce ne fut qu'au bout de plusieurs minutes que le plus âgé de la tribu lui dit : « Mon frère a trouvé un ennemi, est-ce près d'ici ? Les Hurons en tireront vengeance. — Que le Delaware meure ! s'écria Magua d'une voix de tonnerre. »

Un silence encore plus long suivit ses paroles. Le vieux chef le rompit en disant : « Le Mohican a les pieds légers, mais mes jeunes gens sont sur sa trace.

— S'est-il enfui ? demanda Magua d'une voix gutturale qui semblait partir du fond de sa poitrine.

— Un mauvais esprit a été parmi nous, et le Delaware a aveuglé nos yeux.

— Un mauvais esprit ! répéta Magua avec ironie ; c'est l'esprit qui a arraché la vie à tant de Hurons, l'esprit qui a tué mes jeunes gens sur le rocher du Glenn, l'esprit qui les a scalpés à la source de Santé, et qui a lié les bras du Renard-Subtil !

— De quoi mon ami parle-t-il ?

— Du chien qui porte le cœur et l'adresse d'un Huron sous une peau blanche de la Longue-Carabine ! »

Ce terrible nom produisit son effet accoutumé ; mais quand les guerriers songèrent que leur formidable ennemi avait eu l'audace de les braver au milieu de leur camp, les passions qui bouleversaient Magua se communiquèrent à ses compagnons. Les uns grincèrent des dents, d'autres poussèrent des cris, et battirent l'air avec autant de fureur que s'ils eussent frappé un être sans vie. Ce soudain accès de colère fit ensuite place à la morne tranquillité que les sauvages affectaient dans leurs moments d'inaction ; le Renard-Subtil, qui avait eu le temps de se calmer, prit un air de dignité conforme aux circonstances, et dit : « Allons retrouver nos compagnons, ils nous attendent. »

On se remit silencieusement en route comme une procession funèbre. Aussitôt qu'on fut assis dans la salle du conseil, tous les yeux se tournèrent vers Magua pour lui demander des explications. Il raconta tout sans détour, et il fut impossible même aux plus superstitieux de la tribu de croire à l'intervention d'une puissance surnaturelle ; il était évident qu'ils avaient été ignominieusement joués par d'insolents ennemis. Quand la relation fut achevée, les auditeurs se regardèrent les uns les autres, également étonnés de l'audace et du succès de leurs adversaires ; plusieurs expédients furent proposés par les vieux chefs, pour venger la tribu outragée, et l'on envoya de nouveaux guerriers à la poursuite des fugitifs. Magua laissa parler les autres chefs, et ne commença à énoncer ses propres opinions que lorsque les coureurs envoyés à la découverte revinrent dire que, d'après les traces observées, leurs ennemis s'étaient réfugiés dans le camp voisin des Delawares.

Quelques chefs proposaient d'aller les reprendre par la force, mais leurs propositions furent combattues par Magua. Après avoir énuméré les différentes occasions dans lesquelles les Hurons avaient montré leur vaillance et en punissant des insultes, il fit un long éloge de la sagesse. Il représenta cette vertu comme le grand point de différence du castor et des autres animaux ; entre les animaux et les hommes, et enfin entre les Hurons et le reste de l'espèce humaine. Après avoir exalté suffisamment la prudence, il montra la nécessité d'en faire usage dans le cas actuel ; d'un côté, dit-il, leur grand-père pâle, le gouvernement des Canadas, était déjà mécontent que les tomahawks de ses enfants fussent si rouges ; de l'autre, il était circonvenu par des nations rivales, qui saisiraient le moindre prétexte pour les perdre dans son esprit. Les Hurons entourés d'ennemis, loin de leurs propres territoires de chasse, se trouvaient dans l'obligation d'étouffer leurs inclinations naturelles, et de prendre conseil de la prudence ; elle seule pouvait leur assurer une victoire complète et définitive.

La harangue du Renard-Subtil fut favorablement accueillie. Les vieillards y applaudirent les premiers ; les jeunes gens, d'abord mécontents de cette politique, furent habilement ramenés par quelques phrases belliqueuses, qu'il eut l'art de glisser dans son discours. La tribu consentit à ne pas recourir aux armes, et à laisser à l'habile chef le soin de diriger l'affaire.

En conséquence, on renvoya les guerriers, en les avertissant qu'on aurait bientôt besoin d'eux ; on enjoignit aux femmes et aux enfants de se retirer en leur recommandant le silence, et des espions reçurent l'ordre d'aller rôder autour du camp des Delawares. Après ces arrangements préliminaires, le Renard-Subtil se retira dans sa hutte. C'était cette habitation solitaire et délabrée, où nous avons vu David, qu'il tolérait auprès de lui avec une dédaigneuse indifférence.

Magua s'était retiré dans cette hutte. Sa femme, qui l'avait abandonné quand il avait été banni, était morte sans lui laisser d'enfants. Il ne recevait la visite de personne. Pendant que ses compagnons dormaient, il veillait, sombre et rêveur. Si on l'avait observé ce soir-là, on l'aurait vu dans un coin de la hutte, où il restait à méditer depuis l'heure de la retraite jusqu'au moment qu'il avait indiqué à ses guerriers pour les rassembler. Par intervalles, le vent soufflait à travers les fentes de la cabane, et la flamme qui papillonnait autour des tisons du feu jetait ses clartés inconstantes sur le sombre reclus. En ce moment on aurait pu le prendre aisément pour le prince des ténèbres méditant la perte des hommes.

Longtemps avant la pointe du jour, les guerriers entrèrent les uns après les autres dans la demeure de Magua. Chacun d'eux avait son fusil et ses armes; mais la peinture de leurs corps n'annonçait que des intentions pacifiques. Lorsqu'ils furent au nombre de vingt, le Renard-Subtil donna le signal du départ. Au lieu de se diriger immédiatement vers le camp des Delawares, il mena sa troupe le long du ruisseau sinueux, et le jour commençait à poindre lorsqu'ils pénétrèrent dans la clairière formée par les castors. Magua, qui avait repris son ancien costume, portait l'image d'un renard sur la peau corroyée de sa robe; mais l'un des chefs qui l'accompagnaient avait adopté le castor comme totem ou symbole particulier. Ce chef aurait cru manquer à ses devoirs en passant devant les animaux dont il se figurait être le parent sans leur accorder une marque d'attention. En conséquence, il s'arrêta et les harangua en déployant autant d'éloquence que s'il se fût adressé à des gens plus intelligents; il appela les castors ses cousins, et prétendit que leur sécurité devait être redevable à sa puissante protection, dans un temps où tant de négociants excitaient les Indiens à détruire ces intéressants quadrupèdes; il promit de leur continuer ses faveurs, et réclama en échange leur reconnaissance; il les invita à la lui témoigner, en lui accordant une partie de la sagesse renommée dont ils étaient doués.

Cette allocution extraordinaire, qui était dans les mœurs indiennes, fut écoutée gravement par toute la troupe. L'apparition de quelques museaux noirs à la surface de l'eau persuada aux Hurons que son discours n'était pas prononcé en vain. La tête d'un gros castor se montra à la porte d'une cabane dont les murs de terre étaient tellement ruinés qu'on l'avait crue d'abord inhabitée. Une pareille preuve de confiance fut accueillie comme un présage des plus favorables; et quoique l'animal se fût retiré avec quelque précipitation, l'orateur n'en fut pas moins prodigue de félicitations et de remerciments.

Lorsque Magua jugea que le guerrier avait consacré assez de temps à ces affections de famille, il donna ordre de se remettre en route. Pendant que les Indiens s'éloignaient d'un pas léger, dont le bruit était à peine saisissable, le même castor à la mine vénérable avança la tête hors de son asile. Si les Hurons s'étaient retournés, ils auraient vu l'intelligente bête suivre leur mouvement avec une sagacité qu'on aurait pu prendre pour de la raison. Ses faits et gestes étaient même tellement remarquables, qu'il eût été impossible de les expliquer avant que toute la troupe eût disparu de la forêt. Alors l'animal tout entier sortit de son repaire, et de son enveloppe de fourrure se dégagèrent les traits graves de Chingachgook.

CHAPITRE XXVIII.

La tribu, ou plutôt la demi-tribu des Delawares, campée dans le voisinage des Hurons, comptait environ autant de guerriers que ce dernier peuple. Alliée de Montcalm, elle avait fait plusieurs fois irruption sur les territoires de chasse des Mohawks; mais elle n'avait point pris part à la récente campagne. Les Français avaient attribué cette défection à différents motifs, dont le plus probable était le respect d'un ancien traité qui plaçait la tribu sous la dépendance des six nations confédérées. Les Delawares s'étaient contentés d'envoyer dire à Montcalm, avec le laconisme indien, que leurs haches étaient émoussées, et qu'il fallait du temps pour les aiguiser. Le politique gouverneur du Canada avait mieux aimé accepter cette vague excuse, et avoir des alliés passifs, que de se faire des ennemis déclarés par une sévérité inopportune.

Le jour de la visite de Magua, le soleil à son lever trouva la tribu delaware aussi activement occupée qu'en plein midi. Les femmes couraient de porte en porte, moins pour préparer le repas du matin que pour échanger des causeries avec leurs compagnes. Les guerriers, errant sur la clairière, se communiquaient leurs pensées réciproques par des phrases courtes, saccadées, mais énergiques. Quelques-uns examinaient leurs armes avec plus d'attention que s'ils eussent dû s'en servir uniquement contre les bêtes fauves. De temps en temps, les regards se tournaient vers une grande et silencieuse cabane, qui paraissait renfermer l'objet de leurs communes pensées.

Cependant un homme parut au bout du plateau du rocher sur lequel était assis le village. Il était sans armes, et sa peinture tendait à tempérer plutôt qu'à accroître la sévérité de ses traits. Les contours musculeux de son corps se dessinaient fortement sur les teintes rougeâtres de l'orient. Quand il fut en vue des Delawares, il leva le bras droit vers les cieux, et le laissa retomber sur sa poitrine. C'était un geste d'amitié, que les habitants du village répétèrent pour engager l'inconnu à s'avancer. Il s'approchait en silence; on n'entendait que le cliquetis des ornements d'argent qui chargeaient ses bras et son cou et le tintement des clochettes qui bordaient ses mocasins de peau de daim. Chemin faisant, il saluait les guerriers, sans faire attention aux femmes, dont il semblait dédaigner de se concilier la faveur. Il s'arrêta près des principaux chefs, qui reconnurent en lui le Renard-Subtil.

L'accueil qu'ils firent au fameux chef huron fut grave et réservé. Les guerriers s'écartèrent pour faire place à leur orateur chaleureux, qui parlait toutes les langues en usage parmi les aborigènes du Nord. Ce Delaware, qu'on appelait le Cœur-Dur, dit dans le dialecte des Maquas :

« Le sage Huron est le bienvenue; il arrive pour manger le pilau de maïs avec ses frères des lacs.

— Oui, dit Magua, et il inclina la tête avec la dignité d'un prince oriental.

L'orateur tendit le bras, et prit son hôte par le poignet en manière de congratulation; puis il invita Magua à prendre le repas du matin. Les deux guerriers, suivis de trois ou quatre vieillards, se rendirent à pas mesurés dans une cabane voisine, laissant le reste de la tribu dévoré du désir d'apprendre les motifs d'une visite si inusitée.

Durant le repas, composé de succatush (mélange de maïs et de pois pilés), la conversation fut extrêmement circonspecte, et ne roula que sur les incidents de la dernière chasse. Il eût été impossible aux hommes les plus civilisés d'affecter plus habilement de considérer la visite de Magua comme une simple démarche de politesse, et cependant tous les assistants savaient parfaitement qu'elle avait un but secret, et probablement important pour eux. Lorsque la faim des convives eut été apaisée, les squaws enlevèrent les plats et les gourdes, et chacun se disposa à exercer la subtilité de son esprit.

« Le visage de mon grand-père Canadien est-il encore détourné de ses enfants Hurons? demanda le Cœur-Dur.

— Quand en a-t-il été détourné? répliqua le Renard; il appelle mes guerriers ses bien-aimés. »

Le Delaware, inclinant la tête, accueillit par un signe d'assentiment une déclaration dont il connaissait la fausseté, et il ajouta :

« Les tomahawks de vos jeunes gens ont été très-rouges !

— Oui, mais ils sont maintenant brillants et émoussés, car les Yenguis sont morts, et les Delawares sont nos voisins. »

Le Cœur-Dur reconnut par un geste de la main ce compliment pacifique, et il resta silencieux. Magua lui dit, comme si cette allusion au massacre lui eût rappelé un souvenir : « Ma prisonnière donne-t-elle de l'embarras à mes frères?

— Elle est la bienvenue.

— Il y a peu de chemin entre les Hurons et les Delawares; si elle donne de l'embarras à mes frères, que l'on la renvoie avec mes squaws.

— Elle est la bienvenue, » répéta le Cœur-Dur avec emphase.

Magua était trompé dans ses espérances, car il avait compté sur le succès de cette première tentative pour reprendre Cora. Dissimulant le dépit que lui causait son échec, il demanda : « Mes jeunes gens laissent-ils aux Delawares assez de terrain pour chasser?

— Les Lenapes sont les maîtres sur leurs collines, répondit le Cœur-Dur avec un peu de hauteur.

— C'est bien; la justice gouverne les hommes rouges. Pourquoi aiguiseraient-ils leurs couteaux les uns contre les autres? N'ont-ils pas assez d'ennemis dans les visages pâles, plus nombreux que les hirondelles pendant la saison des fleurs?

— Bon ! » s'écrièrent à la fois quelques-uns des auditeurs. Pensant avoir apaisé la susceptibilité de ses hôtes, Magua dit après un moment de silence : « N'a-t-on pas vu des mocasins étrangers dans les bois? Mes frères n'ont-ils pas senti la trace des hommes blancs?

— Si mon père du Canada vient ici, répondit évasivement le Cœur-Dur, ses enfants sont prêts à le recevoir.

— Quand le grand chef vient, c'est pour fumer avec les Indiens dans leurs wigwams. Les Hurons lui disent aussi : Sois le bienvenue. Mais les Yenguis ont de longs bras et des jambes infatigables, et mes jeunes gens m'en ont signalé quelques-uns près du village des Delawares.

— Ils ne trouveront pas les Lenapes endormis. »

Magua vit qu'il ne parviendrait pas à tirer du Cœur-Dur un renseignement précis; il changea donc de batteries. « C'est bien, dit-il; le guerrier dont les yeux sont ouverts peut voir son ennemi. J'ai apporté des présents à mon frère; la nation n'a pas jugé à propos de suivre le sentier de la guerre, mais ses amis ne l'ont pas oublié. »

En disant ces mots, il étala aux yeux éblouis des Delawares divers joyaux enlevés aux femmes massacrées après la prise de William Henri; il en fit la distribution, et donna les plus précieux aux chefs supérieurs; il sut consoler par d'habiles compliments les guerriers qui furent moins partagés dans la répartition. Les présents et les flatteries impressionnèrent vivement les Delawares. « Mon frère est un sage chef ! s'écria le Cœur-Dur avec transport.

— Les Hurons sont amis des Delawares, répliqua le Renard-Subtil. Pourquoi ne s'aimeraient-ils pas? Ils ont la même couleur, et chasseront après la mort sur le même territoire. Ils doivent s'entendre contre les blancs qui cherchent à les désunir. Mon frère n'a-t-il pas connaissance d'espions envoyés dans les bois? »

Le Cœur-Dur se relâcha de la rigueur à laquelle il devait probablement son nom, et daigna répondre : « Il y a eu des mocassins étrangers autour de mon camp; ils sont arrivés jusqu'à dans nos cabanes.

— Mon frère les a-t-il chassés? demanda le Renard sans revenir sur le langage équivoque qu'avait tenu le chef.

— Non; l'étranger est toujours le bienvenu parmi les enfants des Lenapes »

— L'étranger, mais non l'espion!

— Les Yengui's emploient-ils des femmes comme espions?

— Oui, il y en avait une parmi ceux qui se sont présentés à nos wigwams; nous ne les avons pas accueillis, et ils se sont réfugiés chez les Delawares; ils se sont dit : « Les Delawares sont amis des Yengui's, puisqu'ils ne marchent plus avec leur père du Canada. »

Ces paroles faisaient allusion à l'inaction des Delawares pendant la dernière campagne. Les chefs de la tribu étaient instruits du mécontentement qu'avait excité leur neutralité; il pouvait leur être d'autant plus préjudiciable, que la plupart de leurs villages se trouvaient dans les limites du territoire français. L'idée d'un dissentiment, présentée à propos par le Renard-Subtil, alarma tous les auditeurs, et le Cœur-Dur s'empressa de répondre :

« Que mon père canadien me regarde en face, il ne verra en moi aucun changement. Si mes jeunes gens n'ont pas marché dans le sentier de la guerre, c'est qu'ils ont eu des songes qui les en ont détournés; mais ils aiment et vénèrent le grand chef blanc.

— Le croira-t-il, quand il apprendra que son grand ennemi est nourri dans le camp de ses enfants? quand on lui dira qu'un sanglant Yengui fume à votre porte; que le meurtrier de ses amis a droit d'aller et de venir au milieu des Delawares? Allez, mon grand-père du Canada n'est pas fou!

— Où est le Yengui que craignent les Delawares? Quel est le meurtrier que nous avons accueilli? quel est le mortel ennemi de mon grand père?

— La Longue-Carabine! »

Les guerriers delawares tressaillirent à ce nom bien connu, et témoignèrent leur surprise en apprenant pour la première fois que le redoutable chasseur était en leur pouvoir.

« Que veut dire mon frère? demanda le Cœur-Dur.

— Un Huron ne ment jamais, répondit froidement Magua; que les Delawares examinent leurs prisonniers, ils en trouveront un dont la peau n'est ni rouge ni blanche. »

Les chefs se consultèrent aussitôt, et dépêchèrent des courriers pour réunir les hommes les plus distingués de la tribu. Chacun d'eux, en arrivant, est instruit de l'importante découverte, et tous témoignèrent leur étonnement par leur exclamation creuse, sourde et gutturale. La nouvelle se propagea de bouche en bouche, et mit tout le camp en rumeur. Les femmes suspendirent leurs travaux; les enfants cessèrent leurs jeux et écoutèrent avec curiosité les conversations animées de leurs pères. Pendant ce tumulte, Magua demeura impassible, la tête appuyée contre le mur de la cabane, et indifférent en apparence à ce qu'on allait décider, quoiqu'il épiât avec soin les moindres gestes de ses hôtes. Il augura favorablement du succès de ses démarches, lorsqu'il entendit le conseil des vieillards convoquer l'assemblée générale de la nation. Ces réunions solennelles n'avaient lieu que dans des circonstances de la plus haute importance.

Il se passa une demi-heure avant que tous les Delawares fussent à leurs places, y compris les femmes et les enfants. L'assemblée, sur laquelle le soleil dardait ses rayons éclatants, se composait d'environ mille individus. Cependant cette multitude attendait tranquillement l'ouverture de la conférence, qui ne pouvait être faite que par les vieillards les plus expérimentés. Aucun jeune ambitieux ne se serait permis d'engager la discussion pour accroître sa renommée. Les enfants eux-mêmes s'abstenaient de tout signe de surprise ou d'impatience. Les vieux guerriers, qui avaient le privilége de prendre la parole, n'avaient pas encore osé aborder un sujet aussi épineux, lorsque trois hommes sortirent d'une cabane qui se distinguait des autres par les soins qu'on avait pris pour la garantir des intempéries des saisons.

Tous trois étaient âgés; mais l'un d'eux surtout avait dépassé les bornes ordinaires de la vie humaine. Sa taille, qui avait été autrefois haute et droite comme celle du cèdre, se courbait sous le poids de plusieurs siècles. Il n'avait plus la démarche légère et élastique d'un Indien, mais il se traînait pas à pas avec effort. Sa figure noire et ridée formait un singulier contraste avec les cheveux blancs qui flottaient sur ses épaules, et dont la longueur semblait annoncer qu'ils n'avaient pas été coupés depuis plusieurs générations.

Le costume de ce patriarche était riche et imposant quoique taillé à la mode simple de la tribu. Sa robe était de peaux chamoisées, sur laquelle était l'image hiéroglyphique de divers faits d'armes du temps passé; son sein était chargé de médailles d'argent et même d'or massif, présents de plusieurs souverains d'Europe; il portait aussi des bracelets et des anneaux d'or au-dessus des chevilles. Sa tête, à laquelle il avait laissé sa parure naturelle après avoir renoncé à la guerre, était entourée d'une espèce de diadème chargé d'une foule de petits ornements, et surmonté de trois plumes d'autruche teintes en noir. Son tomahawk avait un fourreau d'argent, et la poignée de son coutelas ressemblait à une corne d'or. Des dessins compliqués, remarquables par leur élégance, avaient été tracés sur sa peau par l'opération du tatouage.

Un murmure d'émotion et de plaisir accueillit ce vénérable personnage, et le nom de Tamenund vola de bouche en bouche. Magua avait souvent entendu parler de ce sage et juste Delaware, qui jouissait d'une haute réputation, et qui passait même pour avoir des entretiens secrets avec le Grand-Esprit. Les yeux du vieillard étaient fermés comme s'ils eussent été fatigués d'avoir si longtemps assisté au spectacle des passions humaines. Soutenu par ses deux vénérables amis, il alla s'asseoir au milieu de la nation avec la dignité d'un monarque et l'air bienveillant d'un père.

Rien ne peut égaler le respect et l'affection que la tribu témoigna à cet homme, qu'elle voyait rarement, et qui appartenait moins à ce monde qu'à l'autre. Tout le monde se leva; les principaux chefs vinrent prendre les mains du patriarche et les placèrent sur leurs têtes, pour appeler ses bénédictions. Les jeunes gens se contentèrent de toucher sa robe, ou même de se rapprocher de lui afin de respirer le même air qu'un homme aussi distingué par son âge, sa vaillance et sa vertu. Quelques-uns, après avoir reçu les instructions des vieux serviteurs de Tamenund, entrèrent dans la cabane qui avait le matin même attiré tous les regards. Ils en ramènent les individus dont le sort allait se décider. La multitude s'écarta pour les laisser passer, se referma derrière eux, et forma autour du tribunal un large cercle de corps humains.

CHAPITRE XXIX.

Cora marchait en tête des prisonniers. En traversant les rangs des sauvages, elle ne trembla pas pour elle-même; elle n'était occupée que de sa sœur, qu'elle enlaçait tendrement de ses bras. Près d'elle se tenait Heyward, qui, dans ce moment terrible, éprouvait tant d'intérêt pour les deux sœurs, qu'il faisait à peine une distinction en faveur de celle qu'il aimait. OEil-de-Faucon était à quelques pas en arrière par déférence pour ses compagnons, car il n'oubliait pas que, rapprochés de lui par le malheur, ils lui étaient supérieurs par leur position sociale. Le Cerf-Agile n'était pas là.

Lorsque le silence fut rétabli, un des vieux chefs qui était auprès du patriarche, se leva et demanda en anglais :

« Lequel de mes prisonniers est la Longue-Carabine? »

Ni Duncan ni le chasseur ne répondirent. Le premier, cependant, promena ses yeux autour de l'assemblée, et recula en apercevant la hideuse figure du Renard-Subtil. Il devina que l'artificieux Huron n'était pas étranger à ce jugement solennel, et résolut d'apporter tous les obstacles possibles à l'exécution des plans du sauvage. Il craignait qu'OEil-de-Faucon devînt victime d'un de ces châtiments sommaires dont il avait été témoin. Il résolut de sauver à tout prix son ami.

« Lequel de vous, prisonniers, est la Longue-Carabine? répéta le chef d'une voix plus retentissante.

— Donnez-nous des armes, s'écria le major avec hauteur, et placez-nous dans le bois. Nos actions parleront pour nous. »

Le vieux chef regarda Heyward avec l'intérêt qu'excitent toujours les hommes que le mérite ou le hasard, la vertu ou le crime, ont rendus célèbres.

« Voilà le guerrier dont le nom a retenti à nos oreilles! dit-il avec étonnement. Qui a amené l'homme blanc dans le camp des Delawares?

— Le besoin. Je venais chercher un abri, des vivres et des amis.

— C'est invraisemblable. Il ne faut à la tête d'un guerrier d'autre abri qu'un ciel sans nuages. Les bois abondent en gibier; les Delawares sont ennemis et non pas amis des Yenguis. Allez! la bouche a parlé, mais le cœur n'a rien dit. »

Duncan ne savait que répondre; mais le chasseur, qui avait écouté attentivement, s'avança d'un pas ferme et dit : « Si je n'ai pas répondu au nom de la Longue-Carabine, ce n'est ni par honte ni par peur, car ces deux sentiments sont inconnus à un honnête homme. Mais je n'admets pas que les Mingos aient le droit d'ajouter un sobriquet à ceux que je possède. D'ailleurs, c'est un mensonge, car mon tueur de daims, étant un fusil à canon rayé, est très-supérieur à une carabine ordinaire. Quoi qu'il en soit, je suis l'homme qui a reçu de ses parents le nom de Nathaniel, et des Delawares indigènes, la qualification flatteuse d'OEil-de-Faucon; je suis celui que les Iroquois ont jugé à propos d'appeler la Longue-Carabine, sans m'en demander la permission. »

Ceux qui examinaient curieusement le major se tournèrent aussitôt du côté du nouveau prétendant. Il n'était pas extraordinaire que l'honneur de porter un nom célèbre fût réclamé par deux individus; les imposteurs, quoique rares, n'étaient pas inconnus parmi les naturels; mais lequel des deux avait raison? Les chefs se consultèrent, et résolurent d'interroger Magua.

« Mon frère a dit qu'un serpent s'était glissé dans mon camp, reprit le vieux chef. Où est-il? »

Le Huron désigna OEil-de-Faucon.

« Un sage Delaware peut-il s'en rapporter à un loup? s'écria Duncan, plus que jamais déterminé à combattre son ennemi; un chien ne ment point, mais un loup a-t-il jamais dit la vérité? »

Les yeux de Magua dardèrent des flammes; mais il se rappela brusquement qu'il était nécessaire de conserver sa présence d'esprit, et se détourna avec dédain, bien convaincu que la sagacité des Indiens ne manquerait pas d'éclaircir le point litigieux. Il ne fut pas trompé; car, après une courte délibération, le vieux chef exprima l'opinion du conseil.

« Mon frère a été appelé menteur, dit-il, et ses amis sont en colère. Ils prouveront qu'il a dit la vérité. Donnez des fusils à mes prisonniers, et qu'ils prouvent leur adresse! »

Magua s'aperçut que la défiance dont il était l'objet avait fait adopter cette épreuve; mais il eut l'air de la regarder comme dictée par une intention bienveillante. Il fit un geste d'adhésion, on mit des fusils entre les mains des amis rivaux, et on leur ordonna de tirer, par-dessus la tête de la multitude assise, sur un vase de terre qui se trouvait par hasard suspendu à un tronc d'arbre, à plus de cent cinquante pas de la place.

Heyward sourit à l'idée d'entrer en lutte avec l'habile chasseur, mais il voulait gagner du temps pour tâcher de découvrir les desseins de Magua. Il ajusta avec soin, à trois reprises différentes, et fit feu. La balle entama le bois à quelques pouces du vase, et une exclamation générale annonça que son coup était considéré comme une preuve d'adresse supérieure. OEil-de-Faucon lui-même remua la tête comme pour dire que c'était mieux qu'il ne s'y serait attendu; mais, au lieu de chercher à éclipser son compagnon, il resta pendant plus d'une minute appuyé sur sa carabine et complètement absorbé par ses réflexions. Il fut tiré de sa rêverie par un Indien qui lui frappa sur l'épaule en lui disant :

« Le visage pâle peut-il faire mieux? »

— Oui, Huron! s'écria le chasseur en levant sa carabine de la main droite avec autant de facilité qu'un roseau, et le brandissant en face du Renard-Subtil : « Oui, Huron, je pourrais vous tuer; aucune puissance humaine ne m'en empêcherait. Le faucon n'est pas plus maître de la tourterelle que je ne le serais de vous en ce moment, s'il me prenait fantaisie de vous envoyer une balle dans le cœur. Et pourquoi pas?... — Pourquoi? parce que les privilèges de ma couleur me le défendent, et parce que j'attirerais le malheur sur de tendres et innocentes têtes! Si par hasard vous croyez en Dieu, remerciez-le du fond de votre cœur, et vous aurez raison! »

Le visage empourpré, les regards étincelants, les traits bouleversés d'OEil-de-Faucon produisirent une sensation de terreur secrète parmi ceux qui l'entendirent; les Delawares retenaient leur souffle dans l'attente de quelque événement; mais Magua lui-même resta calme, et cerné à sa place par une foule compacte, quoiqu'il se défiât de la longanimité de son ennemi.

« Faites mieux, répéta le jeune Indien.

— Mieux que cela, imbécile! s'écria OEil-de-Faucon en brandissant son arme avec colère au-dessus de sa tête, mais sans songer davantage à Magua.

— Si l'homme blanc est le guerrier qu'il prétend être, qu'il frappe plus près du but. »

Le chasseur partit d'un bruyant éclat de rire qui fit à Heyward l'effet d'un son surnaturel; puis il laissa tomber lourdement son fusil sur sa main gauche, le coup partit comme par l'effet seul de la secousse, et brisa le vase en mille morceaux; presque au même instant on entendit le son cuivré de la carabine que le chasseur jetait dédaigneusement à terre.

La première impression produite par une scène aussi étrange fut une admiration exclusive. Il s'éleva dans la multitude un murmure dont le diapason augmentait par degrés, et qui indiquait une grande diversité d'opinions parmi les spectateurs. Tandis que quelques uns témoignaient ouvertement leur satisfaction, la plus grande partie de la tribu était disposée à croire que le succès de ce coup était dû au hasard. Heyward ne tarda pas à confirmer une opinion si favorable à ses prétentions.

« C'est un hasard, s'écria-t-il; on ne peut attraper un but sans viser.

— Un hasard! dit avec feu le chasseur, qui n'avait pas remarqué les signes que lui faisait Duncan. Ce menteur de Huron s'imagine-t-il aussi que c'est un hasard? Donnez-lui un fusil, placez-nous face à face, et que la Providence décide entre nous. Je vous fais pas cette offre, major, parce que notre sang est de la même couleur, et que nous servons le même maître.

— Vous reconnaissez que le Huron est un menteur, repartit froidement Heyward; or vous l'avez entendu affirmer que vous étiez la Longue-Carabine. »

Il est impossible de dire à quel excès se fût porté OEil-de-Faucon dans sa persistance à revendiquer son identité, si le vieux Delaware n'était intervenu.

« Le faucon qui vient des nuages peut y retourner quand il veut; qu'on leur donne des fusils. »

Cette fois, le chasseur saisit l'arme avec avidité, et Magua, qui l'observait, n'eut aucun motif d'appréhension.

« Maintenant, s'écria le chasseur en frappant sur la crosse du fusil, qu'il soit prouvé à la face des Delawares que l'un de nous est l'homme en question. Vous voyez cette gourde, major, êtes-vous capable de la briser? »

Cette gourde était attachée à la branche morte d'un pin avec une lanière de peau de daim. La distance était de trois cents pieds. Par un étrange sentiment d'amour-propre, Duncan, tout en méprisant les suffrages de ces sauvages arbitres, perdit de vue les motifs de la lutte pour ne songer qu'à s'y distinguer.

On a vu qu'il n'était pas sans habileté dans le maniement des armes, et, résolu d'employer tous ses talents; il n'aurait pas visé avec plus d'attention si sa vie eût dépendu du résultat. Il tira : au bruit de l'explosion, quelques jeunes Indiens s'élancèrent en avant et annoncèrent que la balle était entrée dans le pin, à très peu de distance de la gourde; les guerriers poussèrent un cri de plaisir et se tournèrent d'un air interrogateur vers l'autre concurrent :

« C'est assez bien pour un soldat des troupes royales, dit OEil-de-Faucon avec son rire habituel; mais si mon fusil s'était souvent écarté de la sorte, plus d'une martre dont la peau a servi à faire des manchons serait encore dans les bois, et plus d'un Iroquois qui a réglé son compte définitif continuerait ses diableries. J'espère que le propriétaire de cette gourde en a d'autres dans son wigwam, car celle-ci ne contiendra jamais d'eau. »

Tout en parlant, le chasseur avait visité son amorce et visité son fusil, il éleva lentement en retirant un pied en arrière. Le mouvement était ferme et uniforme, on eût dit que l'homme et le fusil étaient de pierre, lorsqu'un jet de flamme précéda la détonation : les jeunes Indiens coururent au but; mais leurs recherches précipitées et leurs regards de désappointement annoncèrent qu'ils ne trouvaient pas la balle.

« Allons, tu es, un loup sous la peau d'un chien. Je vais parler à la Longue-Carabine des Yengüis.

— Ah! reprit OEil-de-Faucon sans tenir compte du dédain du Delaware, si j'avais l'arme qui m'a valu ce surnom, je m'engagerais à couper la lanière et à faire tomber la gourde sans la briser. — Imbéciles, si vous voulez trouver la balle d'un habile tireur, il faut regarder dans le but et non alentour. »

Les jeunes Indiens comprirent ce qu'il disait, car il s'était énoncé en delaware. Ils enlevèrent la gourde et la montrèrent avec des transports de joie. La balle était entrée par l'orifice supérieur et sortie par le fond. A ce spectacle inattendu, les applaudissements éclatèrent avec véhémence. La question fut tranchée, et OEil-de-Faucon remis en possession de sa dangereuse célébrité.

Les regards d'admiration qui s'étaient dirigés sur Heyward furent acquis exclusivement au chasseur; il devint immédiatement le principal objet de l'attention des êtres simples et naïfs dont il était entouré. Lorsque l'émotion se fut un peu calmée, le vieux chef reprit son interrogatoire.

« Pourquoi, dit-il à Duncan, avez-vous cherché à me boucher mes oreilles? Croyez-vous que les Delawares ne sachent pas distinguer un chant d'une jeune panthère?

— Ils reconnaîtront que le Huron est un oiseau chanteur, dit Duncan essayant d'adopter le langage figuré des naturels.

— C'est bon, nous saurons qui veut nous tromper, frère, ajouta le chef, et se tournant vers Magua : les Delawares vous écoutent. »

Se voyant directement interpellé, le Huron s'avança au milieu du cercle. Avant d'ouvrir la bouche, il fit lentement des yeux le tour de l'enceinte vivante afin de mesurer ses paroles aux dispositions de l'auditoire; il jeta sur OEil-de-Faucon un coup d'œil de respectueuse inimitié, et sur Duncan un regard de haine inextinguible. Il daigna à peine remarquer l'effroi d'Alice qui reculait d'horreur à son aspect; mais il contempla Cora avec une expression indéfinissable; puis, se servant de la langue du Canada, il débuta en ces termes :

« L'Esprit qui a fait les hommes les a colorés diversement. Aux uns, qui sont plus noirs que l'ours, a-t-il dit : Vous serez esclaves et vous travaillerez à jamais comme le castor. Quand souffle le vent du midi, de grands canots les portent en bandes nombreuses le long des rives du grand lac Salé, et vous entendez ces malheureux gémir plus bruyamment que les buffles; leurs maîtres ont la face plus pâle que l'hermine des forêts. Cette race a reçu l'ordre de faire le commerce; ils sont des chiens pour leurs femmes et des loups cruels pour leurs esclaves; ils ont des ailes infatigables, un appétit à dévorer la terre, des langues de chats sauvages, des cœurs de lapins, la ruse du porc-épic, et des bras plus longs que les jambes de l'élan. Avec leur langue ils endorment les Indiens; leur lâcheté les engage à payer des guerriers pour livrer des combats à leur place; leur esprit artificieux leur enseigne les moyens d'accaparer tous les biens de la terre, et leurs bras étreignent le monde depuis les bords de l'eau salée jusqu'aux îles du grand Lac; leur gloutonnerie est insatiable. Dieu leur a donné assez, et ils veulent encore davantage. Tels sont les visages pâles.

— Maintenant, poursuivit Magua en désignant l'astre dont les rayons luttaient avec les brouillards de l'atmosphère, le Grand-Esprit a fait à son image des hommes dont les peaux sont plus rouges et plus brillantes que le soleil. Il leur donna cette île couverte d'arbres et remplie de gibier; les vents leur déblayèrent le terrain; le soleil et la pluie mûrirent leurs fruits; et les neiges vinrent leur signaler les jours de la prière. Y avaient-ils besoin de routes pour voyager, ils savaient franchir les collines. Pendant que le castor travaillait, ils se reposaient à l'ombre et regardaient : les vents les rafraîchissaient en été; les peaux les tenaient chaudement en hiver. S'ils combattaient entre eux, c'était pour prouver qu'ils étaient des hommes; ils étaient braves, ils étaient justes, ils étaient heureux ! » Le Renard-Subtil s'arrêta un moment et remarqua avec joie que ses légendes populaires éveillaient les sympathies des auditeurs, qui semblaient tous disposés à redresser les torts des blancs envers leur race injustement dédaignée.

« Si le Grand-Esprit, ajouta-t-il, donna diverses langues à ses enfants rouges, ce fut pour les mettre à même de se faire entendre de tous les animaux. Il plaça les uns au milieu des neiges avec leur cousin

Évasion d'Alice.

l'ours. Il mit les autres près du soleil couchant sur la route des heureux territoires de chasse. Mais ses enfants de prédilection occupèrent les rivages du lac Salé? Mes frères savent-ils le nom de ce peuple favorisé.

— C'étaient les Lennis-Lenapes ! » s'écria la foule d'une voix empressée.

A ce nom, le vénérable Tamenund, qui jusqu'alors avait à peine donné signe de vie, ouvrit les yeux et regarda la multitude avec une expression vague, comme s'il fût sorti du tombeau. Avec l'aide de ceux qui le soutenaient, il se leva, et son corps tremblant de faiblesse avait encore une dignité imposante.

« Qui parle des Lennis-Lenapes, dit-il d'une voix creuse et gutturale, qui parle des choses passées? Est-ce que l'œuf n'engendre pas un ver, et ce ver un papillon qui meurt? Pourquoi parler aux Delawares de la grandeur qu'ils ont perdue? Mieux vaut remercier le Manitou du peu qui leur est resté.

— C'est un Wyandot, dit Magua en s'avançant vers le vieillard; c'est un ami de Tamenund.

— Un ami, répéta le sage, dont les sourcils se contractèrent avec une partie de la sévérité qui les avait jadis rendus si terribles. Les Iroquois sont-ils les maîtres de la terre? qui amène ici un Huron? que demande-t-il?

— Justice. Ses prisonniers sont avec ses frères, et il vient réclamer son bien. »

Tamenund se pencha vers un de ses compagnons, qui lui expliqua brièvement l'affaire. Après avoir regardé attentivement le suppliant, le patriarche dit à voix basse et avec répugnance :

« La justice est la loi du grand Manitou. Mes enfants, donnez des vivres à l'étranger. Ensuite, Huron, prends ton bien, et va-t-en ! »

Après ce jugement solennel, Tamenund s'assit et ferma les yeux, comme s'il eût préféré les images évoquées par sa vieille expérience aux objets visibles du monde. Aucun Delaware n'aurait eu l'audace de s'opposer à un pareil décret. A peine fut-il prononcé que, sans laisser à Heyward et au chasseur le temps de la résistance, on leur lia les bras avec des courroies. Magua jeta un regard de triomphe sur l'assemblée, et, voyant les deux hommes solidement attachés, il songea à s'assurer de la prise qu'il estimait le plus. L'attitude calme et ferme de Cora le fit reculer. Il se rappela la ruse qu'il avait autrefois pratiquée, et enleva Alice des bras du guerrier qui la soutenait; mais, loin d'obéir à un sentiment naturel, comme il s'y était attendu, la sœur aînée alla se précipiter aux pieds du patriarche.

« Juste et vénérable Delaware, nous implorons ta sagesse et ta puissance; sois sourd à ce monstre artificiel et sans remords qui empoisonne ton oreille de mensonges pour assouvir sa soif de sang. Toi qui as vécu longtemps et qui as vu les maux de ce monde, tu dois savoir comment on peut les adoucir et consoler les malheureux. »

Cora s'était jetée à genoux; ses mains étaient jointes sur sa poitrine, et elle contemplait le vieillard avec une espèce de pieuse vénération. Tamenund ouvrit les yeux pour la regarder, et on y vit briller une lueur de l'intelligence qui, environ un siècle auparavant, communiquait son feu aux nombreuses tribus des Delawares. Le patriarche se leva spontanément, et demanda d'une voix dont la fermeté étonna ses auditeurs : « Qui es-tu?

— Une femme d'une race détestée, si tu veux, une Anglaise; mais une femme qui implore du secours, et qui n'a jamais fait de mal à ton peuple.

— Dites-moi, mes enfants, ajouta le patriarche, où les Delawares sont-ils campés?

— Dans les montagnes des Iroquois, au delà des sources du lac Horican.

— Plusieurs étés se sont passés, poursuivit le sage, depuis que j'ai bu les eaux de ma rivière natale. Les enfants de William Penn sont les plus justes des hommes blancs ; mais ils avaient soif, ils ont pris notre rivière pour eux. Pourquoi nous suivent-ils aussi loin?

— Nous ne suivons personne, nous ne demandons rien, répondit Cora. Captives contre notre volonté, nous avons été amenées parmi vous; et tout ce que nous désirons, c'est de pouvoir partir en paix. N'es-tu pas Tamenund, le père, le juge, je dirais presque le prophète de ce peuple?

— Je suis Tamenund des anciens jours.

— Il y a maintenant sept ans qu'un homme de ta tribu était à la merci d'un chef blanc, sur les frontières de cette province. Il se réclama de la famille du bon et juste Tamenund; et l'homme blanc lui dit : Tu es libre. Vous rappelez-vous le nom de ce guerrier anglais? »

La mémoire du centenaire se reportait principalement vers ses plus jeunes années; il répondit :

« Je me rappelle que lorsque j'étais enfant, en jouant sur les sables du rivage, je vis venir du côté du soleil levant un grand canot qui

— Vous voyez là-bas, à trois cents pieds, la gourde pendue à cette branche morte, dit Œil-de-Faucon; elle ne tiendra plus désormais d'eau.

avait des ailes plus blanches que celles du cygne et plus larges que celles des aigles....

— Non, non, je ne parle d'un temps moins éloigné, dont tes plus jeunes guerriers peuvent se souvenir. Etait-ce lorsque les Anglais et les Hollandais se disputaient les territoires de chasse des Delawares? Alors Tamenund était un chef puissant, et pour la première il déposa son arc pour s'armer du tonnerre des blancs.

— Ce n'est pas encore cela, interrompit Cora. Je parle d'une chose d'hier.

— Hier, reprit le vieillard, les enfants des Lénapes étaient maîtres du monde : les poissons du lac Salé, les oiseaux, les bêtes fauves, les reconnaissaient pour Sagamores. »

Cora vit qu'il était impossible de réveiller chez le patriarche des souvenirs plus récents. Cependant elle tenta encore un dernier effort, et, avec une voix qui n'était pas moins pénétrante que celle du centenaire, elle lui demanda :

« Tamenund est-il père ? »

L'enfant revint tout triomphant avec les deux fusils.

Le vieillard lui accorda un sourire de bienveillance, et, jetant les yeux sur la foule qui l'environnait, il répondit :

« Oui, je suis père d'une nation. »

Cora laissa tomber sa tête sur son sein, les longues tresses de ses cheveux d'un noir lustré cachèrent ses joues brûlantes. « La malédiction de mes aïeux, dit-elle, est retombée lourdement sur leurs enfants ; mais je ne demande rien pour moi ; je veux seulement sauver la fille d'un homme dont les jours sont près de leur terme ; elle a de nombreux amis ; elle est digne de leur affection, et ne mérite pas d'être la victime du Renard-Subtil.

— Je sais, reprit le vieillard, que les visages pâles sont une race fière et avide et qu'ils prétendent que le moindre d'entre eux vaut mieux que les sachems des peaux rouges ; les chiens et les corbeaux de leur tribu ne voudraient pas prendre une femme dont le teint ne serait pas de la couleur de la neige. »

A ces mots, Cora, accablée de honte, baissa tristement la tête ; mais, sans y faire attention, Tamenund poursuivit en ces termes :

« Oui, je connais l'orgueil des visages pâles ; mais que leur forfanterie n'allume pas la colère du Manitou ; ils sont entrés dans ce pays avec l'aurore, ils peuvent en sortir avec le coucher du soleil.

» J'ai souvent vu les sauterelles dévorer les feuilles des arbres, et, malgré elles, la saison des feuilles est toujours revenue. »

Cora releva la tête ; elle rejeta en arrière les cheveux qui lui voilaient la face, et l'éclat de ses yeux contrasta avec la pâleur de son visage.

« Tout n'est pas fini, dit-elle, il y a encore un prisonnier de ton peuple qui n'a pas encore été amené devant toi ; fais-le venir avant de laisser partir ce Huron. »

Un des compagnons de Tamenund, remarquant qu'il hésitait, lui répondit : « C'est un serpent, une peau rouge à la solde des Yengnis, nous l'avons réservé pour la torture.

— Qu'il vienne, » répliqua le sage.

Tamenund retomba affaissé sur son siége, et pendant que les jeunes guerriers se préparaient à exécuter ses ordres, il y eut un silence si profond qu'on entendait le bruissement des feuilles agitées par le vent du matin.

CHAPITRE XXX.

La foule s'ouvrit pour livrer passage à Uncas, et ne put se défendre d'une certaine admiration en voyant les formes sveltes et irréprochables du captif. A son aspect, les yeux de Tamenund devinrent fixes comme s'ils eussent oublié tout autre objet, et il lui demanda : « Dans quelle langue le prisonnier parle-t-il au Manitou ?

— Dans celle de mes pères, » répondit le Cerf-Agile, dans la langue des Delawares. »

A cette déclaration soudaine, la multitude fit entendre un cri ressemblant au rugissement du lion dont la colère s'éveille ; et le patriarche, se voilant les yeux avec la main, s'écria d'une voix courroucée :

« Quoi ! c'est un Delaware qui sert d'espion aux Anglais ! J'ai assez vécu pour voir les tribus des Lénapes chassés de leurs foyers, se répandre, comme des troupeaux de daims dispersés, sur les collines des Iroquois. J'ai vu la hache de l'étranger déraciner les arbres que les vents du ciel avaient épargnés ; mais je n'avais jamais vu un Delaware assez vil pour se glisser comme un serpent venimeux dans les camps de sa nation.

— Les oiseaux chanteurs ont fait entendre leur voix, reprit Uncas, et Tamenund les a écoutés. »

Le sage tressaillit et inclina la tête, comme pour recueillir les vagues accords de quelque mélodie passagère.

« Tamenund rêve-t-il ? Quelle voix résonne à son oreille ; les hivers s'en sont-ils allés, l'été revient-il pour les enfants des Lénapes ? »

Ces mots incohérents du prophète delaware furent accueillis de la foule par un silence respectueux et considérés comme le fruit d'une de ces mystérieuses conférences qu'il avait avec une intelligence supérieure. Voyant qu'il perdait de vue le sujet de la discussion, l'un des vieux chefs prit sur lui de le lui rappeler.

« Le faux Delaware, dit-il, tremble d'entendre les paroles de Tamenund. C'est un limier qui hurle quand les Yenguis lui montrent la piste. — Et vous, reprit Uncas d'un ton sévère, vous êtes des chiens qui aboient quand le Français vous jette la curée de son daim. »

Cette repartie mordante, et peut-être méritée, exaspéra les guerriers ; ils firent luire leurs couteaux dans l'air ; mais un geste de Tamenund suffit pour rétablir la tranquillité.

Mort de Magua, le *Renard-Subtil*.

« Delaware, reprit le prophète, tu n'es pas digne de ton nom ; il y a plusieurs hivers que mon peuple n'a vu les rayons d'un soleil brillant, et lorsque les nuages obscurcissent le ciel, le guerrier qui abandonne sa tribu est doublement traître ; la loi du Manitou est juste et le sera tant que les rivières poursuivront leur cours, tant que les fleurs naîtront sur les arbres, appliquez-la à ce misérable. » Dès que cette sentence fut sortie de la bouche de Tamenund, un cri de vengeance éclata de toutes parts. La voix d'un chef dominant les hurlements de la foule annonça que le captif était condamné à subir la torture par le feu. Heyward se débattit entre les mains de ses gardiens et

Cora se jeta de nouveau aux pieds du patriarche. Le Cerf-Agile conserva seul son sang-froid. L'un des Indiens, plus cruel que ses compagnons, lui arracha sa blouse de chasse et se mit en devoir de l'entraîner vers le poteau fatal : mais tout à coup il parut pétrifié d'étonnement, ses yeux sortirent de leurs orbites ; sa bouche s'ouvrit, et, levant lentement la main, il indiqua du doigt la poitrine du condamné.

Toute la tribu se groupa autour d'Uncas et examina avec curiosité l'image d'une petite tortue tatouée en bleu avec un art merveilleux.

Le Cerf-Agile jouit un instant de son triomphe, il fit un geste du bras pour écarter la foule, s'avança avec la démarche imposante d'un souverain et dit d'une voix éclatante :

« Hommes de Lenni Lénapes, ma race soutient la terre, votre faible tribu repose sur mon écaille, le feu qu'un Delaware allumerait ne pourrait brûler l'enfant de ma race ; mon sang en éteindrait les flammes, car ma race est la mère des nations.

— Qui es-tu ? demanda Tamenund.

— Uncas, le fils du Gros-Serpent, le descendant de la grande Unamis, la tortue céleste.

— L'heure de Tamenund est proche, s'écria le prophète, la nuit peut venir, et je remercie le Manitou de m'avoir envoyé quelqu'un pour remplir ma place au feu du conseil. Uncas est retrouvé, que les yeux de l'aigle mourant puissent se fixer sur le soleil qui se lève. »

Uncas s'avança fièrement sur la plate-forme sur laquelle était assis le vieillard, qui parut après l'avoir observé avec attention :

« Tamenund est-il revenu aux jours de sa jeunesse ? ai-je rêvé si longtemps que mon peuple était dispersé comme le sable mouvant, ma flèche n'est pas capable d'effrayer une biche ; mon bras est flétri comme la branche du vieux chêne ; l'escargot me dépasserait à la course, et pourtant Uncas est devant moi tel que j'ai vu ses aïeux pendant la bataille. C'est bien lui l'honneur de sa tribu, le fils aîné des Lénapes, le plus sage Sagamore des Mohicans ! Dites-moi, Delaware, est-ce que Tamenund a dormi pendant cent hivers ? »

Personne ne répondit à cette allocution, excepté Uncas qui contemplait le saint vieillard avec la tendresse et la vénération d'un enfant favori.

« Quatre guerriers de ma race, dit-il, sont morts depuis que Tamenund a conduit sa nation au combat. Chingachgook et son fils sont les seuls qui restent du sang de la tortue.

— Mais pourquoi, reprit Tamenund, ne sont-ils pas venus prendre place autour du feu du conseil ? »

A ces mots, le jeune homme releva la tête, qu'il tenait inclinée par respect, et il expliqua ainsi la politique qu'avait suivie sa famille.

« Nous étions les maîtres et les Sagamores de la contrée ; mais les hommes blancs nous en chassèrent ; nous allâmes nous établir avec quelques guerriers sur les bords de notre rivière natale, et mes pères me dirent : C'est ici que nous chasserons.

» Ceux qui nous suivirent refusèrent d'aller plus loin, parce qu'ils n'avaient pas voulu s'éloigner des bords du grand lac Salé, sur lesquels nous avions été autrefois établis. Si les Mohicans, dirent-ils, vont vers le soleil couchant, ils y trouveront des sources d'eaux douces qui les feront mourir comme le poisson de la mer ; attendons que le Manitou ait prononcé, et, en descendant notre rivière jusqu'au lac Salé, nous reprendrons notre territoire ; telle est, Delawares, la croyance des enfants de la tortue.

La tribu parut satisfaite de l'explication du jeune Sagamore. Celui-ci, en promenant les yeux autour de lui pour examiner l'effet qu'il avait produit, aperçut Œil-de-Faucon enchaîné ; il se dirigea aussitôt vers son ami, tira son couteau pour couper les liens qui le retenaient, et, après l'avoir délivré, le conduisit aux pieds du vénérable patriarche.

« Mon père, dit-il, regardez ce visage pâle : c'est un homme juste, un ami des Delawares, célèbre parmi les Yengais et redouté des Maquas.

— Quel est son nom ?

— Nous l'appelons Œil-de-Faucon, car sa vue ne s'égare jamais. Pour les Mingos, auxquels il donne la mort, c'est la Longue-Carabine.

— La Longue-Carabine ! Mon fils a eu tort de le prendre pour ami, car il a tué un grand nombre de nos jeunes guerriers.

— Si un Mingo vous a dit cela, s'écria le chasseur, il a prouvé qu'il n'était qu'un oiseau chanteur. J'ai déconfit une grande quantité d'Iroquois, et je ne suis pas homme à le nier ; mais jamais je n'ai porté sciemment la main sur un Delaware, car j'aime et j'honore votre nation. »

Les guerriers applaudirent et échangèrent entre eux des regards, comme des hommes qui s'aperçoivent qu'on les a trompés.

« Où est le Huron ? » demanda Tamenund.

Le Renard-Subtil, qui avait souffert pendant le triomphe d'Uncas tous les tourments de l'envie et de la haine, s'approcha hardiment du patriarche, qui se détourna avec dédain, pour reporter la vue sur les traits d'Uncas.

« Dites-moi, mon fils, reprit le sage, ce Huron a-t-il sur vous les droits d'un vainqueur ?

— Nullement. La panthère peut tomber dans les pièges tendus par les femmes ; mais elle a des forces, et sait briser ses chaînes.

— Et sur la Longue-Carabine ?

— Pas davantage ! Mon ami se rit des Mingos. L'étranger et la fille blanche, qui nous ont demandé asile, sont également à l'abri des poursuites du Renard.

— Et la femme qu'il a amenée dans mon camp ?

— Elle est à moi ! s'écria Magua en agitant triomphalement la main. Mohican, vous savez qu'elle est à moi !

— Mon fils, garde le silence, dit Tamenund, en essayant de lire sur les traits du jeune homme accablé de douleur.

— Il a dit vrai, » murmura Uncas anéanti.

La foule parut partager le sentiment du fils d'Unamis, et admettre avec répugnance la légitimité de la réclamation du Mingo. Enfin le sage, dont la décision était souveraine, dit d'une voix ferme :

« Huron, va-t'en !

— Comme je suis venu, juste Tamenund, ou les mains pleines de la bonne foi des Delawares ? Le wigwam du Renard-Subtil est vide. Garnissez-le de son bien. »

Le centenaire rêva quelque temps, et, inclinant la tête vers un de ses compagnons, il demanda :

« Mes oreilles sont-elles ouvertes ?

— Oui.

— Ce Mingo est-il chef ?

— Le premier de sa nation.

— Jeune fille, que veux-tu ? Un grand guerrier te prend pour femme. Ta race n'aura pas de fin.

— Qu'elle s'éteigne plutôt mille fois, s'écria Cora frappée d'horreur, que de subir une pareille dégradation !

— Huron, un esprit est dans les tentes de ses pères. Une fille contrainte rend un wigwam malheureux.

— Elle parle avec la langue de son peuple, répondit Magua, regardant sa victime avec une amère ironie ; elle est d'une race de commerçants, et elle marchande un sourire. Que Tamenund prononce son arrêt !

— Veux-tu des colliers de wampums et notre amitié ?

— Non ! rien que ce que j'ai amené ici.

— Eh bien donc ! pars avec ton bien ; le grand Manitou défend à un Delaware d'être injuste. »

Magua saisit aussitôt sa captive par le bras ; les Delawares reculèrent ; et Cora, comprenant que toute représentation serait inutile, se prépara à subir son sort en silence.

« Arrêtez ! arrêtez ! s'écria Duncan, Huron, aie pitié de nous ! Sa rançon te rendra plus riche que ne le fut jamais un homme de ta tribu.

— Le Renard-Subtil est une peau rouge ; il n'a pas de la monnaie des visages pâles.

— De l'or, de l'argent, du plomb, de la poudre, tout ce dont un guerrier a besoin, tout ce qui convient au plus grand chef abondera dans son wigwam.

— Le Renard-Subtil a ce qu'il lui faut, sa vengeance.

— Dieu tout-puissant ! s'écria Heyward en joignant les mains avec désespoir, serait-il possible que Cora lui fût abandonnée ? Juste Tamenund, j'en appelle à votre miséricorde. »

Le centenaire, fatigué de ses efforts de corps et d'esprit, ferma les yeux, et dit : « J'ai prononcé ; les hommes n'ont pas deux paroles.

— Ils ont raison, dit Œil-de-Faucon ; mais ils devraient y regarder à deux fois avant de laisser tomber un tomahawk sur la tête d'un prisonnier. Huron, je ne vous aime pas. Je ne puis dire que j'aie jamais accordé trop de faveurs à un Mingo. On peut en conclure que, si cette guerre ne finit pas bientôt, vos guerriers me rencontreront encore dans les bois. Réfléchissez là-dessus, et voyez si vous aimez mieux emmener dans votre camp une faible femme comme elle, ou un guerrier que votre nation sera charmée de voir les mains vides.

— La Longue-Carabine donne-t-il sa vie pour une femme ? demanda Magua, qui avait déjà fait un mouvement pour s'éloigner et qui s'arrêta avec hésitation.

— Non, non ! je n'en ai pas tant dit, reprit Œil-de-Faucon. La meilleure femme du monde ne vaut pas un guerrier dans la force de l'âge. Je consens seulement à entrer en quartier d'hiver presque jusqu'au retour des feuilles, à condition que vous relâcherez la jeune fille. »

Magua fit un geste d'impatience et de dénégation.

« Eh bien ! ajouta Œil-de-Faucon d'un air rêveur, je donnerai mon tueur de daims par-dessus le marché ; croyez à un chasseur expérimenté, c'est une arme qui n'a pas son égale en Amérique. »

Magua dédaigna de répondre, il fit des efforts pour disperser la foule qui s'opposait passivement à son passage.

« Peut-être, ajouta le chasseur, dont l'animation croissait en raison de l'indifférence du Huron, si m'engagiez à exercer vos jeunes guerriers au maniement de cette arme, vous seriez plus accommodant. »

Le Renard ordonna fièrement de s'écarter aux Delawares qui l'environnaient d'une impénétrable ceinture, dans l'espoir de le voir accepter un arrangement à l'amiable. Œil-de-Faucon regarda Uncas triste et humilié.

« Ce qui est ordonné doit arriver tôt ou tard, dit-il, le misérable connaît ses avantages, et il en profite. Dieu vous garde, mon enfant ! vous avez retrouvé des amis de votre race, et j'espère qu'ils vous seront aussi fidèles que ceux que vous avez eus parmi des hommes de sang européen sans mélange. Quant à moi, je dois mourir un jour ou l'autre, et je ne laisserai pas beaucoup d'amis pour me pleurer. Après tout, il est vraisemblable que les Iroquois auraient réussi à me scalper, et quelques jours ne font pas une grande différence dans le compte éternel du temps. Uncas, je vous ai aimé, j'ai aimé votre père, quoique nous ne soyons pas de la même couleur et que nos idoles soient un peu différentes. Dites au Sagamore que je songe toujours à lui. et pensez à moi vous-même quelquefois. Nous nous reverrons, car, qu'il y ait un paradis ou deux, on doit trouver dans l'autre monde un sentier où les honnêtes gens se rencontrent. Vous trouverez la carabine à la place où nous l'avons cachée; prenez-la, gardez-la pour l'amour de moi, et comme vos préjugés ne vous interdisent pas la vengeance, faites-en largement usage contre les Mingos. C'est le moyen d'alléger le regret de ma perte et de tranquilliser votre esprit. Huron, j'accepte votre offre : relâchez la femme, je suis votre prisonnier. »

Cette généreuse proposition excita l'enthousiasme des Delawares. Magua hésita; mais, jetant sur Cora un regard où se mêlaient étrangement l'admiration et la férocité, il dit d'une voix ferme : « Le Renard-Subtil est un grand chef; il n'a qu'une résolution. Allons, un Huron ne babille pas; mettons-nous en route ! »

La jeune fille, sur l'épaule de laquelle il avait posé la main, recula avec indignation, et le sang lui monta au visage. « N'usez pas de violence envers moi, dit-elle; je vous suivrai quand il le faudra, même à la mort. Quant à vous, généreux chasseur, je vous remercie de toute mon âme. Votre offre était inacceptable, mais vous pouvez m'être plus utile encore que si vous aviez réalisé votre noble sacrifice. Regardez ma pauvre sœur ! Ne l'abandonnez pas avant de l'avoir mise en sûreté; je ne vous dirai pas que mon père vous récompensera, car vous êtes au-dessus des récompenses des hommes; mais il vous remerciera, il vous bénira ! Et, croyez-moi, la bénédiction d'un vieillard à une vertu aux yeux du Tout-Puissant ! Plût à Dieu qu'il me fût possible de la recevoir en ce moment suprême. »

Après avoir serré la rude main du chasseur, Cora se tourna vers Duncan, qui soutenait dans ses bras Alice inanimée : « Pour vous, dit-elle, je n'ai pas besoin de vous recommander le trésor que vous possédez. Vous l'aimez, Heyward, elle est bonne, elle est douce, elle est belle, bien belle !... »

Sa voix devint entrecoupée; elle écarta d'une main les cheveux dorés qui ombrageaient les tempes d'Alice, et lui donna un long et brûlant baiser. Les traits de la captive étaient livides; ses yeux, brillant d'une animation fiévreuse, ne laissaient échapper aucune larme. Reprenant soudain toute sa dignité, elle dit au Renard-Subtil : « Maintenant je suis prête à partir !

— Oui, pars, Magua ! s'écria Duncan, en confiant Alice à une jeune Indienne. Les Delawares ont des lois qui les empêchent de te retenir; mais moi, rien ne m'arrête !... Pars, misérable, pourquoi tardes-tu ? »

Cette menace causa à Magua une joie qu'il ne put d'abord réprimer, mais qu'il dissimula bientôt sous un air de froideur.

— Les bois sont ouverts, dit-il; la Main-Ouverte peut venir.

— Gardez-vous-en bien ! s'écria Œil-de-Faucon en retenant violemment le major; vous ne connaissez pas encore l'astuce de ce démon : il vous ferait tomber dans une embuscade, et votre perte serait certaine !

Uncas, soumis aux coutumes sévères de sa nation, avait écouté sans mot dire. Mais, quand il vit la foule s'écarter pour livrer passage à Magua, il s'écria : « Huron, la justice des Delawares vient du Manitou. Regardez le soleil ! Il est maintenant au niveau des cygnes; quand il s'élèvera au-dessus des arbres, il y aura des hommes sur vos pas.

— J'entends un corbeau, dit Magua avec un rire de défi. Des jupons pour les Delawares! Qu'ils donnent leurs haches et leurs fusils aux Wyandests, et se contentent de faire la cuisine et de labourer la terre ! Chiens, lapins, voleurs, je vous crache au visage !

CHAPITRE XXXI.

Ces adieux insultants furent écoutés en silence. Protégé par les lois inviolables de l'hospitalité indienne, le Renard-Subtil put s'éloigner avec sa captive; mais, dès qu'il eut disparu, la multitude sortit de sa stupeur, et ressembla à une ruche d'abeilles attaquée par un ennemi. Tamenund fut reconduit dans son wigwam, et les femmes et les enfants reçurent l'ordre de rentrer. Le Cerf-Agile, monté sur un tertre, suivit des yeux Cora tant qu'il put l'apercevoir à travers les feuillages, puis il rentra dans la cabane qui lui était destinée. Quelques guerriers, qui remarquèrent son air de colère, le suivirent dans sa retraite. L'un d'eux ne tarda pas à en sortir, et, marchant gravement vers un jeune pin qui croissait entre les fentes des rochers, il en tira un morceau de l'écorce. Un autre acheva d'en dépouiller le tronc; un troisième le teignit de raies d'un rouge foncé. Ces premières démonstrations d'une guerre prochaine furent accueillies par les assistants en un sombre silence. Le jeune Mohican, demi-nu, la figure bigarrée de lignes noires, sortit de sa cabane, s'avança lentement vers le pilier, commença à en faire le tour à pas mesurés, en chantant la chanson de guerre. Ce chant bizarre avait des notes mélancoliques qui atteignaient la plus haute élévation de la voix humaine et par de brusques et saisissantes transitions, il descendait aux sons les plus bas de l'échelle diatonique. Les paroles disaient :

Manitou, grand Manitou,
Toi seul es bon, juste et sage;
Manitou, grand Manitou,
Ton pouvoir s'étend partout.

Je vois dans les cieux, là-bas,
Des taches de noir présage;
Les ombres qu'on voit là-bas
Sont le signal des combats.

Que votre cri de fureur,
Guerriers, dans les bois résonne !
Que votre cri de fureur
Porte aux Hurons la terreur !

Manitou, ton bras puissant
Jamais ne nous abandonne;
Manitou, ton bras puissant
Nous guide au chemin du sang !

La fin de la première stance fut prononcée d'un ton solennel qui peignait la vénération; les intonations qui accompagnaient la seconde exprimaient le trouble et l'inquiétude. A la troisième, les guerriers en chœur firent éclater le terrible cri de guerre, sorte de résumé de tous les bruits effrayants des combats. A la dernière strophe, la voix d'Uncas fut humble et suppliante; il répéta trois fois le chant en dansant autour de l'arbre, et les plus fameux guerriers se joignirent successivement à lui pour imiter ses mouvements et redire ses paroles. Uncas mit un terme à cette bizarre cérémonie en enfonçant son tomahawk dans l'arbre dépouillé d'écorce, et en faisant entendre une exclamation qu'on pouvait appeler son cri de guerre particulier. Il annonçait par là qu'il se réservait le commandement de l'expédition projetée. Aussitôt les jeunes gens, retenus jusqu'alors par une timidité naturelle, se ruèrent sur le tronc de l'arbre, symbole de leurs ennemis, et le mirent en pièces avec rage à coups de haches, de couteaux et de tomahawks. Le Cerf-Agile, qui avait les yeux fixés sur le soleil, interrompit ces jeux barbares en annonçant que la trêve accordée à Magua était expirée.

A l'instant même cette multitude effrénée redevint aussi calme que si elle eût été incapable d'émotions; mais le silence fut troublé de nouveau par les femmes, qui sortirent de leurs cabanes pour aller cacher dans les bois les plus précieux objets de leur mobilier, ou pour y conduire les enfants, les vieillards et les malades. La troupe féminine psalmodiait des chansons et des complaintes, où il se mêlait si bizarrement, qu'il eût été difficile de décider si la joie ou la douleur prédominait. Tamenund se retira aussi dans la forêt, et Duncan s'occupa de mettre Alice en sûreté.

Œil-de-Faucon était trop habitué aux allures des naturels pour s'intéresser à leurs préparatifs de guerre. Il ne songeait qu'à reprendre son tueur de daims et le fusil d'Uncas qu'il avait cachés avant d'entrer dans le camp des Delawares. Devinant que les Hurons étaient en embuscade dans les bois, il envoya chercher ces armes par un enfant, messager peu susceptible d'éveiller les soupçons. Fier d'une pareille confiance et brûlant de se signaler, le jeune Delaware entra hardiment dans la forêt, se glissa comme un serpent sous les broussailles, et reparut peu de temps après portant un fusil dans chaque main. Parvenu au bas du plateau de rochers sur lequel s'élevait le village, il gravissait l'escarpement avec une merveilleuse agilité, lorsque deux coups de feu partirent tour à tour des bois. L'enfant y répondit par un cri de bravade, et vint tout triomphant déposer son fardeau aux pieds d'Œil-de-Faucon. Celui-ci saisit avec empressement son tueur de daims, ouvrit, et referma une dizaine de fois le bassinet, fit sur la platine plusieurs expériences non moins importantes; puis, d'un air d'intérêt, il demanda à l'enfant s'il était blessé. Le jeune gars le regarda fièrement en face, mais il ne répondit pas.

« Ah! ah! dit le chasseur en prenant le bras droit du blessé, je vois que les pendants vous ont entamé la chair; avec une cataplasme de feuilles d'aune, vous serez bientôt guéri; j'y joindrai un chapelet de wampums... Vous débutez de bonne heure, mon brave enfant, et vous emporterez sans doute au tombeau plus d'une honorable cicatrice. Je connais des jeunes gens qui ont conquis des chevelures sans porter d'aussi honorables marques. Allez, vous serez un grand chef ! »

L'enfant s'éloigna plus fier de son sang qui coulait que le plus vain courtisan aurait pu l'être d'un ruban, et il se mêla à la foule de ses compagnons, qui le contemplaient d'un œil d'admiration et d'envie.

Cet incident avait appris aux Delawares la position de l'ennemi. Quelques éclaireurs lancèrent dans les bois pour le déloger, mais il s'était déjà retiré. Cependant, Uncas réunit les chefs et distribua les commandements. Il plaça vingt hommes résolus sous les ordres d'Œil-de-Faucon, et en confia autant au major; mais ce dernier refusa tant d'honneur et déclara qu'il voulait servir comme volontaire à côté du chasseur. Les forces de la petite armée s'élevaient à plus de deux cents hommes.

Au signal donné par Uncas, on se mit en marche, et l'on rejoignit les éclaireurs sans rencontrer le moindre obstacle. On s'arrêta alors pour tenir conseil. Uncas, inquiet des dangers que courait Cora, était d'avis d'attaquer immédiatement; mais cette proposition était contraire aux usages de ses compatriotes, et l'opinion générale le condamna à la prudence. Pendant qu'on délibérait, on vit venir du côté de l'ennemi un homme qui s'approchait à pas précipités. Comme on remarquait de l'incertitude dans sa marche, on le prit pour un espion, et le Mohican dit à voix basse : « OEil-de-Faucon, il ne faut pas qu'il aille faire son rapport aux Hurons.

— Son heure est venue, » dit le laconique chasseur en passant à travers les feuilles le long canon de sa carabine. Il coucha en joue l'étranger ; mais au moment de lâcher la détente, il abaissa son arme et s'adonna à un accès de son hilarité particulière.

« Aussi vrai que je suis un pécheur, dit-il, j'ai pris mon individu pour un Iroquois ; mais pendant que je le visais, j'ai reconnu le nommé David la Gamme, dont la mort ne peut profiter à personne, et dont la vie peut nous être de quelque utilité. Si ma voix n'a pas perdu sa qualité, je vais avoir avec cet honnête homme un entretien qu'il trouvera beaucoup plus agréable que la conversation du tueur de daims! »

À ces mots, OEil-de-Faucon mit de côté son arme, et, rampant à travers les broussailles, il arriva à portée de voix de David. Il se mit alors à répéter l'exercice musical qu'il avait pratiqué avec tant de succès et d'éclat dans le camp des Hurons. Les oreilles délicates de La Gamme reconnurent aisément les sons ; et il eût d'ailleurs été difficile à un autre qu'OEil-de-Faucon d'en produire de semblables. Le pauvre chanteur parut soulagé d'un grand embarras, et, marchant dans la direction de la voix, il eut bientôt découvert le paroëlste caché.

« Eh bien ! quelle nouvelle ? » lui dit celui-ci en le conduisant vers Uncas.

David fut d'abord un peu effrayé par la mine sauvage des chefs ; mais, rassuré à la vue de figures de connaissance, il répondit : « Les païens sont cachés dans la forêt entre ce lieu et le village, et je suppose qu'ils ont de mauvaises intentions. Ils ont fait un tel vacarme depuis une heure, que je me suis réfugié chez les Delawares pour y chercher la paix.

— Vos oreilles n'auraient pas mieux été régalées si vous étiez arrivé un peu plus tôt. Que fait le Renard Subtil ?

— Il est avec eux. Il s'est mis comme un enragé à la tête de ces sauvages et a laissé Cora dans la caverne.

— C'est bon à savoir, interrompit Heyward ; ne peut-on faire quelque chose pour lui porter secours ? »

Uncas regarda le chasseur avec anxiété en lui demandant : « Que dit OEil-de-Faucon ?

— Donnez-moi vingt hommes ; je descendrai le ruisseau, je prendrai en passant le Sagamore et le colonel. Vous entendrez alors de ce côté le cri de guerre que le vent vous apportera. Alors, Uncas, attaquez-les en face, et, quand ils seront à portée de nos fusils, je vous garantis que je ferai plier leurs lignes comme un arc de frêne. Après quoi, nous emporterons le village, et nous tirerons la femme de la grotte. Ce plan n'est pas très-savant, major ; mais avec du courage et de la patience on peut l'exécuter.

— Tentons-le ! » s'écria Heyward, qui voyait que le principal but de l'expédition était la délivrance de Cora.

À la suite d'une courte conférence, dans laquelle les détails de l'expédition furent expliqués à chacun, les Delawares se séparèrent en deux bandes.

CHAPITRE XXXII.

Après avoir fait quelques pas avec les siens, OEil-de-Faucon s'aperçut que le chanteur le suivait, et, dominé par l'orgueil de son nouveau grade, il lui dit gravement :

« Savez-vous, ami, que notre troupe se compose de soldats d'élite, désignés pour un service périlleux, et mis sous les ordres d'un homme qui saura leur donner l'exemple ? Il ne se passera peut-être pas cinq minutes sans que nous marchions sur le corps d'un Huron vivant ou mort.

— Quoique j'ignore vos desseins, répliqua David avec une ardeur extraordinaire, vos guerriers m'ont rappelé les enfants de Jacob allant livrer bataille aux Sichemites, dont le chef voulait épouser une femme de la race aimée du Seigneur. J'ai voyagé si longtemps avec la jeune fille que vous cherchez, j'ai partagé avec elle tant de biens et de maux, que, sans être un homme de guerre, je voudrais combattre pour elle. »

Le chasseur hésita, comme s'il eût calculé les suites que pouvait avoir un aussi étrange enrôlement.

« Mais, dit-il, vous ne savez vous servir d'aucune arme, et vous ne portez pas de fusil. »

David la Gamme tira une fronde de dessous ses habits, et répondit :
« Je ne suis pas un Goliath, mais je n'ai pas oublié l'exemple de l'enfant juif. Voici un vieil instrument de guerre que j'ai manié souvent dans ma jeunesse, et peut-être ai-je encore quelques restes de mon ancienne habileté.

— Ce serait bon contre des flèches, reprit OEil-de-Faucon, en examinant avec dédain la courroie de peau de daim ; mais ces Mingos ont sous de bons fusils rayés. Cependant, comme vous semblez avoir le privilége de passer sans accident au milieu du feu, vous pouvez nous suivre, chanteur ! mais rappelez-vous qu'il s'agit de combattre, et non de faire de la musique. Pas un mot avant le cri de guerre !

— C'est entendu, et je vous remercie, dit David en ramassant des munitions sur les bords d'un ruisseau voisin. Je ne désire tuer personne ; mais, si vous m'aviez renvoyé, j'en aurais eu un vrai chagrin. »

La troupe suivit pendant plusieurs milles un cours d'eau, qui aboutissait au ruisseau sur lequel étaient établis les castors. Parvenue au confluent, elle fit halte, et le commandant dit à Heyward : « Nous aurons un temps magnifique pour nous battre, car le ciel commence à se couvrir. Un soleil qui brille, un canon qui reluit, nuisent à la justesse du coup. Tout nous favorise, même le vent, qui enverra la fumée au nez des Hurons. Mais nous allons maintenant marcher à découvert. Les castors sont maîtres de ce ruisseau depuis plusieurs siècles, et ils n'ont pas laissé un arbre sur les bords. »

En effet le ruisseau, d'une largeur très-inégale, était comme encaissé entre des arbres morts, les uns desséchés et couverts de mousse, les autres tout récemment abattus. Malgré la proximité du camp huron, on n'apercevait aucun ennemi ; mais, à peine la petite troupe se fut-elle avancée sur la clairière, qu'elle fut saluée en flanc d'une douzaine de coups de fusil. Un Delaware fit un bond, comme un daim blessé, et retomba roide mort.

« Ah ! dit le chasseur, je m'attendais à quelque diablerie de ce genre. Cachons-nous, mes amis, et chargeons. »

La bande se dispersa à ces mots, et, avant qu'Heyward se fût remis de sa surprise, il se trouva seul avec David. Les Delawares s'étaient déjà retirés. Les Delawares postés derrière les arbres engagèrent une vive fusillade avec leurs adversaires, qui reparurent un peu après les premiers, et dont le nombre augmenta graduellement ; il devint bientôt assez considérable pour pouvoir envelopper de tous côtés la troupe d'OEil-de-Faucon. En ce moment, on entendit des cris de guerre sous les arceaux de la forêt, et des détonations annoncèrent qu'Uncas avait pris part à l'action. Cette attaque imprévue avait pour objet de diminuer les forces du détachement que le chasseur avait devant lui, et dont la plus grande partie s'éloigna pour se porter du côté où l'on entendait la fusillade. OEil-de-Faucon, croyant nécessaire de se rallier à Uncas, appela ses guerriers en langue delaware. Chacun d'eux tourna rapidement autour de l'arbre qui le cachait, et provoqua ainsi une décharge de l'ennemi. Aussitôt les Delawares se précipitèrent avec fureur sur les Hurons sans défense, comme autant de panthères qui sautent sur leur proie. Cependant ces derniers se préparaient à lutter corps à corps, lorsqu'une balle partit des cabanes de castors situées près de la clairière, et le terrible cri de guerre retentit comme s'il fût sorti du sein des eaux.

« C'est le Sagamore ! dit OEil-de-Faucon en répondant au cri avec sa voix de stentor.

On vit en effet paraître Munro et le Gros-Serpent. Les Hurons, découragés par cette attaque imprévue, et croyant avoir affaire à une troupe nombreuse, poussèrent un cri de détresse, ne songèrent qu'à s'enfuir de tous côtés. Quelques Delawares, pour hâter la retraite, leur envoyèrent une décharge meurtrière, pendant qu'OEil-de-Faucon expliquait sommairement aux nouveaux venus les motifs de cette guerre et le plan de la campagne. Puis, montrant le Sagamore à son armée, il remit le commandement entre les mains du vieux Mohican. Celui-ci prit le rang auquel sa naissance et son expérience lui donnaient des droits légitimes, avec la gravité qui ajoute toujours une force nouvelle à l'autorité d'un guerrier indigène. Suivant les pas du chasseur, il conduisit le détachement à travers les fourrés. Chemin faisant, ses hommes prirent soin de cacher les corps de leurs camarades morts et de scalper les Hurons qui étaient tombés. Tout essoufflés de la précédente escarmouche, ils firent halte sur un plateau garni d'un assez grand nombre d'arbres pour les mettre à couvert en cas de surprise. En face d'eux, le sol s'abaissait en pente assez escarpée, et sous leurs yeux s'allongeait une vallée étroite, sombre et boisée. C'était là qu'Uncas combattait avec le principal corps d'armée des Hurons.

Le Mohican et ses amis s'avancèrent jusqu'au haut de la colline, et écoutèrent attentivement le bruit du combat. Quelques oiseaux, troublés dans leurs nids solitaires, voltigeaient au-dessus du feuillage épais de la vallée ; et de légers nuages, qui se confondaient déjà avec l'atmosphère, se détachaient de la cime des arbres, et indiquaient les endroits où la lutte était acharnée.

« Le combat va se diriger de ce côté, dit le major en indiquant la direction d'une nouvelle décharge de mousqueterie ; nous sommes beaucoup trop au centre de leur ligne pour leur être de quelque utilité.

— Non, ils tâcheront de se maintenir dans le fond de la vallée, répondit le chasseur, pour y profiter des avantages qu'offrent les taillis ; marchons, Sagamore ; nous arriverons à peine à temps pour pousser le cri de guerre ; je combattrai à côté des guerriers de ma couleur ; vous pouvez être certain, vous qui me connaissez, que pas un Huron ne passera le ruisseau combattant avec le tueur de daims. »

Le chef indien s'arrêta encore pour examiner les indices du combat qui se rapprochaient du bas de la colline, preuve évidente que les Delawares l'emportaient. Les balles commencèrent bientôt à pleuvoir sur les feuilles sèches comme ces grêlons qui précèdent l'explosion de la tempête. OEil-de-Faucon et ses trois compagnons blancs cherchèrent un abri dans un fourré et attendirent les événements avec une tranquillité que pouvait seule donner une grande habitude.

Bientôt les détonations des fusils cessèrent d'être répétées par les échos des bois, et l'on reconnut au bruit qu'elles venaient d'un espace découvert; on vit des guerriers hurons sortir de la lisière de la forêt, se rallier sur la clairière et se préparer à rentrer dans le bois avec l'opiniâtreté du désespoir. Heward sentit s'éveiller son impatience, et regarda le Gros-Serpent avec inquiétude; mais le chef mohican était assis tranquillement sur un rocher et contemplait l'engagement avec autant de sang-froid que s'il eût été la pour en être simplement témoin.

« Voici le moment d'agir, dit Duncan.

— Pas encore, pas encore, répondit OEil-de-Faucon. Lorsque Chingachgook verra arriver ses amis, il leur fera savoir qu'il est ici. Voyez! les coquins se remettent en ligne dans ce bouquet de pins comme des abeilles qui se rassemblent après s'être dispersées. Par le ciel! une femme même pourrait envoyer une balle dans ce groupe de peaux noires et elle serait sûre d'en abattre. »

En cet instant le Gros-Serpent donna le signal, et la décharge de sa troupe fit tomber une douzaine de Hurons : le cri de guerre d'Uncas répondit du fond des bois, et un hurlement terrible s'éleva dans les rangs des Hurons; ils abandonnèrent leur position, et cent guerriers delawares, guidés par Uncas, s'élancèrent hors de la forêt.

Le jeune chef, agitant les mains à droite et à gauche, indiqua l'ennemi à ses soldats, qui se séparèrent pour le poursuivre : les deux ailes des Hurons, qui se débandaient, cherchèrent l'ombrage tutélaire de la forêt, vivement pressées par les guerriers des Lénapes; le centre gravit lentement les flancs du plateau que Chingachgook et sa bande venaient d'abandonner : au milieu de ce groupe, composé des plus braves guerriers, on reconnaissait le Renard-Subtil à sa figure hautaine et à l'air d'autorité qu'il conservait encore.

Dans son empressement à faire poursuivre les fuyards, Uncas était resté presque seul; mais sitôt qu'il eut aperçu le Subtil, il jeta son cri de guerre, qui ramena auprès de lui une dizaine de guerriers, et, sans tenir compte de l'infériorité du nombre, il se précipita sur l'ennemi. Le Renard s'arrêta avec une secrète joie pour combattre le jeune téméraire qu'il croyait tenir à sa merci; mais la Longue-Carabine parut tout à coup avec ses compagnons blancs, et les Hurons battirent en retraite.

Uncas ne vit pas même le renfort qui lui arrivait : il continuait à marcher en avant avec une incroyable vitesse et en bravant audacieusement le feu des ennemis. Ceux-ci ne songeaient plus d'ailleurs à lui résister; mais lorsqu'ils furent arrivés dans leur village, ranimés par le désir de défendre leurs foyers, ils se rassemblèrent autour de la cabane du conseil, et combattirent avec la fureur du désespoir. Le tomahawk d'Uncas, la carabine d'OEil-de-Faucon et même le bras encore nerveux de Munro jonchèrent la terre de victimes. Cependant le Renard-Subtil, quoiqu'il s'exposât sans ménagement, échappait à toutes les tentatives dirigées contre sa vie. Il semblait, comme les héros des anciennes légendes, protégé par une puissance surnaturelle; tous ses compagnons tombèrent autour de lui, et bientôt il n'en resta plus que deux. Alors, poussant un cri de rage et de désespoir, il laissa les Delawares occupés à arracher aux morts les sanglants trophées de la victoire, et s'enfuit avec les deux guerriers.

Mais Uncas, qui l'avait vainement cherché dans la mêlée, se précipita sur ses pas. OEil-de-Faucon, Heyward et David le suivirent avec toute la célérité possible; et le chasseur, incapable de rejoindre son ami, eut soin de le garantir en tenant toujours le canon de sa carabine de manière à menacer quiconque aurait tenté d'assaillir le jeune Mohican.

Magua parut un instant disposé à tenter un dernier effort pour venger de ses pertes; mais, renonçant presque instantanément à ce projet, il sauta au milieu d'un épais fourré, et gagna tout à coup la porte de la caverne. Les longues galeries et les appartements souterrains étaient encombrés de femmes et d'enfants qui se dispersèrent en poussant des cris. Ces demeures mystérieuses, éclairées par une lumière incertaine, ressemblaient à des régions infernales où les ombres des damnés erraient en compagnie des démons.

Uncas s'aventura le premier dans les ténébreuses avenues, et fut suivi presque immédiatement de ses compagnons; mais, plus il s'avançait, plus le passage devenait difficile. Divisée par une multitude de couloirs, la caverne était comme un labyrinthe; ils croyaient s'être égarés, quand ils aperçurent une robe blanche flottant à l'extrémité d'une voûte qui paraissait conduire à la montagne.

« C'est Cora! s'écria Heyward.

— Cora, Cora! répéta Uncas en se précipitant en avant.

— Courage, jeune fille, lui cria le chasseur, nous voici! »

Malgré la difficulté du terrain, la poursuite fut continuée avec ardeur. Dans leur impatience, Uncas et Heyward abandonnèrent leurs fusils; ils parvinrent à gagner l'issue de la grotte, et purent remarquer le chemin que prenaient les fugitifs. L'impétueux Uncas arriva sur eux en brandissant son tomahawk, et s'écria : « Arrêtez! chiens des Wyandots! c'est une fille delaware qui vous dit d'arrêter! »

En ce moment, Cora s'assit tout à coup sur des rochers qui dominaient un profond précipice à peu de distance du sommet de la montagne.

« Détestable Huron, dit-elle, tue-moi si tu veux, mais je n'irai pas plus loin! »

Les deux sauvages qui soutenaient la jeune fille levèrent aussitôt leurs tomahawks; mais le Renard-Subtil les leur arracha par un effort énergique, et tirant son couteau, il se tourna vers sa captive les yeux animés du feu des passions qui luttaient dans son cœur.

« Femme, dit-il, choisis le wigwam ou le couteau du Renard-Subtil! »

Cora ne répondit pas; mais tombant à genoux, levant les yeux, elle éleva les bras vers le ciel en disant : « Mon Dieu, fais de moi ce que tu voudras. »

« Femme, répéta le Renard-Subtil d'une voix étouffée, choisis! »

Cora se tut encore; les membres du chef huron tremblèrent; il leva le bras, et le laissa retomber d'un air égaré. Sa lutte avec lui-même durait encore, lorsqu'un cri perçant se fit entendre auprès de lui ; le Renard-Subtil recula, et l'un de ses compagnons profita de ce mouvement pour percer de son couteau le sein de Cora.

Le cri avait été poussé par Uncas, qui, après avoir gravi les rochers, s'était élancé d'un bond prodigieux sur celui où se trouvait la captive.

Il y tomba à la renverse, et le Renard-Subtil, dont la fureur était excitée par le spectacle du meurtre qu'il n'avait pu accomplir lui-même, frappa le Mohican entre les deux épaules; celui-ci se releva, et, réunissant ses forces, étendit à ses pieds l'assassin de Cora. Il n'était plus en état de se défendre, lorsque Magua lui saisit le bras et lui plongea à plusieurs reprises son couteau dans le cœur; la victime lança à son ennemi un regard de profond mépris, et tomba morte à ses pieds.

« Pitié! Huron, pitié! s'écria Heyward, si tu veux en obtenir toi-même. »

Le Renard-Subtil ne répondit qu'en brandissant son arme sanglante, et en poussant un hurlement si terrible qu'il fut entendu au fond de la vallée; puis, marchant avec indifférence sur les corps des victimes, il se dirigea vers le précipice où il comptait trouver une retraite. Avant de tenter la descente hasardeuse, il s'arrêta sur le bord, montra le poing au chasseur qui s'avançait, en lui criant :

« Les visages pâles sont des chiens! les Delawares sont des femmes. Le Renard les laisse sur le roc pour servir de pâture aux corbeaux. »

Il accompagna ces paroles d'un rire insultant, et prit son élan pour sauter sur une saillie de rocher; mais le pied lui manqua, et il aurait roulé au bas de la montagne, si ses mains ne s'étaient cramponnées aux branches d'un buisson. Sans épuiser ses forces en inutiles efforts, il allongea le corps, rencontra un point d'appui où il pût poser ses pieds, et essaya de remonter. OEil-de-Faucon, qui suivait tous ses mouvements, se tapit comme une bête fauve qui prend son élan, et coucha en joue le sauvage; les membres du chasseur étaient agités par un tremblement convulsif qui se communiquait à sa carabine. Le vent semblait avoir sur le canon de la même action que sur une feuille légère. Cependant, dès qu'OEil-de-Faucon eut solidement épaulé son arme, et se mit en mesure de faire feu, elle devint aussi ferme et aussi immobile que les rochers qui l'environnaient. Le coup partit, les bras du Huron se détendirent, son corps se renversa; il jeta à son ennemi un dernier regard de haine, et il tomba lourdement dans le gouffre.

CHAPITRE XXXIII.

Le lendemain le soleil éclaira le deuil des Lénapes. Le tumulte du combat avait cessé; ils avaient assouvi leur ancienne animosité et vengé leurs récents griefs par la destruction totale d'une tribu. Des vapeurs sombres flottaient au-dessus de l'endroit où les Hurons avaient campé; des centaines de corbeaux tourbillonnaient autour des montagnes, ou passaient en bruyantes volées sur les bois, pour aller s'abattre sur le champ de bataille. Enfin tout œil accoutumé aux indices extérieurs de guerre des frontières aurait aisément constaté les terribles résultats d'une vengeance indienne.

Les Lénapes ne songeaient qu'à pleurer. Aucun chant de triomphe ne se faisait entendre parmi eux. Les derniers traînards étaient revenus rapidement de carnage, et ils s'étaient empressés d'effacer les sinistres emblèmes dont ils étaient bigarrés, pour prendre part aux lamentations de leurs compatriotes. L'orgueil de la victoire faisait place à l'humilité, et les plus puissantes passions humaines étaient comprimées par une affliction profonde et sans bornes.

Les cabanes étaient désertes; mais, à peu de distance du village, la tribu tout entière s'était réunie, et formait une large enceinte de visages tristes et abattus. Un lugubre silence y régnait; quoique des individus des deux sexes, de toutes classes et de tous les âges, fussent réunis en vivante muraille, ils étaient sous une même impression, et tous les yeux étaient fixés sur le centre de ce cercle d'hommes, qui renfermait les objets de la douleur universelle.

Six jeunes filles delawares, dont les longs cheveux noirs flottaient négligemment sur les épaules, se tenaient à l'écart, muettes et immobiles; elles ne donnaient signe de vie qu'en jetant par intervalles des herbes odoriférantes et des fleurs des bois sur une litière de plantes aromatiques, qui soutenait tout ce qui restait sur la terre de l'ardente et généreuse Cora. Un poêle d'étoffes indiennes ombrageait sa tête; son corps était enveloppé d'un suaire du même genre, et sa figure était à jamais dérobée aux regards des hommes.

Le vieux Munro était assis aux pieds de sa fille; il courbait la tête presque jusqu'à terre, comme pour exprimer qu'il était forcé de se soumettre au coup dont la Providence l'accablait; mais une angoisse secrète contractait son front ridé, que cachaient en partie les boucles de cheveux gris éparpillées sur ses tempes. Auprès de lui se tenait David la Gamme; il tenait à la main son chapeau triangulaire, et exposait sa tête nue aux rayons du soleil. Ses regards, errants et rêveurs, se partageaient entre le vieillard, qu'il essayait de consoler, et le petit volume où il trouvait tant de pieuses maximes. Près de là, Heyward, appuyé contre un arbre, employait toute son énergie à réprimer l'excès de sa douleur.

Mais ce groupe, dont on imagine aisément le mélancolique aspect, était moins touchant encore que celui qui occupait le côté opposé de la même enceinte. Uncas y était assis, comme s'il eût encore été vivant, et l'on eût donné à ses membres une attitude grave et décente. Il était revêtu des plus fastueux ornements que pût fournir le trésor de la tribu. De magnifiques panaches se balançaient sur sa tête; des wampums, des colliers, des bracelets, des médailles étaient prodigués sur sa personne; mais ses yeux éteints, ses traits inanimés faisaient ressortir le néant de cette somptuosité posthume.

En face du cadavre était placé le Gros-Serpent; sans armes, sans peinture, sans autres ornements que le totem bleu de sa race, qui était tracé sur son sein nu en tatouage indélébile. Depuis que la tribu était rassemblée pour la cérémonie funèbre, le vieux guerrier mohican avait tenu les yeux attachés sur le visage glacé de son fils. Son regard était tellement fixe, son maintien tellement immobile, qu'un étranger aurait à peine distingué le vivant du mort sans les symptômes de détresse qui bouleversaient par intervalles la physionomie du premier, et sans le calme qui s'était emparé pour toujours des traits du second.

Le chasseur était auprès de son vieil ami, dans une posture pensive, et appuyé sur son arme vengeresse. Tamenund, soutenu par les deux vieillards qui l'accompagnaient d'ordinaire, occupait près de là un siège élevé, d'où il pouvait dominer l'assemblée.

Dans l'intérieur de l'enceinte se tenait un militaire revêtu d'un uniforme français. Son cheval de guerre, qu'on tenait à sa disposition; ses nombreux domestiques à cheval, annonçaient qu'il allait entreprendre un lointain voyage. C'était un officier de l'état-major de Montcalm. Il avait été chargé d'une mission de paix, que l'impétuosité de ses farouches alliés l'avait empêché d'accomplir. Arrivé trop tard pour prévenir la lutte, il en contemplait silencieusement les tristes résultats.

Le jour touchait au terme de son premier quart, et cependant la multitude n'était pas encore sortie de son immobilité. On n'y entendait que des sanglots étouffés; on n'y remarquait d'autres mouvements que ceux qui étaient nécessaires pour jeter de temps en temps de simples et touchantes offrandes sur les morts. La patience et l'apathie des Indiens étaient seules capables de supporter cette impassibilité extérieure, qui semblait changer en statue chacun des assistants.

Enfin, le sage des Delawares étendit le bras droit, et se leva avec effort en s'appuyant sur l'épaule du vieillard. Il était si faible, qu'on eût dit qu'il y avait déjà un autre siècle d'intervalle entre l'homme qui avait harangué sa nation le jour précédent et l'être débile qui chancelait en ce moment sur son siège.

« Hommes des Lénapes! » dit-il d'une voix sourde qui résonnait comme celle d'un envoyé céleste chargé de quelque mission prophétique : « Hommes des Lénapes, la face du Manitou est derrière un nuage, son œil est détourné de vous, ses oreilles sont bouchées, sa langue ne donne plus de réponse; vous ne le voyez pas, et cependant ses jugements sont devant vous. Que vos cœurs soient ouverts, et que vos esprits ne conçoivent pas de mensonges. Hommes des Lénapes, la face du Manitou est derrière un nuage! »

Dès que ce simple et cependant terrible avertissement eut été entendu, la terreur glaça tous les assistants; on eût dit que ces paroles avaient été prononcées sans le secours d'organes humains, par l'esprit vénéré qu'ils adoraient. La dépouille inanimée d'Uncas paraissait même presque douée de vie au milieu de la multitude pétrifiée par un effroi superstitieux. Lorsque la première impression fut calmée, on commença à voix basse une espèce de chant funéraire. L'air était cadencé, doux et plaintif; les paroles n'avaient entre elles aucune cohésion régulière; une femme s'approchait de la tombe, exprimait ses émotions avec les termes qui lui venaient à l'esprit, et se retirait pour faire place à une autre qui improvisait également un panégyrique ou une lamentation. De temps en temps, la femme qui parlait était interrompue par une bruyante et générale démonstration de douleur; et, pendant ces intervalles, les jeunes filles, rangées autour de la bière de Cora, enlevaient les fleurs et les plantes qu'elles avaient jetées sur son corps, comme si elles eussent eu l'esprit troublé par l'affliction. Dans les moments les plus tranquilles, elles remettaient à leur place ces emblèmes de grâce et de pureté en témoignant les plus tendres regrets.

Quoique l'incohérence des hymnes funèbres fût augmentée par de fréquentes interruptions, elles se rapportaient cependant à un ordre d'idées suivi. Une jeune fille du plus haut rang débuta la première par des allusions aux qualités du guerrier défunt; elle embellit son discours de ces images orientales que les Indiens ont probablement apportées des extrémités de l'Asie, et qui peuvent servir de lien pour rattacher les traditions des deux mondes.

« Uncas était, dit-elle, la panthère de sa tribu; il courait si vite que son mocassin ne laissait point de traces sur les rosées; ses bonds étaient comme ceux du jeune faon, son œil était plus brillant qu'une étoile dans la nuit sombre, et sa voix, pendant la bataille, grondait comme le tonnerre du Manitou. » Elle lui rappela la mère qui l'avait porté dans son sein, et qui devait être fière d'avoir un tel fils; elle lui enjoignit de lui dire, lorsqu'ils se retrouveraient dans le monde des esprits, que les filles delawares avaient versé des larmes sur la tombe de son enfant.

Celles qui succédèrent prirent un ton plus doux et plus tendre, pour faire allusion à la vierge étrangère, avec une délicatesse et une sensibilité féminines. La volonté du Grand-Esprit, disaient-elles, s'était pleinement manifestée en enlevant la jeune fille à la terre en même temps que le jeune guerrier; tous deux devaient rester unis dans les heureux territoires de chasse; mais il fallait qu'il fût bon pour elle, et qu'il lui pardonnât d'ignorer ce que devait savoir une femme pour faire le bonheur d'un guerrier comme lui. D'ailleurs, si l'éducation de la femme pâle avait été imparfaite, elle rachetait ce défaut par sa beauté sans tache et par la noblesse de son âme.

D'autres pleurèrent s'adressèrent à la jeune fille elle-même, et l'exhortèrent à ne rien craindre pour son futur bonheur. Elle allait avoir pour compagnon un chasseur qui pourvoirait à ses moindres besoins, et un guerrier qui saurait la préserver de tous les dangers; elles lui promirent que sa route serait agréable, et son fardeau léger; elles la prémunirent contre les regrets que pourraient lui inspirer les amis de sa jeunesse et les souvenirs de son pays natal, en assurant que les célestes territoires de chasse des Lénapes contenaient des vallons aussi riants, des ruisseaux aussi purs, et des fleurs aussi parfumées que le paradis des visages pâles; elles lui conseillèrent d'être attentive aux besoins de son époux, et de ne jamais oublier la distinction que le Manitou avait sagement établie entre eux.

Alors, dans un transport inattendu, elles unirent leurs voix pour chanter le caractère du Mohican. Il était noble, hardi, généreux, digne d'être admiré par les guerriers, digne d'être aimé par les femmes. Enveloppant leurs pensées d'images fines et de vagues allusions, elles laissèrent voir que, pendant le peu de temps qu'elles l'avaient connu, elles avaient, avec l'instinct de leur sexe, sondé les replis de son cœur. Les vierges delawares étaient sans prix à ses yeux; il était d'une race qui avait autrefois régné sur les bords du grand lac Salé, et il avait éprouvé une prédilection involontaire pour le peuple qui habitait auprès du tombeau de ses pères. « Pouvait-on lui reprocher son inclination? Celle qu'il avait choisie était d'un sang plus pur et plus ardent que le reste de ses compatriotes, elle avait prouvé par sa conduite qu'elle était capable de braver la vie aventureuse des bois. « Maintenant, ajoutèrent-elles, l'Être auquel appartient toute sagesse, l'a transportée dans une contrée où elle trouvera des esprits analogues au sien, et jouira d'un bonheur éternel. »

Alors, changeant brusquement de voix et de sujet, les vierges delawares firent allusion à la jeune fille qui pleurait dans une cabane voisine; elle avait la blancheur, la pureté et l'éclat de la neige; elle pouvait aussi se fondre aux chaleurs de l'été, ou se glacer sous l'influence des hivers. Elles ne doutaient pas qu'elle ne fût tendrement aimée du jeune chef qui lui ressemblait tant par la couleur et le degré d'affliction. Il était évident qu'elles étaient loin de l'élever au-dessus de sa sœur. Toutefois, elles lui reconnaissaient des charmes particuliers; elles comparaient les boucles de ses cheveux blonds aux tendres bourgeons de la vigne, ses yeux bleus à la voûte azurée des cieux, et le coloris de ses joues aux rubis illuminés par les reflets du soleil.

Aucun bruit n'interrompait ces chants, excepté les sanglots qui éclataient parfois, et qui, dans la funèbre cérémonie, rappelaient l'intervention des chœurs antiques. Les Delawares écoutaient avec une profonde et sincère sympathie, et l'intérêt qu'ils éprouvaient se lisait aisément sur leur physionomie. David lui-même prêtait volontiers l'oreille aux accords de ces douces voix, et longtemps avant qu'ils eussent cessé, ses regards trahirent l'émotion de son âme, captivée par un entraînement irrésistible.

Heureusement pour Heyward et pour Munro qu'ils ne comprenaient pas le sens des paroles qu'ils entendaient et qui auraient augmenté leur désespoir. Œil-de-Faucon, qui, seul de tous les hommes blancs, savait la langue delaware, quitta un moment son attitude pensive, et se pencha en avant pour suivre le fil des oraisons funèbres. Lorsqu'il fut question de la future destinée d'Uncas et de Cora, il fit un geste de dénégation comme un homme qui plaignait l'erreur de ces pauvres sauvages; il reprit ensuite sa position première, et ne la quitta qu'à la fin de la cérémonie, si l'on peut donner ce nom à une scène où dominait un sentiment si profond.

Le Gros-Serpent fut le seul des indigènes qui ne donna aucun signe extérieur de sensibilité; les lamentations les plus pathétiques n'arrachèrent pas le moindre mouvement aux muscles de son visage austère; ses sens paraissaient paralysés; toute sa vie était concentrée dans ses yeux; il était absorbé dans la contemplation de ces traits qu'il avait tant aimés, et qui allaient lui être cachés pour toujours.

A ce moment des obsèques, un guerrier d'une figure grave et sévère, renommé pour ses faits d'armes, et surtout pour les services qu'il avait rendus dans les derniers combats, sortit lentement de la foule, et se plaça auprès du mort; il lui adressa la parole comme si l'argile inanimée eût conservé les facultés de l'homme vivant.

« Pourquoi nous as-tu quittés, dit-il, orgueil du Wapanacki? Ta vie a été plus courte que le soleil du matin; mais ta gloire a été plus brillante que le soleil du midi; tu es parti, jeune guerrier; mais cent Hurons sont allés devant toi, et enlèvent les ronces du sentier que tu suivras pour te rendre au monde des esprits. Qui aurait pu croire que tu allais mourir, après t'avoir vu dans la bataille? Qui avait, avant toi, précédé Uttawa dans la mêlée? Tes pieds étaient comme les ailes des aigles; ton bras était plus lourd que les branches qui tombent du pin. La langue d'Uttawa est faible, et son cœur est oppressé; orgueil du Wapanacki, pourquoi nous as-tu quittés? »

Uttawa fut suivi par d'autres chefs, et les plus illustres guerriers de la nation payèrent tour à tour leur tribut d'hommages aux mânes du défunt; quand ils eurent achevé, le silence régna de nouveau dans l'assemblée.

On entendit alors un sourd murmure pareil à l'accompagnement en sourdine d'une musique lointaine; il s'élevait assez haut pour qu'on le remarquât, mais les sons en étaient si vagues qu'il était impossible d'en déterminer la nature et de deviner d'où ils partaient. Cependant il fut suivi d'autres accents qui devinrent de plus en plus intelligibles, et dans lesquels on distingua d'abord des interjections souvent répétées, prononcées avec lenteur, puis enfin des paroles. Le faible mouvement des lèvres du Gros-Serpent indiqua que c'était la plainte d'un père. Les yeux ne se dirigèrent pas sur lui; personne ne donna le moindre signe d'impatience, et pourtant, à la manière dont les Delawares levèrent la tête pour écouter, on voyait qu'ils cherchaient avidement à recueillir ces bruits confus, et qu'ils étaient sous l'empire d'une attention que Tamenund lui-même n'avait jamais obtenue. Mais ils tendirent en vain l'oreille; les intonations qui la frappaient allaient en s'affaiblissant et se perdaient avant de l'atteindre, comme si elles eussent été emportées par le souffle du vent. Les lèvres du Sagamore se refermèrent, et il demeura muet à sa place, les yeux de nouveau fixés sur le cadavre, et semblable à une créature douée par le Tout-Puissant de la forme humaine mais n'ayant reçu l'étincelle de vie. Les Delawares, qui jugèrent à ces symptômes que cet acte de courage avait épuisé les forces de leur ami, cessèrent de l'observer, et, avec une délicatesse innée, ils parurent consacrer toutes leurs pensées aux obsèques de la vierge étrangère.

A un signal donné par l'un des vieux chefs aux femmes qui entouraient les restes de Cora, elles élevèrent la litière à la hauteur de leurs têtes, et avancèrent à pas lents et réglés, en chantant pendant leur marche une autre complainte à la louange de la défunte. David la Gamme, qui avait observé avec attention ces rites funèbres, qu'il trouvait entachés de paganisme, pencha la tête par-dessus l'épaule de Munro, et murmura :

« Ils emportent les restes de ton enfant! les suivrons-nous pour veiller à ce qu'ils soient inhumés conformément aux coutumes chrétiennes? »

Le vieux commandant fut tiré de la rêverie qui l'absorbait. Il tressaillit comme si la dernière trompette eût retenti à son oreille, jeta autour de lui un coup d'œil rapide et hagard, et suivit le cortège en cachant sous le stoïcisme d'un soldat les plus poignantes souffrances d'un père. Ses amis se pressèrent autour de lui avec une douleur trop forte pour être qualifiée de sympathie. Le jeune officier français se joignit lui-même au convoi de l'air d'un homme profondément touché de la fin prématurée de Cora. Quand les dernières et les plus humbles femmes de la tribu eurent pris places dans les rangs de cette procession, les hommes resserrèrent leur cercle, et, entourant le corps d'Uncas, reprirent leur maintien grave et silencieux.

Le lieu qu'on avait choisi pour la sépulture de Cora était une petite éminence où des pins jeunes et vigoureux fournissaient instinctivement un ombrage en harmonie avec la destination du tertre funéraire. En y arrivant, les jeunes filles déposèrent leur fardeau, et, pendant plusieurs minutes, elles attendirent avec leur patience et leur timidité instinctives, une preuve quelconque de l'approbation des parents ou des amis de Cora. Le chasseur, le seul qui connût leurs usages et leur langue dit enfin :

« Mes filles ont bien fait; les hommes blancs les remercient! »

Satisfaites du témoignage rendu en leur faveur, les jeunes filles déposèrent le corps dans une espèce de berceau d'écorce de bouleau fabriqué avec art et même avec une certaine élégance. Puis elles le descendirent dans sa sombre et dernière demeure. Ce fut avec la même simplicité et sans proférer une parole qu'elles couvrirent la dépouille mortelle et qu'elles cachèrent la terre de la fosse sous un monceau de feuilles et de fleurs. Mais lorsque la tâche de ces bienveillantes créatures eut été accomplie, elles hésitèrent, de manière à montrer qu'elles ignoraient s'il fallait, suivant la coutume indienne, mettre des vivres et des habits sur la tombe. Œil-de-Faucon leur adressa la parole après avoir jeté un coup d'œil sur David, qui feuilletait un livre de psaumes:

« Mes jeunes femmes ont fait assez, dit-il, l'esprit d'un visage pâle n'a besoin ni de vêtement ni de nourriture; on s'en passe dans le ciel des chrétiens. Je vois qu'un homme plus instruit que moi de ce qui concerne la religion est sur le point d'élever la voix. »

Les femmes qui avaient joué le principal rôle dans cette scène se mirent modestement à l'écart, et demeurèrent simples spectatrices. Pendant que David la Gamme exprimait à sa manière les pieux sentiments de son âme, elles ne manifestèrent ni surprise ni impatience. Elles avaient l'air de comprendre le sens de ces paroles étrangères, et de partager les idées de douleur, d'espérance et de résignation que cherchait à éveiller le chant sacré.

Excité par le spectacle funèbre dont il venait d'être témoin, animé par l'émotion, le maître de psalmodie se surpassa. Sa voix pleine et étendue pouvait être comparée sans désavantage à celle des pieuses; et ses accents, plus savamment modulés, avaient de plus, pour ceux auxquels ils s'adressaient particulièrement, le mérite d'être intelligibles. Il commença et finit son hymne au milieu d'un recueillement solennel.

Aussitôt que les dernières cadences eurent frappé les oreilles de ses auditeurs, des regards craintifs furent lancés à la dérobée sur le vieux commandant. Une agitation générale, que les Indiens essayaient en vain de dissimuler, fit connaître qu'on attendait quelques paroles du père de la défunte. Munro s'aperçut que l'heure était venue pour lui de faire le plus grand effort dont la nature humaine soit capable. Il découvrit ses cheveux blancs, regarda avec fermeté la foule timide et calme dont il était environné; et après avoir averti du geste Œil-de-Faucon :

« Dites à ces bonnes et douces femmes, s'écria-t-il, qu'un homme dont la douleur hâtera la fin leur adresse ses remerciements. Dites-leur que l'Être que nous adorons tous, sous différents noms, se souviendra de leur charité, et que le temps n'est pas loin où nous nous assemblerons tous autour de son trône, sans distinction de sexe, de rang, ni de couleur. »

Le chasseur écouta ces mots prononcés d'une voix tremblante, et secoua lentement la tête, comme un homme qui doutait de leur efficacité.

« Elles ne me croiront pas, dit-il; pas plus que si je leur disais que la neige ne tombe point en hiver, et que le soleil est ardent quand les arbres sont dépouillés de feuilles. »

Puis, se tournant vers les femmes, il leur exprima la gratitude de Munro d'une manière plus appropriée à leur intelligence. La tête du commandant était déjà retombée sur son sein, et il se plongeait dans ses rêveries, quand le jeune officier français lui toucha légèrement le coude. Dès qu'il eut attiré l'attention du vieillard désolé, il lui montra le soleil dont la course avançait, et un groupe de jeunes Indiens qui portaient une litière fermée avec soin.

« Je vous comprends, monsieur, répliqua Munro, en s'efforçant de réprimer ses émotions. C'est la volonté de Dieu, et je m'y soumets. Cora, mon enfant, les prières d'un père éploré peuvent contribuer à ton bonheur, qu'il doit être grand dans le ciel!... Allons, messieurs, nos devoirs sont accomplis, partons! »

Heyward obéit volontiers à l'ordre de quitter un lieu où son courage était soumis à de trop rudes épreuves. Pendant que ses compagnons montaient à cheval, il eut le temps de serrer la main du chasseur et de lui rappeler qu'ils s'étaient promis mutuellement de se retrouver à l'armée. Ensuite, se mettant en selle, il alla se placer à côté de la litière, où des sanglots étouffés annonçaient seuls la présence d'Alice. David suivit avec lui Munro qui était retombé dans son anéantissement. L'aide-de-camp de Montcalm donna le signal du départ, et tous les hommes blancs, à l'exception d'Œil-de-Faucon, eurent bientôt disparu sous les vertes arcades de la forêt.

Mais les liens passagers qui avaient uni les étrangers avec les simples habitants des bois ne furent pas aisément rompus. Durant de longues années, la tradition conserva l'histoire de la jeune fille blanche et du jeune guerrier des Mohicans. On en fit des récits pour charmer l'ennui des veillées et des marches pénibles, et pour exciter parmi la brave jeunesse le désir de la vengeance. Les héros secondaires de ces aventures ne furent pas non plus oubliés. Par l'entremise d'Œil-de-Faucon, qui formait comme un point de contact entre la vie sauvage et la civilisation, les Delawares apprirent que la Tête-Grise était promptement descendue au tombeau, que la Main-Ouverte avait emmené la jeune fille survivante dans un lointain établissement des visages pâles, où les pleurs, cessant enfin de couler, avaient été remplacés par de radieux sourires, plus en rapport avec l'enjouement de son caractère.

Mais ces événements sont postérieurs aux faits qui nous occupent. Abandonné par tous les hommes de sa couleur, Œil-de-Faucon revint à la place où ses sympathies l'attiraient. Il arriva pour contempler une dernière fois les traits d'Uncas, que les Delawares enfermaient déjà dans ses derniers vêtements de peau. Ils suspendirent leurs occupations pour laisser au chasseur cette consolation suprême, et achevèrent d'envelopper le corps. Une cérémonie pareille à la première fut accomplie, et toute la nation se réunit autour de la tombe du chef, tombe provisoire, car on pensait qu'un jour à venir ses ossements reposeraient auprès de ceux de ses ancêtres.

Le mouvement avait été général et simultané. La même expression de douleur, le même silence, la même déférence pour le père, se firent remarquer dans les rites de cette seconde inhumation. Le corps fut placé dans une attitude de repos, la face tournée vers le soleil couchant, ayant auprès de lui des instruments de guerre et de chasse, pour accomplir son dernier voyage. On laissa dans le cercueil d'écorce une ouverture, pour que l'âme pût communiquer au besoin avec sa terrestre dépouille; et l'on prit les précautions particulières aux sauvages pour préserver le cadavre des attaques des bêtes de proie.

Chingachgook devint encore une fois l'objet de l'attention générale. Il n'avait pas encore parlé, et dans une occasion aussi importante, on attendait de ce chef renommé quelques mots consolants, quelques instructions utiles. Connaissant les vœux du peuple, le vieux guerrier, qui s'était voilé la face avec un pan de sa robe, la découvrit et regarda la foule d'un œil ferme; ses lèvres comprimées s'ouvrirent, il s'écria : « Pourquoi mes frères pleurent-ils? pourquoi mes filles sont-elles affligées? Parce qu'un jeune homme est parti dans les heureux territoires de chasse! parce qu'un guerrier a accompli honorablement sa destinée! Il était bon, fidèle et brave. Le Manitou avait besoin d'un pareil guerrier, il l'a rappelé à lui. Quant à moi, père d'Uncas, je suis comme un pin dépouillé d'écorce dans un défrichement des visages pâles. On ne peut dire que le serpent de sa tribu ait oublié sa prudence; mais ma race a quitté les bords du lac Salé et les collines du Delaware, je suis seul...

— Non, Sagamore, vous n'êtes pas seul, s'écria Œil-de-Faucon; nous n'avons ni la même couleur ni les mêmes idées, mais Dieu nous a placés côte à côte pour marcher dans le même sentier. Je n'ai pas de parents : je puis dire, comme vous, que je n'ai point de patrie; c'était votre fils, il vous était uni par le sang, mais il m'a toujours été cher; si jamais j'oublie l'enfant qui a si souvent combattu à mes côtés pendant la guerre, et s'est endormi tant de fois auprès de moi pendant la paix, que je sois oublié de celui qui nous a créés tous. Uncas nous a quittés pour quelque temps; mais, Sagamore, vous n'êtes pas seul! »

Le Gros-Serpent étreignit la main que le chasseur lui tendait au-dessus de la terre fraîchement remuée, et ces deux intrépides guerriers inclinèrent ensemble la tête en laissant tomber des larmes brûlantes sur la tombe du jeune Mohican.

Au milieu du silence profond qui accueillit cette scène touchante, Tamenund éleva la voix pour disperser la multitude :

« C'est assez, dit-il. Allez, enfants des Lénapes; la colère du Manitou n'est pas apaisée. Pourquoi Tamenund resterait-il encore sur la terre? Les visages pâles sont maîtres du monde, et le temps des peaux rouges n'est pas encore revenu. Ma journée a été trop longue. Le matin, j'ai vu les fils d'Unamis heureux et forts; et cependant, avant que la nuit soit arrivée, j'ai vécu assez pour voir le dernier des guerriers de la sage race des Mohicans. »

Le Gros-Serpent étreignit la main qu'Œil-de-Faucon lui tendait au-dessus de la terre fraîchement remuée.

FIN DU DERNIER DES MOHICANS.

Paris. — Impr. Lacour et C, rue Soufflot, 16.

www.ingramcontent.com/pod-product-compliance
Lightning Source LLC
LaVergne TN
LVHW022124080426
835511LV00007B/1011